Intelligentes Prozessmanagement

Lizenz zum Wissen.

Sichern Sie sich umfassendes Wirtschaftswissen mit Sofortzugriff auf tausende Fachbücher und Fachzeitschriften aus den Bereichen: Management, Finance & Controlling, Business IT, Marketing, Public Relations, Vertrieb und Banking.

Exklusiv für Leser von Springer-Fachbüchern: Testen Sie Springer für Professionals 30 Tage unverbindlich. Nutzen Sie dazu im Bestellverlauf Ihren persönlichen Aktionscode C0005407 auf www.springerprofessional.de/buchkunden/

Jetzt 30 Tage testen!

Springer für Professionals.
Digitale Fachbibliothek. Themen-Scout. Knowledge-Manager.

- Zugriff auf tausende von Fachbüchern und Fachzeitschriften
- Selektion, Komprimierung und Verknüpfung relevanter Themen durch Fachredaktionen
- Tools zur persönlichen Wissensorganisation und Vernetzung

www.entschieden-intelligenter.de

Springer für Professionals   Springer

Johannes P. Christ

Intelligentes Prozessmanagement

Marktanteile ausbauen, Qualität steigern, Kosten reduzieren

Springer Gabler

Herausgeber
Johannes P. Christ
Conelo GmbH
Schwerzenbach, Schweiz

ISBN 978-3-658-06335-1   ISBN 978-3-658-06336-8 (eBook)
DOI 10.1007/978-3-658-06336-8

Die Deutsche Nationalbibliothek verzeichnet diese Publikation in der Deutschen National bibliografie; detaillierte bibliografische Daten sind im Internet über http://dnb.d-nb.de abrufbar.

Springer Gabler
© Springer Fachmedien Wiesbaden 2015
Das Werk einschließlich aller seiner Teile ist urheberrechtlich geschützt. Jede Verwertung, die nicht ausdrücklich vom Urheberrechtsgesetz zugelassen ist, bedarf der vorherigen Zustimmung des Verlags. Das gilt insbesondere für Vervielfältigungen, Bearbeitungen, Übersetzungen, Mikroverfilmungen und die Einspeicherung und Verarbeitung in elektronischen Systemen.
Die Wiedergabe von Gebrauchsnamen, Handelsnamen, Warenbezeichnungen usw. in diesem Werk berechtigt auch ohne besondere Kennzeichnung nicht zu der Annahme, dass solche Namen im Sinne der Warenzeichen- und Markenschutz-Gesetzgebung als frei zu betrachten wären und daher von jedermann benutzt werden dürften.
Der Verlag, die Autoren und die Herausgeber gehen davon aus, dass die Angaben und Informationen in diesem Werk zum Zeitpunkt der Veröffentlichung vollständig und korrekt sind. Weder der Verlag noch die Autoren oder die Herausgeber übernehmen, ausdrücklich oder implizit, Gewähr für den Inhalt des Werkes, etwaige Fehler oder Äußerungen.

Lektorat: Stefanie A. Winter

Gedruckt auf säurefreiem und chlorfrei gebleichtem Papier

Springer Gabler ist eine Marke von Springer DE. Springer DE ist Teil der Fachverlagsgruppe
Springer Science+Business Media
www.springer-gabler.de

Danksagung

Mein Dank gilt an erster Stelle all den Kunden, die ich im Rahmen von bedeutenden Projekten auf dem Weg zum Effizienz- und Prozessmanagement zu mehr Erfolg begleiten durfte. Sie haben einen wesentlichen Beitrag zu diesem Buch geleistet, denn ihre individuellen Situationen haben mir über Jahre die Möglichkeit gegeben, meine Konzepte und Vorgehensweisen stets selber zu hinterfragen und für den Kunden zu verbessern. Sie finden sich – in anonymisierter Form – in den zahlreichen Fallbeispielen des Buches wieder. Diese Beispiele sollen Sie, werte Leserin, werter Leser, auf Ihrem Weg zu einem intelligenten Prozessmanagement ermutigen und begleiten.

Prof. Dr. med. Ralf Kuhlen, Geschäftsleitungsmitglied der *Helios Klinken*, und Herbert Ohlott, ehemaliger Geschäftsführer der *Profectis*, die mir für Interviews großzügig zur Verfügung standen und somit einen Real-Life-Einblick in zwei hervorragende Organisationen ermöglichen, gebührt ebenfalls mein Dank.

Ebenfalls danke ich Prof. Dr. Werner A. Stahel, emeritierter Professor an der Eidgenössischen Technischen Hochschule Zürich, der mir in seiner unmissverständlichen Art die Tiefen der Statistik näher gebracht und mir die dafür richtige Sichtweise aufgezeigt hat. Die Statistik ist heute ein sehr wichtiger Baustein in meiner Beratungstätigkeit.

Weiterhin danke ich den Studierenden der Universität Liechtenstein und der Hochschule Luzern, die mir mit ihren stets kritischen Fragen aufzeigen, dass auch junge Menschen großes Interesse an Prozessmanagement entwickeln können.

Auch wenn ich die beiden folgenden Persönlichkeiten bedauerlicherweise nicht persönlich kennen lernen durfte, so möchte ich mich dennoch bei ihnen bedanken: W. Edwards Deming hat mit seinen Sichtweisen und wertvollen Beiträgen meine persönlichen Kenntnisse und Erfahrungen vertieft, Prof. Walter A. Shewart hat durch seine Theorien die Welt der Prozessoptimierung revolutioniert. Beide haben mich durch ihre Lehren nachhaltig geprägt.

Ich bedanke mich beim Springer Gabler Verlag, der sich in vorbildlicher Weise als ein außerordentliches Verlagshaus präsentiert, und ich bedanke mich insbesondere bei meiner Lektorin Stefanie Winter, die durch ihre kooperative Zusammenarbeit einen wesentlichen

Beitrag zum Buchprojekt geleistet hat. Außerdem bedanke ich mich bei meiner Buchagentin Dr. Sonja Ulrike Klug, die mit ihrem besonderen Engagement wesentlich zur Realisierung dieses Buchprojekts beigetragen hat.

Meine Familie Gertraud, Gerlinde und Andreas haben es mit Geduld und ihrer anhaltenden Unterstützung verstanden, mir bei diesem Buchprojekt eine wichtige tragende Säule zu sein.

Inhalt

1	**Einführung**	1

Teil 1 Der Nutzen von Prozessmanagement – warum manche Unternehmen lieber schuften als arbeiten

2	**Wo es heute in den Unternehmen „brennt"**		7
	2.1	Prozessmanagement – ein einfaches Thema oder einfach kein Thema?	7
	2.2	Einsatz mit mehr oder weniger Erfolg – die Fakten	8
	2.3	Operational Excellence – für welche Betriebe und Branchen sich Prozessmanagement eignet	10
		2.3.1 Wozu Operational Excellence?	10
		2.3.2 Großunternehmen und Mittelstand	11
		2.3.3 Operational Excellence in verschiedenen Branchen	12
		2.3.4 Banken	13
		2.3.5 Gesundheitswesen	14
	2.4	Permanente Marktveränderungen – der Wandel als Daueraufgabe	17
		2.4.1 Schneller Wandel	17
		2.4.2 Die Lücke zwischen Strategie und Prozess	20
	2.5	Die Beschleunigungsfalle: Hektik, Stress, Burnout und innerer Kollaps	20
	Literatur		27
3	**Prozessmanagement ist eine Grundhaltung – gibt es Alternativen?**		29
	3.1	Managementmoden und ihr „Verfallsdatum"	29
	3.2	Restrukturierung	30
	3.3	Business Reengineering	31
	3.4	Lean Management	32
	3.5	Six Sigma und Lean Six Sigma	33
	3.6	Kostensenkung	33

	3.7	Total Quality Management (TQM)	36
	3.8	ISO 9000er-Familie	36
	Literatur		38
4	Grundsätzliches zum Prozessmanagement		39
	4.1	Einfach statt kompliziert	39
	4.2	Merkmale und Definitionen von Prozessen und Geschäftsprozessmanagement	40
		4.2.1 Merkmale von Prozessen	40
		4.2.2 Prozesse und ihre Elemente	40
		4.2.3 Geschäftsprozesse und ihr Management	41
		4.2.4 Prozessmanagement und Prozessgestaltung	42
		4.2.5 Mitwirkende und „Rollen" im Prozessmanagement	43
		4.2.6 „Kunden" und „Lieferanten"	44
		4.2.7 Prozessmanagement und IT	45
	4.3	Der „Propeller" – die Struktur des intelligenten Prozessmanagements	47
	Literatur		49

Teil 2 Aller Anfang ist einfach – einzelne Prozesse im Unternehmen optimieren

5	Das kleine Einmaleins des Prozessmanagements		53
	5.1	Unnötige Komplexität von Anfang an vermeiden	53
	5.2	Einfache Prozessmängel erkennen	58
	5.3	Durch geeignete Prozesse Wettbewerbsvorteile aufbauen	63
		5.3.1 Standardisierung oder Individualisierung	64
		5.3.2 Veränderung von Kernprozessen meistern	66
	Literatur		68
6	Die Messung der Prozessleistung		69
	6.1	Die Prozessqualität	69
	6.2	Das magische Tetraeder	71
	6.3	Die Durchlaufzeit	73
	6.4	Die Fehlerrate	74
	6.5	Die Prozesskosten	75
		6.5.1 Der finanzielle Nutzen und die Amortisation des Prozessmanagements	76
	6.6	Die wiederholte Messung der Prozesskennzahlen	77
	Literatur		79
7	Das methodische Handwerkszeug: Heben Sie den Schatz		81
	7.1	„Quick and dirty" – oder mit Methode?	81
	7.2	Der DMAIC-Zyklus im Rahmen von Six Sigma	83
		7.2.1 Voraussetzungen für die Anwendung	83
		7.2.2 Installation eines Steuerungsausschusses	85

7.3		Die Define-Phase	86
	7.3.1	Wesentliche Aufgaben des Projektleiters	87
	7.3.2	Der Projektstart	87
	7.3.3	Teamformierung und Kickoff-Veranstaltung	87
	7.3.4	Die Projekt-Charta	88
	7.3.5	Im Fokus steht der Kunde – Voice of Customer	89
	7.3.6	Die Aufnahme des Ist-Prozesses	91
	7.3.7	Wesentliche Ergebnisse der Define-Phase	91
7.4		Die Measure-Phase	92
	7.4.1	Wesentliche Aufgaben des Projektleiters	92
	7.4.2	Identifikation kritischer Messgrößen	93
	7.4.3	Messung der drei wesentlichen Indikatoren	93
	7.4.4	Der Prozess der Datengenerierung	94
	7.4.5	Die FMEA (= Failure Modes and Effect Analysis)	95
	7.4.6	Die Ursachen-Wirkungs-Matrix	96
	7.4.7	Prozessstabilität	96
	7.4.8	Prozessfähigkeitsanalyse	96
	7.4.9	Wesentliche Ergebnisse der Measure-Phase	98
7.5		Die Analyze-Phase	99
	7.5.1	Wesentliche Aufgaben des Projektleiters	100
	7.5.2	Das Auffinden der Hauptursachen	101
	7.5.3	Wesentliche Ergebnisse der Analyze-Phase	102
7.6		Die *Improve*-Phase	103
	7.6.1	Wesentliche Aufgaben des Projektleiters	103
	7.6.2	Vorteile der gründlichen Datenerhebung	104
	7.6.3	1. Schritt: Lösungen entwickeln, auswählen und verfeinern	104
	7.6.4	2. Schritt: Einen Pilotversuch durchführen	105
	7.6.5	3. Schritt: Die Lösung implementieren	106
	7.6.6	Wesentliche Ergebnisse der Improve-Phase	108
7.7		Die *Control*-Phase	109
	7.7.1	Wesentliche Aufgaben des Projektleiters	110
	7.7.2	Erarbeitung und Übergabe eines Prozess-Controlling-Plans (PCP)	110
	7.7.3	Replikations- und Standardisierungsmöglichkeiten identifizieren und entwickeln	111
	7.7.4	Wesentliche Ergebnisse der Control-Phase	112
Literatur			113

8 Weitere Methoden ... 115
- 8.1 Design for Six Sigma (DfSS) – Wettbewerbsvorteile von Anfang an ... 115
- 8.2 Der PDCA-Kreislauf – vielfache Anwendungsmöglichkeiten ... 117
- 8.3 Makigami – für Verwaltung und Dienstleistung ... 117
- 8.4 Übersicht über die vorgestellten Methoden ... 118
- Literatur ... 119

Teil 3 Die hohe Kunst der Führung – vom einzelnen Prozess zum intelligenten Prozessmanagement

9 Der Königsweg des Prozessmanagements 123
9.1 Vom einzelnen Prozess zum gesamtheitlichen Programm 123
9.2 Isoliertes Prozessmanagement 124
9.3 Operatives Prozessmanagement 125
    9.3.1 Ziel 1: Prozessleistung sicherstellen – das KANO-Modell 125
    9.3.2 Ziel 2: Vorgaben aus dem strategischen Prozessmanagement kontinuierlich umsetzen 127
    9.3.3 Ziel 3: Anhaltende Operationalisierung gewährleisten 127
9.4 Strategisches Prozessmanagement 129
    9.4.1 Das Geschäftsmodell 131
    9.4.2 Kernkompetenzen 132
    9.4.3 Das Prozessmodell 132
    9.4.4 Die Prozessvision 133
    9.4.5 Strategische Projektauswahl 134
9.5 Intelligentes Prozessmanagement 135
9.6 Einführung über Top-down- oder Bottom-up-Vorgehen 138
    9.6.1 Das Bottum-up-Vorgehen 138
    9.6.2 Das Top-down-Vorgehen 139
Literatur 141

10 Vorgehen nach dem „4 i-Phasenmodell" – den Umsetzungserfolg systematisch planen 143
10.1 Intelligentes Prozessmanagement als Unternehmensphilosophie 143
10.2 Inkorporation: So schaffen Sie die Grundlagen im Unternehmen 144
    10.2.1 Die Teilnehmer des Programms 145
    10.2.2 Das Vorgehen 148
10.3 Initiation: So ebnen Sie den Weg für den Roll-out 149
    10.3.1 Der Aufbau einer zuständigen Organisationseinheit 149
    10.3.2 Das Prozessmodell und seine Ziele 150
    10.3.3 Die Ausarbeitung des Deployment-Plans 151
    10.3.4 Die Umsetzungsgeschwindigkeit 153
10.4 Inklusion: So entfalten Sie die Wirkung im Unternehmen 155
    10.4.1 Von der theoretischen Ausbildung zur Praxis 156
    10.4.2 Kaskadierung der Ausbildung 157
    10.4.3 Anwendung der Methoden 158
10.5 Integration: So verankern Sie Prozessmanagement in den Genen des Unternehmens 160
    10.5.1 Programmdokumentation und Wissensmanagement 160
    10.5.2 Software-Evaluierung 161
    10.5.3 Nochmalige Selbsteinschätzung 161
    10.5.4 Einführung ins Tagesgeschäft 162
Literatur 163

11	**Die Unternehmenskultur – die weichen Faktoren sind entscheidend**		165
	11.1	Warum harte Faktoren allein nicht ausreichen	165
	11.2	Transformationsmanagement – mehr als nur Change	167
		11.2.1 Was erfolgreiche Unternehmen besser machen	168
		11.2.2 Die Bedeutung des Topmanagements für den Erfolg	169
		11.2.3 Gute Vorbereitung ist alles	171
	11.3	Stakeholder und Führungskräfte einbinden	172
		11.3.1 Stakeholder	172
		11.3.2 Führungskräfte	173
		11.3.3 Incentivierung der Mitarbeiter und Führungskräfte?	176
		11.3.4 Konstruktive Fehlerkultur	178
	11.4	Die Kommunikationspolitik im Unternehmen	179
		11.4.1 Der Kommunikationsplan	179
		11.4.2 Kommunikationswege und Medien	180
	Literatur		181
12	**Profectis – Ein Beispiel für gelungenes Prozessmanagement**		183
	12.1	Die Einführung des intelligenten Prozessmanagements	183
	12.2	Interview mit dem ehemaligen Geschäftsführer Herbert Ohlott	184
		12.2.1 Das Vorgehen	185
		12.2.2 Führungskräfte und Mitarbeiter	186
		12.2.3 Kommunikation im Unternehmen	188
		12.2.4 Fehlerkultur	189
		12.2.5 Unternehmenssteuerung über Kennzahlen	190
		12.2.6 Intelligentes Prozessmanagement und Turnaround	191
		12.2.7 Das Managementteam	193
		12.2.8 Organizational Burnout	193
13	**Reifegradmodelle und ihre Bedeutung**		195
	13.1	Die Aufgabe von Reifegradmodellen	195
	13.2	EFANEX® – mehr Effizienz und Exzellenz	197
		13.2.1 Die Anwendung im Überblick	198
		13.2.2 Die kritischen Zielerreichungsfaktoren	199
	Literatur		201
Stichwortverzeichnis			203

Über den Autor

Dipl.-Ing. Johannes P. Christ studierte Maschinenbau und Betriebswirtschaft an der Technischen Universität Graz und absolvierte Post-Graduate-Studiengänge an der Harvard Business School sowie ETH Zürich. Der begeisterte Privatpilot mit einer europäischen und US-Fluglizenz verfügt außerdem über einen Ingenieursabschluss der HTL Wien für Flugtechnik.

Nach dem Studium war Christ viele Jahre in unterschiedlichen Führungspositionen in Vertrieb und Marketing in der Industrieautomatik, bei *Danfoss S/A, Schiebel Antriebstechnik GmbH und Fulterer GmbH Auszugssysteme*, tätig. Johannes P. Christ war technischer Geschäftsführer der *SFS StahlService GmbH Stahlservice* in Klaus, Vorarlberg. Als Führungskraft fokussierte er sich auf breite effizienzsteigernde Prozessoptimierungen und sammelte umfangreiche Erfahrungen in tiefgreifendem Veränderungsmanagement.

Im Jahr 2000 wurde Christ zu *PricewaterhouseCoopers,* später *IBM Business Consulting,* gerufen, um mit seinem Know-how und den jahrelangen Industrie-Erfahrungen Konzernkunden und KMU weltweit im Bereich *Performance Improvement* zu beraten und in der Umsetzung aktiv zu begleiten. Er leitete den Bereich Lean Six Sigma CEMEAS und *Operations Strategy*, war Leiter von Lean Six Sigma in Deutschland, Österreich und der Schweiz sowie *Head of Operations Strategy* Switzerland.

Johannes P. Christ ist Viktor Kaplan-Preisträger für außerordentliche Leistungen im Bereich von wissenschaftlich basierten, praxisorientierten Lösungsfindungen im Bereich „instationäre Strömungen". Außerdem ist er zertifizierter Lean Master, zertifizierter *Master Black Belt,* zertifizierter Managementberater (CMC) und zertifizierter Prozessexperte (CBPP).

2010 gründete er sein eigenes Beratungsunternehmen, die CONELO GmbH. Christ setzt intelligentes Prozessmanagement strategisch auf und implementiert es mit einem kleinen schlagkräftigen Team in Unternehmen, die komplexe und vielschichtige Prozesse oder eine große Anzahl von Prozessen abzubilden haben. Er berät renommierte internationale Konzerne ebenso wie mittelständische Unternehmen aus den unterschiedlichsten Branchen, darunter *Adveq, Bank Austria, Crédit Suisse, Hilti, Omya, Profectis, Raiffeisenbank, Swarovski, Swiss International Airlines, Telefònica Deutschland* und *UBS*.

Die CONELO GmbH bietet intelligentes Prozessmanagement in seiner ganzen Tiefe und Breite an. Das heißt: Die Optimierung einzelner komplexer Prozesse steht genau so im Fokus wie die konzernweite Implementierung von intelligentem Prozessmanagement. Dabei werden neben den „harten" Faktoren der mathematisch-statistischen Verfahren auch die „weichen" Faktoren einbezogen, die zum Gelingen des Prozessmanagements maßgeblich beitragen, wie zum Beispiel Informations- und Kommunikationspolitik sowie Transformationsmanagement (Change) im Unternehmen.

Im Rahmen einer Umsetzungsbegleitung werden außerdem Führungskräfte auf ihrem Weg zum intelligenten Prozessmanagement begleitet. CONELO übernimmt das Interims-Management für CPO (Chief Process Officer) zum Zweck des Aufbaus eines intelligenten Prozessmanagements in einem Unternehmen.

Christ bietet in der *CONELO Management Academy* Seminare, Trainings und Lehrgänge zum Thema Prozessmanagement, Six Sigma und Lean Management, die die erfolgreiche Organisationsentwicklung unterstützen und dafür sorgen, dass der Erfolg auch nachhaltig bleibt. So werden u.a. *Green Belts, Black Belts* und *Master Black Belts* im Unternehmensauftrag ausgebildet und zertifiziert. Außerdem werden unternehmensindividuelle Lehr- und Schulungsmaterialien zur Ausbildung von Prozessmanagement-Verantwortlichen in den Unternehmen entwickelt.

2015 erweiterte Christ das Dienstleistungsangebot um das Geschäftsfeld „Analysen und detaillierte Auswertungen des Reifegrades von Prozessmanagement". Hierzu entwickelte er gemeinsam mit der Technischen Universität Wien das webbasierte Analyse- und Auswertungstool EFANEX®. Kunden können damit noch besser bei der Erreichung ihrer individuellen Unternehmensziele unterstützt werden – ganz nach dem Motto von CONELO: „Mehr Erfolg durch Effizienz".

Johannes P. Christ hat mehrere Fachartikel zum Thema Prozessmanagement veröffentlicht und ist ein gefragter Vortragsredner, der für seine inhaltlich tiefen und gleichzeitig motivierenden Vorträge gebucht wird. Johannes P. Christ lehrt als Dozent am Institut für Wirtschaftsinformatik an der Universität Liechtenstein und am Institut für Finanzdienstleistungen an der Hochschule Luzern.

Weitere Informationen: www.conelo.ch

Einführung 1

Unternehmen stehen heute vor vielen Herausforderungen: Das wirtschaftliche Umfeld ist dynamisch, unsicher und komplex geworden, die Produktlebenszyklen haben sich stark verkürzt, und die technologische Entwicklung hat sich beschleunigt. Die Globalisierung erzeugt einen hohen Wettbewerbsdruck. Hinzu kommen abrupte politisch-wirtschaftliche Veränderungen nie gekannten Ausmaßes – man denke an die Finanz- und die anhaltende Euro-Krise sowie an die Ukraine-Krise –, die sich nicht vorhersehen lassen und mittel- oder langfristige Unternehmenspläne durchkreuzen können.

Schnelle Reaktionen am Markt verlangen nach Organisationsstrukturen, die dies flexibel und belastbar mittragen. Doch viele Unternehmen reiben sich in der erzwungenen Geschwindigkeit auf, ohne wirklich voranzukommen, ja etliche stehen sogar vor deutlich erkennbaren Ertrags- und Ergebniskrisen, weil sie Schwierigkeiten haben mitzuhalten und in einen Abwärtsstrudel geraten.

Was machen Unternehmen in solch kritischen Situationen? Empirische Untersuchungen zeigen ebenso wie die Wirtschaftspresse, dass Betriebe dann gerne „Management-Konzepten aus dem BWL-Lehrbuch" folgen. Und das bedeutet vielfach: restrukturieren, Kosten senken und Stellen streichen. Doch zeigt die tägliche Unternehmenspraxis, dass die gewählten Lösungen oftmals nur kurzfristig wirksam sind, dass die Problemfeuer nicht wirklich gelöscht werden, sondern Schwelbrände im Untergrund weiterwirken, so dass binnen kürzester Zeit dieselben Probleme erneut auftreten. Oder warum sonst jagt in vielen Unternehmen – wie z. B. die Roland-Berger-Studien (2005, 2013, 2014) einschlägig belegen – eine Restrukturierung und ein Kostensenkungsprogramm das nächste?

Die in den Unternehmen vorhandenen Probleme haben fast immer mit unzureichender Produktivität, mit erforderlicher Leistungsoptimierung und mit einer notwendigen Steigerung der Effektivität und Effizienz zu tun – alles Anforderungen, für die das

Prozessmanagement seit Jahrzehnten zuverlässig zu erarbeitende Lösungen kennt, die in der Optimierung von Geschäftsprozessen liegen.

Doch mit Erstaunen stelle ich oft fest, dass viele Antworten auf die drängenden Unternehmensprobleme „woanders" und nicht im Prozessmanagement gesucht werden. Oft beschäftigen die Unternehmen Themen wie Outsourcing von IT-Kompetenzen und anderen Leistungen, Verlagerung von Produktionsstätten, die Entwicklung neuer Produkte und Dienstleistungen, jedoch nicht die Verbesserung von Geschäftsprozessen und die Ausrichtung auf Kundenorientierung, die all diese Themen wie ein roter Faden durchzieht.

Dass gravierende Leistungsverbesserungen durch die Optimierung von Prozessen und die Etablierung des Geschäftsprozessmanagements möglich sind, scheint oft noch nicht recht ins Bewusstsein der Management-Verantwortlichen gedrungen zu sein. Dennoch – und das ist ein seltsamer Widerspruch – steht Geschäftsprozessmanagement, wie Untersuchungen belegen, bei vielen Betrieben ganz oben auf der Agenda, weil sie den Zusammenhang zwischen exzellent funktionierenden Prozessen einerseits und dem Unternehmenserfolg andererseits durchaus erkannt haben (vgl. PwC 2011, S. 10). Aber die tatsächliche Etablierung und die Umsetzung lassen auf sich warten.

Oftmals wird Prozessmanagement mit der Automobilindustrie und der Produktion in Verbindung gebracht, aber nicht mit dem Dienstleistungssektor, in dem es jedoch heute breite Anwendung findet. Ein weiterer Einwand gegen Prozessmanagement lautet, es sei „zu aufwendig". Doch Hand aufs Herz: Will man geschäftlich einen großen Nutzen erzielen, so gelingt dies immer nur dann, wenn man auch einen entsprechend hohen Einsatz zeigt. „Quick and dirty" bleibt „quick and dirty" und bringt immer nur schnelle, aber oberflächliche Lösungen hervor, die alsbald nach neuer Korrektur schreien.

Das vorliegende Buch möchte den Nutzen des Prozessmanagements und seine vielfältigen Einsatzmöglichkeiten in diversen Branchen und Unternehmen zeigen. Der Nutzen liegt übrigens längst nicht nur im Beseitigen von gravierenden Problemen, die schon an der Substanz des Unternehmens zehren und auf eine Krise hindeuten. Vielmehr ist die Anwendung des Prozessmanagements immer dann von Vorteil, wenn es um eine Erhöhung der Produktivität in einzelnen Bereichen oder im gesamten Betrieb geht, wenn Prozesse – also Ketten zusammenhängender Aktivitäten, die einen Kundennutzen stiften – optimiert werden können und sollen.

▶ **Prozessmanagement hat folgenden Nutzen:**

- Aufbau langfristiger Wettbewerbsvorteile,
- stärkere Kundenorientierung und damit höhere Kundenbindung,
- Steigerung der Qualität, die in praktisch allen Prozessabläufen möglich ist,
- höhere Umsätze/Gewinne,
- Einsparung von Kosten durch Verringerung der Ressourcenverschwendung,
- Sicherung von Marktanteilen,
- präzisere Steuerung des Unternehmens über Prozesskennzahlen,

1 Einführung

- Schließen der viel beklagten Lücke zwischen der Unternehmensstrategie und ihrer operativen Umsetzung im Tagesgeschäft,
- Abbau von Adhocismus und Aktionismus zur „spontanen" Problemlösung und damit ein ruhigeres, stressfreieres Arbeiten.

Zu diesen rationalen Effekten kommen noch Gewinne auf der emotionalen Ebene hinzu:

- Verringerung von Unruhe und Stress,
- mehr Zufriedenheit der Mitarbeiter am Arbeitsplatz durch Abbau überflüssiger und zeitraubender Tätigkeiten im Rahmen von Prozessoptimierungen,
- Verringerung gesundheitlicher Risikofaktoren (z. B. Burnout),
- Abbau von Konflikten, Streitigkeiten und Silo-Denken in den Abteilungen,
- klarere Arbeitsaufgaben und klarere Abgrenzung von Kompetenzen,
- Zeitgewinn,
- größere Motivation der Mitarbeiter.

Dies zu belegen und den Nutzen in seinen vielfältigen Facetten darzustellen ist das vorliegende Buch angetreten. Es zeigt den Weg von der Theorie des Prozessmanagements zur praktischen Anwendung, ohne dabei allzu tief in die Methodik einzusteigen, die mathematisch-statistisch ausgefeilt eher Gegenstand zahlreicher Lehrbücher zur Ausbildung von Prozessmanagement-Verantwortlichen ist, aber hier nur am Rande gestreift wird.

Viele *Case Studies* von Unternehmen diverser Branchen veranschaulichen sowohl die Erfolge, die mit Prozessmanagement möglich sind, als auch die Fallstricke, in die man hineintappen kann, wenn die Etablierung im Unternehmen nicht sorgfältig genug vorbereitet und geplant wird. Checklisten helfen Ihnen als Leser, mit Hilfe des Buches das eine oder andere in Ihrem Unternehmen bereits aktiv anzugehen und zu verbessern.

Mein Buch wendet sich an Führungskräfte aller Ebenen, insbesondere an das gehobene und das Topmanagement, an Geschäftsführer und CEOs, die sich über Prozessmanagement informieren wollen und über eine Einführung nachdenken. Es ist so verständlich geschrieben, dass es sowohl gestandene *Black Belts* in Prozessmanagement anspricht als auch Führungskräfte, die bisher noch wenig bis keine Erfahrungen haben und sich erst einmal grundlegend informieren möchten.

Das Buch ist folgendermaßen aufgebaut:

- Der *erste Teil* räumt mit einigen gängigen Vorurteilen über Prozessmanagement auf und schafft mit Hilfe einiger „Basics" eine gemeinsame Verständnisbasis für die folgenden Ausführungen.

- Der *zweite Teil* gibt Ihnen neben einem methodischen Überblick die Gelegenheit, erste dysfunktionale Prozesse in Ihrem Unternehmen zu erkennen und möglicherweise auch schon auszuräumen.
- Der *dritte Teil* befasst sich mit der „hohen Kunst", dem intelligenten Prozessmanagement, das unternehmensübergreifend und nachhaltig nicht nur einzelne Prozesse verbessert, sondern auch eine gezielte Unternehmenssteuerung auf der Basis von Kennzahlen ermöglicht. Unternehmen, die diesen Weg wählen, erschließen das volle Potenzial und sichern sich langfristig ihre Marktposition. Zum Schluss wird das Reifegradmodell EFANEX® vorgestellt, das mittels präziser Messungen dabei hilft, das Unternehmen „auf der Spur" des einmal eingeschlagenen Prozessmanagement-Wegs zu halten.

Entspannen Sie sich, lehnen Sie sich im Sessel zurück, und nehmen Sie sich anhand des Buches einmal grundlegend Zeit, über Ihr Unternehmen nachzudenken – über Verbesserungs- und Vereinfachungsmöglichkeiten, über die Lösung vorhandener Probleme wie auch über die Ausschöpfung von noch unerschlossenen Potenzialen.

Viele Erkenntnisse und vor allem eine erfolgreiche Einführung des Prozessmanagements in Ihrem Unternehmen wünscht Ihnen.

Ihr Johannes P. Christ

Literatur

Roland Berger Strategy Consultants, Hrsg. 2005. Restrukturierung in Europa – Studie. Düsseldorf.
Roland Berger Strategy Consultants Hrsg. 2013. Restrukturierungsstudie. Düsseldorf.
Roland Berger Strategy Consultants, Hrsg. 2014. Ist die Finanzkrise überwunden? Restrukturierungsstudie 2014. München.
PwC (PricewaterhouseCoopers), Hrsg. 2011. Zukunftsthema Geschäftsprozessmanagement. Eine Studie zum Status quo des Geschäftsprozessmanagements in deutschen und österreichischen Unternehmen. www.pwc.de/de/prozessoptimierung

Teil 1

Der Nutzen von Prozessmanagement – warum manche Unternehmen lieber schuften als arbeiten

„Die am meisten herausfordernde Frage, die Führungskräfte und Manager im neuen Jahrtausend beantworten müssen, lautet nicht: ‚Wie werden wir erfolgreich?', sondern ‚Wie bleiben wir erfolgreich?'"

(Peter S. Pande, zit. nach Gassmann 2012, S. 13).

In diesem Teil des Buches
- lernen Sie einige der typischen Vorurteile gegen Prozessmanagement kennen und können für sich prüfen, ob Sie sie für gerechtfertigt halten,
- erfahren Sie, wie sich Prozessmanagement von anderen Alternativen zur Ausschöpfung von ungenutzten Produktivitätspotenzialen unterscheidet,
- machen Sie sich mit Basisdefinitionen und Merkmalen des Prozessmanagements vertraut.

Wo es heute in den Unternehmen „brennt" 2

2.1 Prozessmanagement – ein einfaches Thema oder einfach kein Thema?

In vielen Gesprächen, die ich mit Geschäftsführern und Führungskräften in multinationalen wie auch in mittelständischen Unternehmen führe, höre ich oft, Prozessmanagement sei eine einfache und selbstverständliche Thematik. Dementsprechend gebe es auch keine Diskussion über die Notwendigkeit, Prozesse zu optimieren. Denn, so versicherte mir ein Geschäftsführer: „Wenn Prozesse verbessert werden müssten, dann würde dies ja bedeuten, dass unsere Führungskräfte keine gute Arbeit geleistet hätten. Und wenn das der Fall wäre, dann müsste ich sie ja alle auswechseln. Weil aber alle Führungskräfte hervorragend und die Leistungen ausgezeichnet sind, ist Prozessmanagement einfach kein Thema für uns."

Doch ist es tatsächlich so, dass eine gute Arbeitsleistung gegen Prozessmanagement spricht bzw. es überflüssig macht? Oder dass umgekehrt notwendige Prozessoptimierungen ein Indiz für bisher geleistete „schlechte" Arbeit sind?

Ein Mitglied der Geschäftsleitung bei einem Automobilzulieferer versicherte mir, dass sein Unternehmen von seinen Kunden, führenden europäischen Automobilherstellern, hervorragende Lieferantenbewertungen erhalte. Das ist insoweit nicht erstaunlich, als dass Prozessmanagement in Unternehmen der Automobilindustrie ihren Anfang nahm und dort gewissermaßen „erfunden" wurde. „Und was machen Sie, wenn Produktionsfehler auftreten?", fragte ich. „Dann gehen wir gegen den betreffenden Mitarbeiter disziplinarisch vor", bekam ich zur Antwort. Das Unternehmen reagiert also mit Abmahnungen an einzelne Mitarbeiter, wenn Produktionsprozesse nicht eingehalten werden können.

Doch das bedeutet: Man versucht erst gar nicht, die wahre Fehlerursache im Produktionsprozess ausfindig zu machen. Statt an der „Struktur des Prozesses" macht man Fehler an einzelnen „Menschen" fest – was, so vermute ich, mit Sicherheit zu erheblicher

Frustration unter den Mitarbeitern führt, die permanent Angst davor haben müssen, Fehler zu begehen, auch wenn die Ursache dafür gar nicht in ihrem Tun liegt, sondern irgendwo in der Prozesskette, die sie als Einzelne meist nicht zur Gänze überblicken können.

Fehler werden in dem betreffenden Unternehmen nicht als Chance gesehen, etwas zu verbessern. Dies ist meiner Erfahrung nach sehr häufig der Fall, wenn Prozessmanagement irgendwann einmal im Unternehmen eingeführt wurde – oft, weil Kunden dies verlangten oder im Rahmen von erforderlichen Zertifizierungen –, dann aber im Sinne einer kontinuierlichen Verbesserung (KVP) nicht mehr weitergeführt wurde, sondern als „starres", einmal etabliertes System auf dem Status quo „eingefroren" bleibt. Bei kontinuierlicher Verbesserung hingegen ist Prozessmanagement so flexibel, dass sich neue, unbekannte Fehler bzw. Prozessmängel aufspüren und beseitigen lassen, und zwar ohne disziplinarische Maßnahmen und den damit verbundenen Mitarbeiterfrust (mehr zum Thema Fehler- und Unternehmenskultur im dritten Teil des Buches, vgl. Kap. 11).

▶ Fehler werden in den Unternehmen noch viel zu häufig an „Menschen" statt an „Prozessstrukturen" festgemacht. Das führt dazu, dass man bei fehlerhaften Prozessen entweder nicht so genau hinschaut, um niemandem zu nahe zu treten, oder dazu, dass „Köpfe rollen", aber die Strukturen unangetastet bleiben. Auf diese Weise werden Fehler perpetuiert, weil ihre Ursache unerkannt bleibt.

2.2 Einsatz mit mehr oder weniger Erfolg – die Fakten

Prozessmanagement ist eine Chance, aus der für alle unangenehmen „Suche nach Schuldigen" sowie der „Betriebsblindheit" zu glauben, alles laufe bestens, herauszukommen und stattdessen Verbesserungen zu entwickeln, die langfristig der Produktivität des Unternehmens zugute kommen. Erkennbar ist dies beispielsweise daran, dass Geschäftsprozessmanagement bei einer großen Anzahl von Unternehmen, die im Rahmen von empirischen Untersuchungen befragt wurden, „ganz oben auf der Agenda zur Organisationsentwicklung" steht: Die Mehrzahl der Unternehmen „sieht einen direkten Zusammenhang zwischen ihrer Aktivität im Geschäftsprozessmanagement und ihrem heutigen Unternehmenserfolg" (PwC 2011, S. 10). „Der Zusammenhang von gezielt eingesetztem Geschäftsprozessmanagement und Umsatzrendite der Unternehmen ist längst bekannt" (PwC 2011, S. 15).

80,7 Prozent aller befragten Unternehmen maßen dem Geschäftsprozessmanagement (GPM) im Jahre 2010/11 eine „sehr wichtige" Bedeutung bei (vgl. BPM & Co 2011, S. 5). Nach einer anderen Umfrage ist es sogar für 87 Prozent das „zentrale Thema", das auch „in der Zukunft an Bedeutung gewinnen wird"; 71 Prozent der befragten Unternehmen meinen, dass der zukünftige Unternehmenserfolg entscheidend davon abhängt, ob die

2.2 Einsatz mit mehr oder weniger Erfolg – die Fakten

Umsetzung des GPM im Unternehmen gelingt. 95 Prozent stimmen der Aussage zu, dass GPM im eigenen Unternehmen eine sehr wichtige Rolle spielt (vgl. PwC 2011, S. 15).

Doch Anspruch und Wirklichkeit klaffen deutlich auseinander. So ist nach Aussage der befragten Unternehmen nur bei 5 Prozent das Geschäftsprozessmanagement bereits weit entwickelt; die überwältigende Mehrheit von 73 Prozent zeigt eine fortgeschrittene bis mittlere Reife, während 22 Prozent ihr GPM für unterentwickelt oder gar nicht entwickelt halten. Zu 66,7 Prozent hängt der Umgang mit Veränderungen dabei sogar von der Initiative Einzelner ab (vgl. BPM & Co 2011, S. 15).

Die befragten Unternehmen sehen GPM nicht als Selbstzweck an, sondern verbinden bestimmte Ziele damit. An oberster Stelle rangieren Kosteneinsparungen und Gewinnmaximierung, gefolgt von Effizienzsteigerungen, wie z. B. Verringerung von Prozessfehlern, Qualitätsverbesserungen, Zeitgewinn oder Standardisierung. An dritter Stelle steht die Erfüllung von Gesetzen und Richtlinien (Compliance) und die Sicherstellung der Nachvollziehbarkeit für das Finanz- und Rechnungswesen (Governance) (vgl. PwC 2011, S. 23). Nach einer anderen Untersuchung sind es ausschließlich Effizienzziele wie Qualitätsverbesserung, Standardisierung von Arbeitsabläufen und Produktivitätssteigerung, die Unternehmen mit GPM anstreben (vgl. Minnone 2011, S. 7).

▶ Die Ziele entsprechen zu einem großen Teil den tatsächlich von den Unternehmen realisierten Vorteilen. Dazu gehören:

- Steigerung der Qualität (68 Prozent),
- ein besseres Verständnis des eigenen Geschäftsmodells (58 Prozent),
- kürzere Durchlaufzeiten (49 Prozent),
- ein optimierter Umgang mit geschäftskritischen Risiken (41 Prozent),
- die Senkung von Prozesskosten (38 Prozent),
- eine höhere Kundenzufriedenheit (37 Prozent) und weitere Faktoren (vgl. BPM & Co 2011, S. 18)
- mit anderen Worten: Verbesserungen in der Effizienz.

Als Umsetzungshemmnisse für die Einführung von GPM sehen Unternehmen primär fehlendes Interesse seitens des Führungsteams (50 Prozent), fehlende Vorgaben aus der Unternehmensstrategie (46 Prozent) und einen fehlenden Ausweis des finanziellen Nutzens (43 Prozent) (vgl. Minnone 2011, S. 11). Eine andere empirische Studie macht eine unzureichende Kommunikation zwischen Fachbereichen und IT-Abteilung, schwache Kompetenzen im Projektmanagement und eine fehlende neutrale Moderation bei Zielkonflikten verantwortlich, gefolgt von fehlender Unterstützung durch das Topmanagement (vgl. BPM & Co 2011, S. 15).

Erfolgsfaktoren haben, wie die Studien zeigen, genau das umgekehrte Vorzeichen der Umsetzungshindernisse: An ranghöchster Stelle werden die Unterstützung der obersten Führungsebene, die Festlegung von klaren Verantwortlichkeiten und die Anpassung der

Unternehmenskultur als kritisch für den Erfolg angesehen (vgl. Minnone 2011, S. 16). Die genannten Erfolgs- und Misserfolgsfaktoren entsprechen meiner Erfahrung, und ich werde noch mehrfach im Buch darauf zu sprechen kommen, welche Auswirkungen sie im Einzelnen haben.

Schwerpunkte der Prozessverbesserung sind folgende: 45 Prozent der befragten Unternehmen fokussieren sich eher auf wertschöpfende Prozesse, 14 Prozent eher auf administrative Prozesse und 38 Prozent berücksichtigen beide (vgl. PwC 2011, S. 26). In über 50 Prozent der Unternehmen sind die Prozesse nicht systematisch mit der Unternehmensstrategie verbunden, in 15 Prozent sogar überhaupt nicht und nur in 5 Prozent vollständig (vgl. BPM & Co 2011, S. 7); auch hier gibt es also noch erheblichen Nachholbedarf.

▶ Geschäftsprozessmanagement (GPM) wird von der überwältigenden Mehrheit der Unternehmen höchste Bedeutung beigemessen. Man verspricht sich neben Kosteneinsparungen bestimmte Effizienzziele, die von den Unternehmen, die GPM erfolgreich umsetzen, auch tatsächlich erreicht werden.

Obwohl den Unternehmen auf der einen Seite die Vorteile des Prozessmanagements, insbesondere für eine erfolgreiche Zukunft, glasklar sind, hinken sie jedoch auf der anderen Seiten der Umsetzung hinterher. Lediglich eine kleine Minderheit von 5 Prozent hat ein hochentwickeltes GPM, während die Mehrheit nur einen mittleren Reifegrad erreicht. Und von den Unternehmen, die ihre Prozesse managen, befassen sich die meisten lediglich mit einzelnen Prozessen bzw. Projekten, während die wenigsten bereits über ein kontinuierliches und intelligentes Prozessmanagement verfügen.

2.3 Operational Excellence – für welche Betriebe und Branchen sich Prozessmanagement eignet

2.3.1 Wozu Operational Excellence?

Operational Excellence ist heute in aller Munde und gilt allgemein als erstrebenswertes Ziel, und zwar nicht nur bei Unternehmen, die Geschäftsprozessmanagement einsetzen. Leider bleibt es jedoch in vielen Fällen bei einem Lippenbekenntnis, wenn man sich die Anzahl von Fehlern in Prozessen vor Augen führt. Mehr und mehr dringt heute auch fehlende *Operational Excellence* von Unternehmen an die Öffentlichkeit, wird von Medien weithin verbreitet und beeinflusst entsprechend das Image, das Kunden und potenzielle Kunden von einem Unternehmen und der Qualität seiner Produkte haben. Ob das nun z. B. das neue Transportflugzeug von *Airbus* ist, dessen Mängelliste laut

Verteidigungsministerium 875 (!) Punkte umfasst – darunter Schimmel in der Küchenspüle, ausgelaufenes Hydrauliköl am Hauptfahrwerk, fehlende Isolierungen an Elektrokabeln und mangelnde Sauberkeit in der Herstellungshalle (vgl. Spiegel online 2015a) – oder ob es sich um den Zündschloss-Skandal von *General Motors* handelt, bei dem der Autohersteller zugibt, dass defekte Zündschlösser mindestens 51 Todesfälle von Autofahrern verursacht haben (vgl. Spiegel online 2015b). Stets ist deutlich erkennbar, dass Prozesse vielfach ganz offensichtlich nicht ausreichend oder gar nicht beherrscht werden. (In diesen beiden wie auch in vielen anderen Fällen geht es allerdings erst einmal darum, den „Branchenstandard" überhaupt zu erreichen und zu halten, bevor man eine „herausragende Leistung" erzielen kann.)

Wie ist *Operational Excellence* zu definieren? Es muss eine messbare Definition gefunden werden, in die aus meiner Sicht der Wettbewerb miteinbezogen wird: Unter *Operational Excellence* versteht man alle Fähigkeiten, um eine Unternehmensstrategie zuverlässiger und beständiger als Konkurrenten umzusetzen.

Nehmen wir an, zwei Unternehmen der gleichen Branche sind Konkurrenten und verfolgen die gleiche Strategie. Verfügt nun das eine Unternehmen über Operational Excellence, so hat es niedrigere Kosten, einen höheren Umsatz und ein niedrigeres operatives Risiko als der Mitbewerber. Und genau diese messbaren Größen bewirken einen höheren Nutzen, den sowohl die Unternehmenseigentümer als auch die Kunden nachhaltig merken und gut heißen.

▶ *Operational Excellence* ist die anhaltende und zuverlässige Operationalisierung bzw. Umsetzung der Geschäftsstrategie, und zwar im Vergleich zur Leistung der Mitbewerber in der gleichen Branche. Verfügt ein Unternehmen über eine herausragende Performance, die den Branchenstandard deutlich übertrifft, so ist es exzellent in der operativen Umsetzung einer außerordentlichen Strategie. *Operational Excellence* muss immer in Bezug zur Strategie des Unternehmens gesehen werden.

2.3.2 Großunternehmen und Mittelstand

Untersuchungen zeigen, dass Unternehmen, die GPM einsetzen, sich durch eine hohe *Operational Excellence* auszeichnen, also eine große Umsetzungsstärke, wenn es darum geht, die Strategie zuverlässig und schrittweise umzusetzen. In Deutschland schneiden Mittelständler in dieser Hinsicht besser ab als Großunternehmen: Der Mittelstand erweist sich als Wachstumschampion, schafft auch in Krisenzeiten Arbeitsplätze und sorgt für ein Drittel der Wirtschaftsaktivität, obwohl er nur eine Minderheit der Unternehmen ausmacht (vgl. GE 2012, S. 15).

Doch auch bei den Mittelständlern gibt es große Unterschiede: 30 Prozent von ihnen sind echte „Umsetzungsstars": Sie agieren umsetzungsstark und entwickeln eine höhere Wachstumsdynamik und Profitabilität als andere Unternehmen. Ihre operative Exzellenz erreichen sie „durch leistungsstarke Prozesse, Strukturen und Systeme" (vgl. Droege & Comp. 2006, S. 19).

38 Prozent der Mittelständler gehören hingegen zu den Reaktiven und Aktionisten: Sie reagieren erst, wenn Handlungsdruck entstanden ist, und handeln dabei oft impulsiv, wobei sie sich in unwichtigen Maßnahmen verzetteln (S. 23). Das Phänomen des Aktionismus wird uns noch intensiver beschäftigen. Aktionismus und Prozessmanagement, so möchte ich an dieser Stelle bereits zugespitzt formulieren, schließen sich gegenseitig aus. Oder, anders formuliert: Wo Prozessmanagement zum Zuge kommt, erübrigen sich Aktionismus und Reparaturdienstverhalten.

Die Ergebnisse der Untersuchungen könnten darauf hindeuten, dass *Operational Excellence* im Mittelstand wenig Platz hat und eher für Großunternehmen angesagt ist. Das sehe ich jedoch nicht so. Lediglich die Ausgangslage scheint bei beiden Gruppen unterschiedlich zu sein. Dementsprechend wird der Weg, den beide im Geschäftsprozessmanagement einschlagen, unterschiedlich sein.

2.3.3 Operational Excellence in verschiedenen Branchen

Prozessmanagement wird traditionellerweise mit der Automobilindustrie bzw. mit produzierenden Unternehmen in Verbindung gebracht, da es als Erstes bei *Toyota* eingeführt wurde und sich von dort aus in der gesamten Branche verbreitete. Ein häufiger Vorbehalt lautet daher, Prozessmanagement eigne sich nur für Produktionsunternehmen und sei für Dienstleistung oder Handel nicht anwendbar, weil dort nichts „produziert" werde. Produkte aus dem Dienstleistungsbereich besitzen zwar keine materiellen Eigenschaften, sondern haben oftmals den Charakter von „Informationen". Gemeinsam ist jedoch Produktions- und Dienstleistungsbetrieben, dass der Kauf unmittelbare Aktivitäten in den Organisationseinheiten des Unternehmens nach sich zieht. Alles, was mit der Abwicklung des Kaufs bis zur Auslieferung an den Kunden zu tun hat, erfordert die Organisation gewisser Abläufe und Strukturen. Die Prozesse sollten so effizient wie möglich – also ressourcen- bzw. zeit-, kapital- und personalschonend – vonstatten gehen. Und mit der geforderten Effizienz kommt auch das erforderliche Management der Prozesse ins Spiel.

Ein anderer Einwand gegen Prozessmanagement in Dienstleistung und Handel lautet, es sei zu kostenintensiv, weil der Aufwand für Datenerfassung und Statistik nicht gerechtfertigt sei. Doch dieser Einwand kommt nicht in allen Unternehmen dieser Branchen gleichermaßen auf. Ich teile den Einwand insofern, als dass es nicht sinnvoll ist, Statistiken um ihrer selbst willen zu pflegen. Die Analyse von Daten und Zahlen ist zwar nötig, weil sich dadurch zahlenmäßig beweisen lässt, wo die Ursachen für schlechte Prozessleistungen liegen; auf diese Weise treten Fakten zutage, die zum Beispiel durch „disziplinarische Maßnahmen" gegen Mitarbeiter (vgl. Abschn. 2.1) nicht ans Licht kommen. Doch der Datenaufwand muss je nach Projekt angepasst werden. Keinesfalls ist es sinnvoll, die Datenanalyse zu übertreiben.

> ▶ Prozessmanagement hat prinzipiell damit zu tun, Daten und Zahlen zu analysieren und zu hinterfragen, denn diese zeigen, wo sich der Hebel für Verbesserungen ansetzen lässt. So lassen sich die wahren Ursachen für Prozessmängel erkennen, die nicht aus Bilanzen oder GuV ablesbar sind. Ein „intelligentes" Prozessmanagment vermeidet jedoch überflüssigen statistischen Aufwand und passt Datenerhebungen den jeweiligen Prozessen wie auch der Branche, der das Unternehmen angehört, an. Bewährt hat sich ein „schlankes" Prozessmanagement nach dem 80-20-Prinzip: Statt Daten und Zahlen bis zum Letzten auszureizen, wird der Fokus auf die 20 Prozent gelegt, mit denen bereits 80 Prozent der Fehler erkannt und ausgeschaltet werden können.

Werfen wir hinsichtlich unterschiedlicher Branchen einen Blick auf die Fakten: Unternehmen aus den Zweigen Handel und Konsumgüter, Chemie/Pharma/Healthcare und Energiewirtschaft bestätigen ebenso wie Automobilindustrie und Zulieferer, dass der aktuelle Beitrag des GPM zum Unternehmenserfolg zwischen 61 und 75 Prozent liegt (vgl. PwC 2011, S. 16). Mittelfristig sehen die Unternehmen sogar, dass der Beitrag des GPM um 17 bis 29 Prozent weiter steigen wird (S. 17).

Doch das Entwicklungsstadium, in dem sich die Unternehmen der verschiedenen Branchen in Sachen Prozessmanagement befinden, ist sehr unterschiedlich. Wenn man vier verschiedene Entwicklungsstufen von 1 (= Bewusstsein für GPM vorhanden) bis 4 (= GPM größtenteils eingeführt und KVP meist etabliert) zugrunde legt, so schneidet die Automobilbranche, in der immerhin 17 Prozent die höchste Stufe 4 erreicht haben, noch am besten ab. In anderen Branchen wie B-to-B-Dienstleistungen/Beratung, Versicherung, Handel, Transport/Verkehr stehen die Unternehmen zu 30 bis 50 Prozent oft noch auf Stufe 1; das heißt, sie wissen zwar, dass sie in Sachen GPM aktiv werden müssten, doch haben sie oft noch nicht einmal bestimmte Prozessthemen adressiert (vgl. Minnone 2011, S. 5).

2.3.4 Banken

Ein besonderer Fall ist die Bankenbranche, die zu 36 Prozent noch auf Stufe 1 steht und zu 44 Prozent Stufe 3 erreicht hat. Das bedeutet, dass immerhin 44 Prozent der Banken bestimmte BPM-Methoden eingeführt und KVP teilweise etabliert haben (vgl. Minnone 2011, S. 5) – doch längst nicht genug, wie es scheint. Eine Langzeitstudie der Managementberatung *Bain & Company* bemängelt die Renditeschwäche von Banken und ihre überholten Geschäftsmodelle: Nicht einmal 6 Prozent von ihnen verdienten ihre Eigenkapitalkosten von 8 bis 10 Prozent, so dass sie unter starkem Kostendruck stünden. „Für die Branche insgesamt gebe es angesichts der Zinsflaute und des harten Wettbewerbs keine andere Lösung, als die Kosten weiter nach unten zu fahren, etwa durch eine Modernisierung der IT und eine Optimierung der Prozesse" (ssu/Reuters 2014). Auf Zehn-Jahres-Sicht sind nach *Bain* Kostenreduzierungen bis zu 30 Prozent erforderlich.

Als Ursache für die Renditeschwäche sieht *Bain & Company* die extrem hohe Unzufriedenheit der Kunden. Zwischen dem tatsächlichen Angebot der Banken und den Kundenbedürfnissen klaffe eine riesige Lücke, die zu einer hohen Wechselbereitschaft der Kunden führe. Dementsprechend sei die systematische Erhöhung der Kundenzufriedenheit durch konsequente kundenorientierte Ausrichtung der Prozesse (vgl. Bain & Co 2012, S. 5, 12 f.) oberstes Gebot. Bisher fehle es an einer durchgängigen Messung der Kundenzufriedenheit und der Steuerung der gesamten Bank anhand dieser Kennzahl (S. 23).

Sparkassen, die sich bisher trauten, Prozessmanagement einzuführen, haben damit durchaus positive Erfahrungen gemacht: Anfängliche Investitionen haben sich durch Einsparungen bei der Fehlerbehebung rasch amortisiert, und Six Sigma sei „zukunftsweisend zum Wohle der Sparkasse einführbar" (vgl. Hirche und Vollmar 2013, S. 41) Das gilt auch für Banken und andere Finanzinstitute, bei denen durch den Einsatz von Prozessmanagement beachtliche Erfolge erzielt werden konnten (vgl. dazu die in diesem Buch vorgestellten Beispiele aus dem Finanzdienstleistungsbereich, Abschn. 5.3 und Abschn. 11.3).

2.3.5 Gesundheitswesen

Im Gesundheitswesen, insbesondere in Krankenhäusern, kann Prozessmanagement dazu beitragen, den gesamten Ablauf der Patientenversorgung zu optimieren und zugleich Kosten einzusparen, weil Ressourcen gezielter eingesetzt und Schnittstellen zwischen verschiedenen Bereichen, Berufsgruppen (Ärzte, Krankenpfleger, Verwaltungspersonal) und Hierarchien systematisch organisiert werden können. Das wirkt sich auch positiv auf den Therapieprozess aus, der im Unterschied zu den übrigen Prozessen in den Krankenhäusern meist sehr gut beherrscht wird. Prozessmanagement ist in vielen Gesundheitsbetrieben noch Neuland, doch dort, wo mit einer klaren Spezialisierung gearbeitet wird, setzt sich bereits Prozessmanagement durch, so z. B. bei der *Helios Kliniken Gruppe*.

Prozessmanagement im Krankenhaus – „Priorität hat die Medizin"
Die *Helios Kliniken Gruppe* mit 110 Kliniken gehört seit 2005 zum Gesundheitskonzern *Fresenius*. *Helios* ist einer der größten Anbieter von stationärer und ambulanter Patientenversorgung in Deutschland. Ende 2014 unterhält das Unternehmen außer den Kliniken 49 medizinische Versorgungszentren, 5 Rehazentren, 11 Präventionszentren und 13 Pflegeeinrichtungen. *Helios* versorgt jährlich mehr als 4,2 Millionen Patienten, verfügt insgesamt über mehr als 34.000 Betten und beschäftigt rund 69.000 Mitarbeiter. Für die *Helios Kliniken* ist Prozessmanagement mittlerweile selbstverständlich. Prof. Dr. Ralf Kuhlen, als Mitglied der Geschäftsführung verantwortlich für die Geschäftsbereiche Qualitätsmanagement sowie Organisations- und Prozessentwicklung, stand für ein Interview zur Verfügung.

Frage:	In vielen großen und kleinen Unternehmen wird eine einheitliche Methode zur laufenden Prozessoptimierung umfassend angewendet. Im Krankenhausumfeld ist das bis dato noch nicht zu beobachten. Worauf führen Sie das zurück?
Prof. Kuhlen:	Zunächst einmal darauf, dass die Medizin über viele Jahre, wenn nicht Jahrhunderte, eher als eine „Kunst" und weniger als ein Dienstleistungsprozess begriffen wurde. Das kann der Idee eines standardisierten Prozessmanagements notwendigerweise nicht gerecht werden. Wenn ich mich als Angehöriger der Heilkunst sehe, dann ist Prozessmanagement und das Durchorganisieren meiner Arbeit nicht die passende Kategorie.
	Der zweite Punkt ist der, dass die Standardisierung einer Produktion, bei der am Ende ein klar definiertes Produkt herauskommt, eine völlig andere Aufgabenstellung ist als die medizinische Behandlung und Betreuung eines Patienten. Für die Behandlung gilt allerdings auch, dass ich die wissenschaftlichen Erkenntnisse, den so genannten *State of the Art,* zum Gegenstand eines Standards machen kann.
	Deshalb meine ich: Standardisierung dort, wo sie möglich ist, liebend gerne und zwar viel mehr, als heute bereits eingesetzt. Dadurch wird vieles einfacher. Sie erlaubt mir vor allem, Ressourcen freizusetzen für menschliche Zuwendung, für die Betreuung eines Kranken.
Frage:	Im Prozessmanagement der produzierenden Unternehmen spielt die Fehlerfreiheit eine wichtige Rolle. Wie sieht das bei Ihnen aus?
Prof. Kuhlen:	Das Thema hat in der Medizin eine ganz besondere Bedeutung wegen der dramatischen Konsequenzen, die mit ganz kleinen Fehlern verbunden sein können. Aber, um ganz ehrlich zu sein: Fehlerfreiheit wäre eine Falschannahme, die wir nicht ernsthaft verfolgen können. Eine hundertprozentige Fehlerfreiheit – in Managementprozessen auch als „Zero Tolerance" bekannt – zu erreichen, wird in der Medizin nicht gelingen.
	Was wir aber tun können, ist, dafür zu sorgen, dass wir aus Fehlern lernen. Ich halte es für überaus wichtig, über alle Berufsgruppen im Krankenhaus hinweg eine offene Fehlerkultur zu pflegen. Über Fehler muss geredet werden, und Fehlerquellen müssen systematisch untersucht werden, damit sie nicht wiederholt wirksam werden.
Frage:	Wie erreichen Sie dort, wo auch bei Ihnen Prozessmanagement zum Tragen kommt, die Motivation der Mitarbeiter?
Prof. Kuhlen:	Indem ich Ziele vorgebe, in denen immanent angelegt ist, dass der notwendige Gestaltungsspielraum eingeräumt wird und sowohl

die Verpflichtung als auch die Möglichkeit vorhanden ist, diesen Spielraum auszufüllen. Ein wesentlicher Punkt ist also die Formulierung des Ziels. Wir postulieren keine Firmen-Visionen, sondern formulieren klare Vorgaben. Das oberste Ziel ist konkreter Patientennutzen. Der ist messbar, und hier haben wir unsere Kennzahlen, die sich mittlerweile relativ gut durchgesetzt haben, sowohl in Deutschland als auch in der Schweiz und Österreich.

Ein anderes konkretes Ziel ist die Vermittlung von Wissen, also die Personalentwicklung. Jedes Klinikum reserviert 0,4 Prozent seines Umsatzes für die Fort- und Weiterbildung. Zum Beispiel bekommt jeder Chefarzt einen Teil seiner Bonierung dafür, dass er dies bei seinen Mitarbeitern durchsetzt.

Frage: Lassen sich medizinische Aufgaben überhaupt mit Prozessmanagement-Methoden lösen?

Prof. Kuhlen: In chemischen oder physikalischen Prozessen gibt es ja so etwas wie die totale Deterministik, zum Beispiel, dass auf Eins, Zwei und Drei die Vier folgt. Das Thema Prozessmanagement fängt dort an, wo es nicht nur eine, sondern mehrere unterschiedliche Lösungen gibt. Wir suchen zwar die beste Lösung, aber die Annahme, es gebe vielleicht noch eine andere bessere, ist der Grundgedanke, der uns antreibt. Damit sind Sie mitten im Problem, auch bei Produktionsprozessen. Wenn wir heute manches ganz anders machen als vor fünf oder zehn Jahren, dann heißt das ja auch, dass wir damals weniger gut waren.

Alle fünf bis acht oder zehn Jahre wird das Wissen in der Medizin komplett ausgetauscht. Prozessmanagement bei uns muss also immer anerkennen, dass das, was wir heute für richtig halten, in Zukunft komplett anders sein kann.

Damit zu leben ist auf der einen Seite die Riesenherausforderung, die Prozessmanagement so sinnvoll macht, weil der beste Weg gefunden werden muss. Andererseits ist dies aber auch schwierig, weil es nicht die eine Wahrheit gibt. Wenn dem so wäre, wäre Medizin total einfach.

Frage: Wie sieht Prozessmanagement bei Ihnen im Alltag aus?

Prof. Kuhlen: Für die tägliche Arbeit haben wir eine Matrix aufgebaut, auf der für uns ganz oben die Behandlungsergebnisse stehen. Wir schauen also auf eine Matrix von Kennzahlen, die in Bezug auf medizinische Qualität, Betreuungsqualität und Wirtschaftlichkeit nicht gegeneinander, sondern immer ineinander greifen. Priorität muss dabei immer die Medizin haben.

> Das ist bei uns wie bei jedem anderen Gewerbe: Wenn Sie anfangen, die Qualität anheim zu stellen, werden Sie über einen längeren Zeitraum gesehen vermutlich in Ihrer Branche bald nicht mehr tätig sein. Die Frage bleibt, was man unter Qualität versteht und als Qualität objektivieren kann. Das versuchen wir mit dem Kennzahlensystem zu beantworten. Wir erreichen das mit der Messbarkeit von Vorgängen und der Erreichbarkeit von Zielen. Dabei wollen wir den Beteiligten erlauben, auf eigenen Wegen dorthin zu gelangen. Wir haben zum Beispiel keine Standards für Routine-Operationen im Krankenhaus. Wenn ein und dasselbe Ergebnis mit Vorgehen A und Vorgehen B erreicht wird, warum sollten wir dann eingreifen? Eingreifen muss man, wenn Variante B ein schlechteres Ergebnis erzielt als A.

Vielen Dank für dieses informative Gespräch.

▶ Geschäftsprozessmanagement eignet sich nicht nur für herstellende Betriebe, sondern auch für Dienstleistung und Handel. Der Detaillierungsgrad seiner Anwendung und die Methoden sollten dabei je nach Projekt und Prozess angepasst werden. Die Intensität der Datenanalyse bzw. Statistik muss dem Prinzip „so viel wie nötig, aber so wenig wie möglich" folgen. Vom Prozessmanagement profitieren insbesondere Branchen, die mit starken Renditeeinbußen, hohem Kostendruck und/oder hoher Kundenunzufriedenheit zu tun haben und sich u. U. sogar mittelfristig auf neue Geschäftsmodelle einstellen müssen, z. B. die Finanzbranche und das Gesundheitswesen. Für alle anderen ist Prozessmanagement eine Grundhaltung, um sich mittels *Operational Excellence* weiterhin mit herausragender Leistung zu positionieren.

2.4 Permanente Marktveränderungen – der Wandel als Daueraufgabe

2.4.1 Schneller Wandel

Unternehmen fast aller Branchen unterliegen heute einer Situation, die charakterisiert ist durch gesättigte Märkte mit sinkender Käufer-Nachfrage, Austauschbarkeit und Preisverfall infolge von erhöhtem Wettbewerb oder stark verkürzten Produktlebenszyklen, z. B. durch schnelle technische Innovationen.

Ein typisches Beispiel, das stellvertretend für viele steht, ist die Telekommunikationsindustrie: Das *Fachforum Telekommunikation* (vgl. IT-Forum 2009) bescheinigt der

Branche Umsatzstagnation – bestenfalls Umsatzstabilisierung – und Preisverfall bei gleichzeitig erforderlichen hohen Investitionen in IT-Prozesse, um innovative Services zu ermöglichen. Zudem seien die Anforderungen der Endkunden – durchweg gut informiert und kaufwillig allein aufgrund „gefühlter" Servicequalität – gestiegen. Fazit: Prozesse und Organisationen müssten dem Kundenbedarf angepasst werden, und zwar schnell und flexibel (vgl. S. 8 f.). Dazu gehört die Beherrschung von mehreren Millionen Kundendaten ebenso wie die Prozesse in Marketing, Vertrieb und Service. Das wird nicht von allen Telekom-Unternehmen gleichermaßen erfüllt.

Ein „Einzelfall"?

Matthias Bauer, Kunde von o2, war unzufrieden mit der Dienstleistung des Mobilfunk-Dienstleisters (vgl. Kessler 2011). Rief er die Hotline an, so bekam er stets die gleiche Antwort: „Sie sind ein Einzelfall." Auf die Dauer wollte er sich das nicht gefallen lassen und rief unter *www.wirsindeinzelfall.de* eine Website ins Leben, auf der sich weitere unzufriedene Kunden eintragen konnten. Fast 8000 „Einzelfälle" meldeten sich schließlich auf der Online-Plattform. Bauer wertete die typischen Probleme mit o2 aus und kam zu folgenden Ergebnissen: Die meisten Beschwerden bezogen sich auf unterschiedliche Probleme mit den Datenverbindungen. Er analysierte dies so weit, dass er nicht nur die Art der Störungen, sondern auch die Orte in Deutschland ausmachen konnte, an denen sie am häufigsten auftraten. Die epidemische Verbreitung der Kundenunzufriedenheit im Internet zwang das Unternehmen schließlich zum Reagieren, da es einen solchen öffentlichen „Shitstorm" nicht einfach ignorieren konnte, wenn es nicht zahlreiche Kunden an die Konkurrenz verlieren wollte.

In diesem Fall hat ein ebenso frustrierter wie fleißiger Kunde das getan, was eigentlich Sache des Unternehmens gewesen wäre: nämlich die wichtige Aufgabe des Prozessmanagements, die Analyse der Ist-Situation mit den Daten und Prozessfehlern, durchzuführen, mit dem Ziel, die richtigen Hebel zu finden, an denen sich eine Prozessoptimierung ansetzen lässt. Immerhin kündigte o2 nach dem Desaster den Netzausbau an neuen Hotspots an, um den Kundenbedürfnissen entgegenzukommen.

Marktgetriebene Veränderungen können, wie das Beispiel zeigt, heute aus ganz unterschiedlichen Bereichen kommen. Man denkt vorzugsweise an Produkte, doch können eben auch Kunden durch ihr massives Eingreifen – in seiner Wirkung durch das Internet, insbesondere *Social Media,* geradezu potenziert – Unternehmen zum Handeln zwingen. Die mannigfachen Einflussfaktoren sind heute weniger planbar denn je, erfordern aber ein schnelleres und zielgerichteteres Handeln als früher.

Unvorhergesehene Anforderungen, auf die flexibel reagiert werden muss, sind z. B. überraschend auftauchende Wettbewerber aus anderen Branchen oder Ländern, die zunehmende weltweite Vernetzung, die Globalisierung, veränderte Kundenbedürfnisse, neue Konkurrenzprodukte oder sinkende Produktpreise, verbunden mit dem Druck, selbst günstiger produzieren und verkaufen zu müssen. Auch politische Einflüsse fallen

2.4 Permanente Marktveränderungen – der Wandel als Daueraufgabe

darunter; man denke nur daran, welch große Kreise die beinahe aus dem Nichts aufgetauchte Ukraine-Krise gezogen und viele europäische Firmen, ihre Umsatzerwartungen, Export- und Absatzmöglichkeiten usw. massiv beeinflusst hat, ohne dass sich die Unternehmen mittel- oder langfristig darauf einstellen konnten.

Die Anpassung an Veränderungen in immer kürzerer Zeit zu beherrschen wird mehr und mehr zur Kernkompetenz von Unternehmen werden müssen. In der empirischen IBM-Studie „The Enterprise of the Future", für die mehr als 1000 CEOs weltweit befragt wurden, geben 80 Prozent der Firmenlenker an, dass sie Veränderungen erwarten, und zwar an erster Stelle solche tiefgreifender Art im Mix von Fähigkeiten, Wissen und Kapital (57 Prozent), gefolgt von Veränderungen durch Geschäftspartner (55 Prozent), neue Märkte (43 Prozent) und die Globalisierung von Produkten (40 Prozent).

Doch nur 61 Prozent der befragten Führungskräfte geben zu, in der Vergangenheit bei Veränderungen erfolgreich gewesen zu sein (vgl. IBM 2008, S. 14, 35). Der „Change Gap", also die Lücke zwischen dem notwendigen und dem tatsächlich vollzogenen Wandel, ist über die Jahre sogar gewachsen: Betrug er 2006 nur 8 Prozent, so lag er zwei Jahre später schon bei 22 Prozent. „Konstanter Wandel ist gewiss nicht neu. Aber Firmen kämpfen mit seiner wachsenden Geschwindigkeit. Alles um sie herum scheint sich schneller zu verändern, als sie selbst es können" (IBM 2008, S. 15).

Eine weitere empirische Studie bestätigt, dass der Grad der Professionalisierung im Change Management noch immer recht niedrig ist: In 39 Prozent der Fälle werden vorhandene formale Standard-Methoden nicht eingehalten, und in 74 Prozent der Fälle sind improvisierte Adhoc-Lösungen an der Tagesordnung (vgl. IBM 2007, S. 10). Bestätigt wird dies von einer anderen, aktuelleren Untersuchung, die Veränderungen speziell unter dem Gesichtspunkt des Geschäftsprozessmanagements untersucht hat (vgl. Komus 2012):

- Nur 46 Prozent der Unternehmen erreichen die gewünschte Veränderung und Anpassung ihrer Geschäftsprozesse (S. 5),
- 37 Prozent der Unternehmen geben an, wesentliche oder grundlegende Nacharbeiten durchführen zu müssen, weil die veränderten Prozesse nicht ausreichend praxisreif sind (S. 8),
- und 43 Prozent folgen überhaupt keiner oder nur einer eingeschränkten festen Vorgehensweise bei der Änderung von Prozessen (S. 24).

> ▶ Unternehmen sind sicher, dass in der Zukunft eine Vielzahl von ungeplanten und unvorhergesehenen Veränderungen auf sie zukommt, die sie schnell bewältigen müssen. Change wird dadurch zur erforderlichen Kernkompetenz, denn gelungene Veränderungen entscheiden über den langfristigen Unternehmenserfolg.
>
> Doch es klafft eine große Lücke zwischen den Anforderungen an die Unternehmen einerseits und deren Fähigkeit andererseits, Prozesse

anzupassen und den Wandel zu vollziehen. Improvisierte Verfahren sind ebenso an der Tagesordnung wie misslungene oder nur teilgelungene Prozesse, die aufwendige Nacharbeiten erfordern.

2.4.2 Die Lücke zwischen Strategie und Prozess

Die Veränderungen, mit denen Unternehmen konfrontiert sind, verlangen einerseits von der Geschäftsführung neue strategische Entscheidungen, die in immer kürzeren Abständen getroffen werden müssen, und andererseits entsprechende operative Maßnahmen zur Umsetzung der Strategien. Mit anderen Worten: Wird eine Geschäftsstrategie geändert, müssen auf der operativen Ebene auch die Prozesse verändert oder angepasst werden, damit das Alltagsgeschäft mit den Unternehmenszielen „Schritt hält" – beides greift ineinander wie Zahnräder.

Doch auch hier klafft eine große Lücke: Oft wird die Umsetzung dem mittleren Management und den Mitarbeitern überlassen; nur 7 Prozent der deutschsprachigen europäischen Unternehmen verfügen über ein aus der Unternehmensstrategie konsequent abgeleitetes Prozessmanagement (vgl. Minnone 2012). So hoch die Führungsebene einerseits die Strategie bemisst, so sehr vernachlässigt sie jedoch andererseits ihre Umsetzung – womit wiederum der Unternehmenserfolg in Frage gestellt ist.

Wenn Prozesse und Geschäftsstrategien auseinanderklaffen, dann sieht die Realität im Unternehmen problematisch aus. Denn hinter den „trockenen" Zahlen der diversen hier zitierten Untersuchungen verbirgt sich mehr Leid, als auf den ersten Blick erkennbar ist: Unklare oder fehlende Prozesse führen auf der einen Seite zu lästigen oder störenden Fehlern wie auch zu Umsatzeinbußen und zu Kostendruck. Auf der anderen Seite haben sie auch einen erheblichen Einfluss auf die Arbeitsweise der Mitarbeiter und auf ihre sinkende Motivation. Denn allzu oft machen sich Unternehmen nicht klar, welche Folgen die Unzufriedenheit der Mitarbeiter auf die (Arbeits-)Leistung der gesamten Organisation hat, wie nachfolgend gezeigt wird.

2.5 Die Beschleunigungsfalle: Hektik, Stress, Burnout und innerer Kollaps

Werden für die Bewältigung neuer Anforderungen keine adäquaten Abläufe, Strukturen, Denk- oder Verhaltensweisen verankert, so wird häufig mit schnellen, wenig strukturierten und kaum durchdachten Adhoc-Lösungen hantiert. Kommt es gar, wie heute

2.5 Die Beschleunigungsfalle: Hektik, Stress, Burnout und innerer Kollaps

üblich, kontinuierlich zu neuen Herausforderungen, die immer wieder schnelles Handeln verlangen, stellt sich in vielen Unternehmen mit der Zeit eine Mentalität ein, die ich als „Firefighting" bezeichne: Statt einer ruhigen und konzentrierten Vorgehensweise, die sich an klar definierten Prozessen und Abläufen orientiert, bestimmt ein hektisches „Reparaturdienstverhalten" zur zügigen, aber oberflächlichen Beseitigung von Problemen mehr und mehr die Grundstruktur des Handels in allen Unternehmensbereichen – und beeinflusst damit leider auch die Unternehmenskultur.

Es muss in immer kürzerer Zeit immer mehr getan oder erreicht werden, und es tritt das ein, was die Überschrift dieses Buchteils aussagt: Im Unternehmen wird nicht mehr gearbeitet, sondern „geschuftet". Das heißt, es gibt immer mehr Arbeit, immer mehr Projekte, zu viel Unübersichtlichkeit, unklare Zuständigkeiten, oft auch zu viel Kontrolle – es muss mehr in immer kürzerer Zeit bewältigt werden, ohne dass entsprechende Erfolge sichtbar werden. Mit anderen Worten: Das Hamsterrad dreht sich schneller, und doch kommt das Unternehmen nicht wirklich voran, ja verliert oftmals sogar an Kunden, an Marktanteilen und an Gewinnmargen und gleichzeitig auch an Mitarbeitermotivation. Wie Don Quichote reitet man im Unternehmen vergeblich gegen die Windmühlenflügel an.

> ▶ „Firefighting" tritt ein, wenn Unternehmen mit unstrukturierten und improvisierten Adhoc-Lösungen immer wieder versuchen, unerwartet aufkommende „Problemfeuer" schnell zu löschen, anstatt sorgfältig durchdachte Prozesse zu installieren, die überlegte und klare Arbeitsschritte zur Problemlösung festlegen. Das wirkt sich belastend auf die gesamte Organisation aus. Die unter Zeitdruck gefundenen Adhoc-Verfahren beginnen zu wuchern, verursachen allseits Stress, Hektik und eine Zunahme an Arbeit. Darunter leidet das gesamte Unternehmen intern wie extern, denn es muss mehr Aufwand betrieben werden, um die gleichen Ergebnisse wie früher zu erzielen. Firefighting wirkt sich negativ auf die Kundenzufriedenheit aus, aber auch auf die Zufriedenheit der Mitarbeiter.

Das Merkwürdige daran ist: Ich erlebe es immer wieder, dass sich Unternehmen der wachsenden markt- oder kundengetriebenen Herausforderungen sowie der notwendigen schnellen Anpassungen und der dadurch bedingten Zunahme des Stresses im eigenen Unternehmen durchaus bewusst sind. Und dennoch glauben sie, „keine Zeit" für Prozessmanagement zu haben, das ihnen helfen würde, aus der Tretmühle des „Schuftens", dem Hamsterrad, herauszukommen.

> **Die Säge schärfen – an Effektivität gewinnen**
> Von Stephen Covey stammt die Geschichte des Holzarbeiters, dem es an Effektivität fehlte: Ein Waldarbeiter müht sich mit großem Aufwand, einen großen Stapel Holz durchzusägen, doch er kommt nur sehr langsam voran, rutscht immer wieder mit der Säge ab, muss bei jedem Baumstamm mehrfach ansetzen und außerdem viel körperliche Kraft aufwenden. Ein vorbeikommender Spaziergänger ruft ihm zu: „Ihre Säge ist ja ganz stumpf! Warum schärfen Sie nicht zuerst Ihr Werkzeug? Dann geht es doch leichter und schneller!" Unbeeindruckt von dem Hinweis macht der Waldarbeiter weiter und ruft dem Spaziergänger schwitzend und schimpfend nach: „Ich habe keine Zeit, die Säge zu schärfen, ich muss Holz sägen!"

So absurd diese Geschichte erscheint, so entspricht sie doch dem Verhalten in vielen Unternehmen, wie es auch von den genannten empirischen Untersuchungen bestätigt wird. In den Firmen weiß man um die wachsenden Herausforderungen und doch gelingt es nicht, mit den damit verbundenen Veränderungen und Prozessanpassungen zurecht zu kommen. Ja, vielfach hält man Prozessmanagement sogar für überflüssig oder zu aufwendig.

Den damit verbundenen typischen unternehmerischen Problemen wie Kostendruck, Qualitätsverlust und Verlust von Marktanteilen steht auf der anderen Seite die steigende Unzufriedenheit der Mitarbeiter gegenüber: Hektik, Stress, Zunahme an Arbeit und permanente Überforderung führt bei den Mitarbeitern vielfach zu innerer Kündigung und Burnout. Dieser Aspekt wird häufig übersehen und auch nicht in Zusammenhang mit fehlendem oder unzureichendem Prozessmanagement gebracht. Deshalb möchte ich hier verstärkt Ihr Augenmerk darauf lenken.

Betrachten wir Unternehmen unter energetischem Aspekt, so entstehen nicht nur durch den Verlust von Zeit, von Marktanteilen und von Gewinnmargen „Energielöcher", sondern auch durch die Unzufriedenheit der Mitarbeiter und der Führungskräfte, die immer weniger motiviert sind, die Mehrbelastung noch mitzutragen, und mit Krankheit, Missmut und wachsenden internen Konflikten in der Zusammenarbeit reagieren.

Die Wissenschaft hat bereits einen Namen für dieses Phänomen geprägt: Sie spricht von der „Beschleunigungsfalle". In diese Falle geraten Unternehmen, wenn Geschäftsführer oder CEOs ihre Mitarbeiter und Führungskräfte dauerhaft an die Grenzen der Belastbarkeit oder sogar darüber hinaus treiben und auf Ermüdungserscheinungen und die damit verbundene Minderleistung mit verstärktem Druck, zusätzlicher Beschleunigung und/oder noch höheren Anforderungen reagieren. Je stumpfer die Säge wird, desto mehr Kraft kostet das Sägen des Holzes, und gleichzeitig werden die Resultate schlechter.

Wissenschaftlich erforscht worden ist die Beschleunigungsfalle von Prof. Dr. Heike Bruch (vgl. Bruch und Menges 2010 und Bruch und Kowalevski 2012). Sie kam durch Befragung von mehr als 600 Unternehmen zu dem Ergebnis: Ursprünglich motivierte und leistungsbereite Mitarbeiter laufen Gefahr, sich durch steigende Leistungsanforderungen, die die Führungskräfte an sie stellen, mehr und mehr zu verausgaben, wenn keine Erholungsphasen dazwischen mehr erfolgen. Die chronische Überlastung führt

2.5 Die Beschleunigungsfalle: Hektik, Stress, Burnout und innerer Kollaps

schließlich zu einem erhöhten Burnout-Risiko. Es droht die innere und schließlich die äußere Kündigung der ausgebrannten Mitarbeiter.

In Unternehmen, die in der Beschleunigungsfalle sitzen, haben 60 Prozent der Mitarbeiter nicht ausreichend Ressourcen für ihre Arbeit. Sie beklagen, ständig unter erhöhtem Zeitdruck zu stehen und unter den sich häufig ändernden Prioritäten ihres Unternehmens zu leiden. Viele Mitarbeiter haben zu viele Aufgaben zu erledigen, wodurch sowohl die Beschäftigten als auch das Unternehmen die klare Ausrichtung verlieren und die Aktivitäten nicht mehr richtig aufeinander abgestimmt sind (vgl. Bruch und Menges 2010) – ein Indiz für das Fehlen klarer Prozessstrukturen und den damit verbundenen „Wildwuchs" von Aufgaben und Abläufen.

Von der Beschleunigungsfalle sind heute 58 Prozent der mittelgroßen und 77 Prozent der größeren Unternehmen betroffen. Die Beeinträchtigungen sind zahlreich: Die Arbeitgeber-Attraktivität sinkt in überbeschleunigten Unternehmen um 24 Prozent, das Vertrauensklima um 31 Prozent, die Unternehmensleistung um 10 Prozent, das Engagement um 163 Prozent und die Stimmung um 124 Prozent (vgl. Bruch und Kowalevski 2012, S. 6 f.).

Dazu passt das Ergebnis einer anderen Studie, das Burnout-Erkrankungen in den DAX-Unternehmen lokalisiert: Besonders betroffen sind demnach Banken und Finanzinstitute wie *Allianz, Commerzbank* und *Deutsche Bank*, die die höchsten Burnout-Quoten aufweisen (vgl. Werle 2012). In allen Branchen hat sich die Anzahl der Arbeitsunfähigkeitstage innerhalb von sechs Jahren verneunfacht. „Über alle DAX-Konzerne hinweg haben diejenigen Unternehmen die höchsten Burnout-Raten, in denen seit Jahren umstrukturiert, saniert und gekürzt wird" (Werle 2012), in denen also Dauerbelastungen bestehen, die offensichtlich auf unzureichend gemeisterte Change-Prozesse zurückgehen.

In gewisser Hinsicht ist Burnout in unserer Gesellschaft sogar eine Art „Statussymbol", denn überzogene Arbeitszeiten und ständige Erreichbarkeit signalisieren hohes Arbeitsengagement und dienen damit oft als Karrierebausteine. Doch nichtsdestotrotz spricht „Betriebsamkeit" und ein Übermaß an Arbeit nicht für eine hohe Arbeitsqualität oder das sichere Beherrschen von Prozessen. Eher ist das Gegenteil der Fall, und es wird Zeit, dass wir Arbeitsüberlastung nicht mehr als positiv bewerten und mit „Einsatz" verwechseln, sondern als das, was sie wirklich ist: nämlich als Krankheitsfaktor, der der Lebens- und Arbeitsqualität des Einzelnen ebenso abträglich ist wie der Leistungsfähigkeit von Unternehmen insgesamt.

Der Burnout etlicher einzelner Mitarbeiter kann – das ist vielen nicht klar – auf die gesamte Organisation übergreifen und zu einem kollektiven Burnout führen (vgl. Bruch und Kowalevski 2012, S. 12). Die Folge ist dann der innere Kollaps des gesamten Unternehmens, der sogenannte „Organizational Burnout" (vgl. Greve 2010).

Eine Bank vor dem inneren Kollaps

Eine Bank war aufgefordert worden, eine höhere Transparenz in den Prozessen herzustellen. Die Finanzmarktaufsicht war bereits auf das Unternehmen aufmerksam geworden und hatte aufgrund der fehlenden Transparenz mit dem Entzug der Banklizenz gedroht. Intern saß das Unternehmen bereits seit geraumer Zeit in der Beschleunigungsfalle: Alle Mitarbeiter waren überlastet, ständig in Zeitnot und lethargisch.

Es sollte ein erstes Six-Sigma-Projekt durchgeführt werden mit dem Ziel, die Datenqualität in einem bestimmten Bereich zu verbessern. Das gesamte Datenmanagement folgte keinem einheitlichen Prozess. Eines der Kernprobleme war, dass verschiedene Stellen im Hause mit unterschiedlichen Kundendaten arbeiteten, die teilweise unvollständig und teilweise veraltet waren. Das führte zu Konflikten und Streitigkeiten zwischen den Mitarbeitern verschiedener Abteilungen. Es fehlte deutlich an einer bereichsübergreifenden Zusammenarbeit.

Mit Hilfe der DMAIC-Methode (vgl. Abschn. 7.2) sollte die Qualität der Datenfelder in einem Prozess optimiert werden. Aufgrund eines fehlenden Verantwortlichen für das Datenmanagement wurden z. B. einmal vom Kundenbetreuer eingepflegte Daten nicht wieder abgeändert, weil der Prozess dies nicht vorsah. Für eine abteilungsübergreifende Zusammenarbeit fehlte es an einem strukturierten Ablauf. So gab es Konflikte zwischen der Abteilung des Risikomanagements und dem Backoffice.

Denn die Risikoabteilung konnte das Risiko für Kreditanträge nicht richtig berechnen, weil die Daten nicht stimmten, was zu enormen Zeitverzögerungen in der Bearbeitung oder zu unzuverlässigen Risikoschätzungen führte; das ließ die Mitarbeiter der Risikoabteilung nachts nicht ruhig schlafen. Die „Schuld" gab man dem Frontbereich der Bank, der keine vernünftigen Daten lieferte. Die Kundenbetreuer wiederum standen unter Druck, Kunden zu verlieren, die drohten, zu anderen Banken zu wechseln, wenn ihre Kreditanträge nicht schnell genug von der Risikoabteilung genehmigt würden. Verlor man Kunden an die Konkurrenz, so schob der Kundenbetreuer die „Schuld" der zu langsam arbeitenden Risikoabteilung zu. So gerieten die beiden Abteilungen in einen Negativstrudel, der zu Hektik, Stress, gegenseitigen Beschuldigungen und einem Übermaß an Arbeit führte, das durch zahlreiche Adhoc-Lösungen zur Behebung der immer wieder von neuem aufkommenden und stets gleichen Datenmängel entstanden war.

Die Mitarbeiter der Teams waren lethargisch und weigerten sich zunächst sogar, an gemeinsamen Workshops teilzunehmen, die der Einführung eines geordneten Datenprozesses dienten. Nur unter dem Druck, dass ihr Arbeitgeber die Banklizenz und sie ihren Arbeitsplatz verlieren könnten, waren sie zum Mitmachen zu bewegen.

Das Problem wurde gelöst, indem DMAIC auf die Optimierung von Datenfeldern angewandt wurde. Durch Einbindung von fachbereichsübergreifendem Personal gelang es nach und nach, dass im Team ein gemeinsames Verständnis entstand und man sich nicht mehr gegenseitig die Schuld für fehlerhafte oder unzureichende Daten zuwies. Unter anderem wurde eine Priorisierung von Datenfeldern durchgeführt: Man

2.5 Die Beschleunigungsfalle: Hektik, Stress, Burnout und innerer Kollaps

konzentrierte sich auf strategisch wichtige Daten, die für die Berechnung des Risikofaktors entscheidend waren. Von der Schritt für Schritt entwickelten und implementierten Lösung eines strukturierten Datenprozesses ging eine „entspannende" Wirkung auf das gesamte Unternehmen aus: Die Zusammenarbeit wurde nach und nach wieder kooperativ, und die Anzahl der Aufgaben, die die einzelnen Mitarbeiter zu erledigen hatten, reduzierte sich, nachdem die überflüssigen „Bypässe" bzw. Umwege, die zur Behebung der Datenmängel entstanden waren, beseitigt werden konnten.

Sponsor des Prozessmanagements war der CFO der Bank, der das Projekt massiv vorantrieb. Nach seinem Ausscheiden aus dem Betrieb schlief das Interesse am Prozessmanagement leider wieder ein, obwohl noch weit mehr Verbesserungen möglich gewesen wären. Es blieb bei der einmaligen Optimierung eines einzelnen Datenprozesses, der dem Unternehmen immerhin die Banklizenz rettete und die Motivation und Leistungsbereitschaft der Mitarbeiter wiederherstellte, indem es sie aus dem Strudel des „Firefighting" befreite.

> ▶ **Fazit** Die bisherigen Ausführungen haben gezeigt: *Man kann Prozesse nicht nicht managen.* Das heißt, Prozesse – im Sinne von strukturierten, systematischen und effektiven Abläufen – sind stets in jedem Unternehmen jeder Branche vorhanden, und sie werden auch immer gemanagt, die Frage ist nur wie. Verzichtet man auf ein sinnvolles und effizientes Management und lässt Firefighting, Adhocratie und Wildwuchs improvisierter Lösungen zu, indem man mit Aktionismus versucht, Probleme oberflächlich und schnell zu beseitigen, so ist auch das eine Art des Managements – nur eben ein schlechtes, das über kurz oder lang viele negative Konsequenzen nach sich zieht:

- Das Unternehmen wird den steigenden markt-, kunden- oder wettbewerbsgetriebenen Herausforderungen immer weniger gerecht und hat Schwierigkeiten mitzuhalten.
- Es hat z. B. mit Kundenunzufriedenheit, sinkenden Gewinnmargen, Verlust von Marktanteilen, Kostendruck und anderen Problemen zu kämpfen.
- Aufgrund der fehlenden Erfolge werden die internen Anstrengungen erhöht, und das Unternehmen gerät womöglich in die Beschleunigungsfalle, die gekennzeichnet ist durch Überlastung der Mitarbeiter mit zu vielen Aufgaben und Projekten, mit Stress und Hektik, Vertrauensverlust und Konflikten.
- Dies führt oft zum Burnout von Mitarbeitern und Führungskräften, was wiederum den inneren Kollaps des gesamten Unternehmens bewirken kann.

- Dann gelingt es dem Unternehmen immer weniger, sich um die strategische Komponente zu kümmern und deren Operationalisierung zu gewährleisten.
- Am Ende steht schlimmstenfalls die Insolvenz.

Die Alternative ist, Prozesse *bewusst* zu managen, und zwar möglichst in enger Anbindung an die Geschäftsstrategie, damit die strategische und die operative Ebene miteinander verzahnt sind (mehr dazu im dritten Buchteil, vgl. Abschn. 9.3 und Abschn. 9.4). Ein bewusstes Prozessmanagement trägt dazu bei, die „Säge zu schärfen" und damit Effizienz und Effektivität der gesamten Organisation zu erhöhen. Insoweit ist Prozessmanagement ein „einfaches Thema" – einfacher, als die Folgen schlecht gemanagter Prozesse zu beseitigen.

Checkliste: Indizien für die Qualität Ihres Prozessmanagements

Ist Prozessmanagement für Ihr Unternehmen „einfach kein Thema" oder ein „einfaches Thema"? Prüfen Sie selbst anhand der folgenden Aussagen und überlegen Sie, welche Sie mit Ja und welche mit Nein beantworten:

- Das Management lebt Prozessmanagement vor.
- Jeder im Unternehmen weiß, was hinsichtlich Prozessmanagement zu tun ist.
- Eine Prozessmanagement-Abteilung ist als gut sichtbare Organisationseinheit im Unternehmen aufgebaut und wird als gleichwertig zu anderen Abteilungen eingestuft.
- Marktveränderungen werden laufend und systematisch in den täglichen Prozess eingearbeitet.
- Man nimmt sich Zeit für die Agenda des Prozessmanagements.
- Prozessmanagement wird selbstverständlich von allen Mitarbeitern gelebt.
- Neue Mitarbeiter erhalten Schulungen in Prozessmanagement.
- Das Unternehmen hat die Philosophie: „Wir lernen aus Fehlern."
- Treten Fehler auf, so gibt es keine Anklagen oder Beschuldigungen, sondern Verbesserungen.
- Fehler und schlechte Prozessleistungen werden laufend aufgenommen und wertneutral gesehen.
- Ineffizienzen in Prozessen sind erkannt und werden auch immer behoben.
- Es gibt eine Instanz (z. B. eine Meldestelle oder einen KVP-Briefkasten), bei der Optimierungsvorschläge genannt werden können.
- Es gibt für Prozessmanagement relevante Zielvorgaben.
- Im Unternehmen treten Stress und Hektik im Arbeitsalltag nur selten auf.
- Mitarbeiter und Führungskräfte kommen mit den zu erledigenden Aufgaben nach; es bleiben keine To-Dos längere Zeit ungetan liegen.

- Die Zahl der gleichzeitig laufenden Projekte ist überschaubar und zu bewältigen.
- Wir werden den Marktanforderungen gerecht.
- Die Qualität ist in allen Bereichen zufriedenstellend. Fehler, Ausschuss oder Ausfälle treten nicht auf.
- Die Übersetzung unserer Geschäftsstrategie in operative Maßnahmen klappt immer wie gewünscht.
- Treten unerwartet neue Herausforderungen auf, so installieren wir dafür neue Prozesse oder verbessern bestehende. Durchdachte und systematische Problemlösungen, die gut funktionieren, sind uns wichtiger als Schnelligkeit und Adhocismus.
- Bei uns gibt es keine Burnout-Fälle im Unternehmen.

Auswertung: Wie viele Fragen haben Sie mit Ja beantwortet?

- 15–21 Fragen: Herzlichen Glückwunsch! In Ihrem Unternehmen ist Prozessmanagement ein einfaches Thema.
- 10–14 Fragen: Sie haben noch Verbesserungspotenzial in Sachen Prozessmanagement.
- 6–9 Fragen: Sie sollten Prozessmanagement einführen, um rasch den Anschluss an Ihre Branche wieder zu bekommen.
- Weniger als 6 Fragen: Sie müssen dringend etwas tun. Es besteht ein potenzielles Risiko, dass Sie aus dem Markt fallen.

Literatur

Bain & Company, Hrsg. 2012. *Was Bankkunden wirklich wollen.* Privatkunden in Deutschland sind unzufrieden und zeigen eine hohe Wechselbereitschaft. München.
BPM & Co, Hrsg. Thilo Knupperz, Sven Schnägelberger et al. 2011. Umfrage Status quo Prozessmanagement 2010/11. Köln. www.bpmo.de.
Bruch, Heike, und Sandra Kowalevski. 2012. *Zwischen Hochleistung und Erschöpfung. Wie Führungskräfte das Potenzial ihrer Mitarbeiter ausschöpfen und Burn-out vermeiden.* Top-Job-Studie. http://www.topjob.de.
Bruch, Heike, und Jochen I. Menges. 2010. *Movitation. Wege aus der Beschleunigungsfalle.* Harvard Business Manager 5:2010. www.harvardbusinessmanager.de.
Droege & Comp., und Universität Witten-Herdecke, Hrsg. 2006. Studie Herausforderung Mittelstand. Führung und Umsetzung entscheiden. Düsseldorf. www.herausforderung-mittelstand.de.
Gassmann, René. 2012. *Six Sigma und BPM: Integriertes Prozessmanagement.* Hamburg: Diplomica Verlag.
GE (General Electric), Hrsg. 2012. Analyse Mittelstand – Erfolgsfaktoren für Wachstum in Europa.
Greve, Gustav. 2010. *Organizational Burnout. Das versteckte Phänomen ausgebrannter Organisationen.* Gabler: Wiesbaden.
Hirche, Quentin und Bernhard H. Vollmar 2013. *Der Six-Sigma-Ansatz und dessen Implementierung aus Sicht einer Sparkasse: eine Darstellung und Analyse.* Forschungspapiere PFH Private Hochschule Göttingen, No. 05:2013. www.pfh.de.

IBM Corporation, Hrsg. 2008. The Enterprise of the Future. IBM Global CEO Study.
IBM Deutschland, Hrsg. 2010. Unternehmensführung in einer komplexen Welt. Global CEO Study. München.
IBM Global Business Services, Hrsg. 2007. Making Change Work. Erfolgsfaktoren für die Einführung von Innovationen.
IT-Forum Darmstadt, Hrsg. 2009: Fachforum Telekommunikation. 25. Juni 2009. www.it-forum-2009.de/data/fachforum-telco.pdf. Zugegriffen am 29.03.2013.
Kessler, Marc. 2011. „Wir sind Einzelfall: Gründer wertet 7700 o2-Problemfälle aus." www.teltarif.de. Zugegriffen am 29.11.2011.
Komus, Ayelt. 2012. Zukunftsthema Qualität im Prozessmanagement. Die Studie zur Qualität im Geschäftsprozessmanagement von deutschen und internationalen Unternehmen. www.fh-koblenz.de / www.processtestlab.de
Minnone, Clemente. 2011. Business Process Management. Are you ready for the future? www.zhaw.ch. Zugegriffen am 29.03.2013.
Minnone, Clemente. 2012. *Die Kluft zwischen Strategie und Prozessen.* io management Jan./Febr. 2012:41–43.
PwC (PricewaterhouseCoopers), Hrsg. 2011. Zukunftsthema Geschäftsprozessmanagement. Eine Studie zum Status quo des Geschäftsprozessmanagements in deutschen und österreichischen Unternehmen. www.pwc.de/de/prozessoptimierung. Zugegriffen am 03.04.2013.
Roland Berger Strategy Consultants, Hrsg. 2005. Restrukturierung in Europa – Studie. Düsseldorf.
Roland Berger Strategy Consultants, Hrsg. 2013. Restrukturierungsstudie. Düsseldorf.
Roland Berger Strategy Consultants, Hrsg. 2014. *Ist die Finanzkrise überwunden? Restrukturierungsstudie 2014.* München.
Spiegel online. 2015a. *Pannen beim Transportflieger A400M. Von der Leyen rechnet mit Airbus ab.* www.spiegel.de. Zugegriffen am 08.02.2015.
Spiegel online. 2015b: *Defekte Zündschlösser. General Motors gibt 51 Todesfälle zu.* www.spiegel.de. Zugegriffen am 08.02.2015.
ssu/Reuters. 2014. *Renditeschwäche. Studie sieht deutsche Banken vor massivem Stellenabbau.* www.spiegel.de. Zugegriffen am 21.10.2014.
Werle, Klaus. 2012. *Die DAX-Riesen mit den meisten Burn-out-Kranken.* www.manager-magazin.de. Zugegriffen am 24.05.2012.

Prozessmanagement ist eine Grundhaltung – gibt es Alternativen? 3

3.1 Managementmoden und ihr „Verfallsdatum"

In vielen Gesprächen mit den Geschäftsleitungen von Unternehmen diverser Branchen stelle ich immer wieder fest, dass der Umgang mit Methoden sehr stark vom Zeitgeist geprägt ist. Eine Zeitlang grassieren bestimmte Verfahrensweisen wie Mode-Philosophien im Management, z. B. Business Reengineering, Lean Management und Total Quality Management. Jedermann wendet sie an, bis sie schließlich „out" sind und als „abgegriffen" gelten. Leider trifft dies auch auf Prozessmanagement zu. „Verwenden Sie bloß nicht den Begriff Prozessmanagement, der ist negativ behaftet", höre ich recht oft. Doch es geht nicht darum, wie man das Kind nennt, und auch nicht darum, wie lange es bereits existiert – es geht vielmehr um die *innere Grundhaltung*, die mit Prozessmanagement verbunden ist, und darum, dass man es anwendet, egal unter welcher Bezeichnung.

Diese Grundhaltung drückt sich in den Zielen des Prozessmanagements und dem damit verbundenen Nutzen aus, wie ich ihn bereits in der Einführung (Kap. 1) überblicksartig beschrieben habe: eine starke Ausrichtung an der Kundenzufriedenheit, ein hohes Qualitätsbewusstsein, eine sichere Marktposition, Kostenvorteile und der Aufbau von langfristigen Wettbewerbsvorteilen. Das sind für jedes Unternehmen, unabhängig von seiner Branche und seiner Größe, wertvolle Ziele, die maßgeblich zur Existenzsicherung beitragen.

> ▶ Man mag Prozessmanagement als „angejahrte" Methodensammlung zur Optimierung von Geschäftsprozessen im Unternehmen ansehen. Doch dies ist nur die eine Seite der Medaille. Viel wesentlicher ist, dass es sich um eine bestimmte Geschäftsphilosophie handelt, in der eine innere Grundhaltung zum Ausdruck kommt: nämlich der Wille, das Unternehmen

dauerhaft auf einem guten Kurs zu halten, langfristig seine Existenz zu sichern und Vorsprünge vor dem Wettbewerb aufzubauen. Wer Prozessmanagement nur darum ablehnt, weil es nicht mehr neu und sein „Verfallsdatum" vermeintlich überschritten ist, der schüttet das Kind mit dem Bade aus, denn die dahinter stehenden Ziele sind Konstanten jedes Geschäftsbetriebs.

In diesem Kapitel möchte ich Prozessmanagement in Beziehung setzen zu anderen, derzeit teilweise beliebteren Philosophien, die durchaus eine verwandtschaftliche Nähe zum Prozessmanagement aufweisen und sich mit ihm gut verbinden lassen. Vorgestellt werden

– Restrukturierung,
– Business Reengineering,
– Lean Management,
– Six Sigma,
– Lean Six Sigma,
– Kostensenkungsprogramme,
– Total Quality Management und
– ISO 9000er-Familie.

3.2 Restrukturierung

Restrukturierung und Business Reengineering – beides Philosophien, die begrifflich nicht immer scharf voneinander getrennt werden – gehören zu den beliebtesten und am häufigsten angewandten Methoden in den Unternehmen. Die von *Roland Berger* jährlich durchgeführte Restrukturierungsstudie (vgl. Roland Berger 2005, 2013, 2014) zeigt, dass Unternehmen seit rund 10 Jahren mit dem Ziel des Wachstums und der Kostensenkung intensiv restrukturieren.

Eine Restrukturierung hat eigentlich die Aufgabe, Produktivitätssteigerungen zu bewirken, und zwar in Fällen, in denen ein Unternehmen in ernsthaften Schwierigkeiten steckt, tiefgreifende Probleme zu bewältigen hat oder gar zum Sanierungsfall geworden ist. Es handelt sich also im Grunde um Ausnahmefälle, die den Charakter der Einmaligkeit haben.

Insoweit ist es erstaunlich, dass die Befragung von Führungskräften in den Studien zu dem Ergebnis geführt hat: Restrukturierung wird von den Unternehmen seit rund 10 Jahren als „Daueraufgabe mit hoher Intensität" wahrgenommen (vgl. Roland Berger 2005, S. 10, 2013, S. 18, 2014, S. 18). 2005 waren es erst 63 Prozent der Unternehmen, die Restrukturierung als Daueraufgabe bewerteten, 2013 bereits 86 Prozent und 2014 sind es überwältigende 92 Prozent. An dieser Stelle mag die Frage erlaubt sein, ob wirklich so viele Unternehmen nicht gut aufgestellt sind, dass sie einer dauerhaften Restrukturierung bedürfen.

Auch wenn diese Frage hier nicht beantwortet werden kann, gibt es doch einen gravierenden Unterschied zwischen Restrukturierung und Prozessmanagement: Restrukturierung ist eigentlich als *kurzfristig* wirksame Produktivitätssteigerung (Kostensenkung plus Umsatzsteigerung) vorgesehen, während Geschäftsprozessmanagement auf *nachhaltige und dauerhafte* Leistungsverbesserungen abzielt.

▶ Restrukturierung und Geschäftsprozessmanagement greifen ineinander:

- Ist eine Restrukturierung erforderlich, so sollte ihr anschließend ein Prozessmanagement folgen, denn Restrukturierungsmaßnahmen beeinflussen immer die Geschäftsprozesse, die angepasst werden müssen, damit die Maßnahmen erfolgreich sind.
- Wurde bereits vor der Restrukturierung ein Geschäftsprozessmanagement im Unternehmen eingeführt, so besteht eine gute Gestaltungsbasis bzw. eine hohe Flexibilität, auf die strategischen Veränderungen adäquat zu reagieren. Prozessmanagement kann von Anfang an unterstützend wirken.

Beide ergänzen sich also sehr gut und schließen sich nicht gegenseitig aus.

3.3 Business Reengineering

Erhöht man über Jahre hinweg die Leistung in einem bestimmten Prozess um beispielsweise 5 Prozent, dann ist die Anwendung des Prozessmanagements eine gute Sache gewesen. Entsteht nun aufgrund einer besonderen Situation die Anforderung, eine Effizienzsteigerung um mehr als 30 Prozent zu erreichen, so werden die Mittel des Prozessmanagements nicht mehr ausreichend sein. Es stellt sich die Frage, ob eine solch massive Steigerung möglich ist – aus einer Kuh lässt sich bekanntlich kein Rennpferd machen.

In diesem Falle kann *Business Process Reengineering* der richtige Hebel sein. Es „ist genau genommen fundamentales Überdenken und radikales Redesign von Unternehmen oder wesentlichen Unternehmensprozessen. Das Resultat sind Verbesserungen um Größenordnungen in entscheidenden, heute wichtigen und messbaren Leistungsgrößen in den Bereichen Kosten, Qualität, Service und Zeit" (Hammer und Champy 1994, S. 48). Hammer und Champy haben durch ihr Buch und diese Definition ein zusätzliches Denken in den Aufgabenbereich des Prozessmanagements hineingebracht, zeigen jedoch keinen Bezug zur Strategie auf. Gemäß ihrer Definition kann man dann von Business Reengineering sprechen, wenn die erzielten Leistungsverbesserungen in Größenordnungen einer 90-prozentigen Reduzierung der Durchlaufzeit und einer 100-fachen Verbesserung der Effizienz liegen (vgl. Hammer und Champy 1994, S. 57).

Business Process Reengineering hat also seine Berechtigung, doch ist seit Jahren bekannt, dass viele Reengineering-Prozesse scheitern und lediglich ca. 25 Prozent ihr Ziel erreichen (vgl. Jochem und Geers 2010, S. 93). Es ist also eine gewisse Vorsicht geboten, denn dieser radikale Schritt birgt Risiken in sich. Als ergänzender Ansatz im Rahmen des Prozessmanagements macht Business Reengineering Sinn.

> ▶ Reengineering eignet sich vor allem in Krisensituationen, wenn erstarrte Strukturen und Strategien aufgebrochen werden müssen, um das Überleben eines Unternehmens zu sichern, und wenn extreme Effizienzsteigerungen erforderlich sind. Liegen jedoch keine Krise und keine gravierenden Risiken vor, so empfiehlt es sich stattdessen, das Unternehmen mit Hilfe des Prozessmanagements weiterzuentwickeln, und zwar idealerweise mit Hilfe eines *kontinuierlichen und intelligenten* GPM, das stetige Verbesserungen ermöglicht. Das hilft unter anderem, mögliche Krisen rechtzeitig zu erkennen und ihnen vorzubeugen, so dass ein Reengineering erst gar nicht erforderlich wird.

3.4 Lean Management

Ausgehend von der Automobilindustrie wurde in Produktionsbetrieben *Lean Production* eingeführt, und zwar mit drei Zielen:

1. Verschwendungen zu eliminieren,
2. das Pull-Prinzip zu realisieren und eine Fließproduktion ohne teure Zwischenlager zu erreichen und
3. die Effizienz zu steigern.

Die Erweiterung der Prinzipien auf andere Wirtschaftszweige führte zum *Lean Management*, wobei jedoch häufig die drei Ziele nicht vollständig angewandt wurden, so dass es nur Teilverbesserungen wie die Verkürzung von Durchlaufzeiten, die Minimierung von Fehlern oder partielle Kostensenkungen gibt.

Im Unterschied zum Prozessmanagement ist *Lean Management* jedoch nicht auf die Geschäftsziele und auch nicht auf qualitative Kundenerwartungen ausgerichtet, sondern hat quantitative Ziele, wie die Erfüllung des Kundenbedarfs. Dementsprechend ist *Lean Management* keine Alternative und kein Ersatz für Prozessmanagement, denn die Ausrichtung auf die Unternehmensstrategie und die Einbindung der Kundenerwartungen fehlen; aber es ist eine sinnvolle Ergänzung. Die Grundprinzipien sollte jedes Unternehmen und jeder Mitarbeiter verstehen. Denn sie bilden die Grundlage für die Effizienzsteigerung im Zusammenhang mit der Prozessoptimierung.

▶ *Lean Management* eignet sich vor allem, um die Prozesszeit zu verkürzen, was durch den starken Fokus auf die Eliminierung von Verschwendungen gelingt. Vor allem wird der Mittelwert der Prozesszeit verkürzt. Das Prozessmanagement hat demgegenüber ein breiteres Anwendungsspektrum bei der Optimierung von Prozessen und fokussiert nicht nur auf die Prozesszeit.

3.5 Six Sigma und Lean Six Sigma

Ziel von Six Sigma ist es, die Qualität in allen Unternehmensprozessen so zu steigern, dass diese vollständig beherrscht werden. Mit einer einzelnen Messgröße – Sigma – lassen sich die Prozessleistungen unterschiedlicher Prozesse berechnen und vergleichen.

Mit den Six Sigma zugrunde liegenden Methoden (DMAIC, vgl. Abschn. 7.2 und DMEDI) lassen sich bestehende Prozesse optimieren und neue Prozesse gestalten. Unter diesem Aspekt lässt sich Six Sigma im Rahmen von Prozessmanagement anwenden. Six Sigma beinhaltet Elemente von *Business Process Reengineering*, Change-Management, aber auch klassischem Qualitätsmanagement, Benchmarking und mittlerweile unter dem Begriff *Lean Six Sigma* auch Elemente des *Lean Managements*. Die Kombination von Six Sigma mit Prozessmanagement kann daher sinnvoll sein.

▶ Six Sigma wird primär angewendet, um die Güte eines Prozesses positiv zu beeinflussen. Durch den Fokus auf die Eliminierung von Fehlern (= nicht erfüllten Kundenanforderungen) gelingt es, mehr Geschäftsfälle im Sinne des Kunden zu erledigen. Somit wird darauf fokussiert, die Prozessvarianz zu verkleinern. Wird sowohl die Prozesszeit als auch die Prozessgüte verändert, spricht man von Lean Six Sigma. Im Rahmen des Prozessmanagements können Six Sigma und Lean Six Sigma sinnvoll angewendet werden.

3.6 Kostensenkung

Unternehmen stehen heute unter massivem Kostendruck. Was liegt da näher, als Kostensenkungsprogramme durchzuführen? In vielen Betrieben gehört Kostensenkung zu den am meisten geübten Disziplinen. Auf die Frage „Welche Weichenstellung planen Sie für die Zukunft?" gaben Vorstandsvorsitzende und -mitglieder von Großunternehmen schon 2004 an oberster Stelle von allen Maßnahmen mit 65 Prozent die Planung von Kostensenkungsprogrammen an (vgl. TNS Emnid 2004). Daran hat sich in den letzten zehn Jahren nichts geändert: Der „Dreiklang" Sparen, Kürzen, Streichen beherrscht noch immer die Chefetagen, insbesondere in Großunternehmen (vgl. Bartz und Palan 2014). Haben die Kostensenkungsprogramme wirklich Erfolg, und sind sie zukunftsweisend? Meiner Ansicht nach bluten viele Unternehmen mehr und mehr aus, zumal häufig ein Kostensenkungsprogramm das nächste jagt.

> **Ein Anlagenhersteller und Global Player bekannte:**
> „Wir haben inzwischen das achte Kostensenkungsprogramm initiiert. Dennoch stehen wir an der Wand." Das Management hatte vorgegeben, die Produktionskosten müssten um weitere 7 Prozent gesenkt werden, doch wie das auf der operativen Ebene durchgeführt werden sollte, blieb den Mitarbeitern allein überlassen. Diese waren müde ob des immer gleichen Themas und erkannten den Nutzen nicht mehr. Der Druck, trotzdem die Leistung erbringen zu müssen, die gar keinen Sinn mehr machte, trieb einige Mitarbeiter in Richtung Burnout.

Es gibt einen Punkt, an dem die Kosten nicht mehr weiter gesenkt werden können und man nur noch Zitronen auspresst. Unterhalb eines bestimmten Kostenniveaus lassen sich keine Leistungen mehr einkaufen oder erbringen, wenn man eine entsprechende Qualität voraussetzt. Kann der Qualitätsmaßstab nicht gehalten werden, so zieht das größere Probleme nach sich, nämlich Reparaturen oder Rückrufe, die unter dem Strich viel höhere Kosten verursachen, als sie einsparen, auch wenn sie wie ein Bumerang erst Jahre nach einem Kostensenkungsprogramm zum Unternehmen zurückkommen. Man denke etwa an die sich in den letzten Jahren stark häufenden Rückrufaktionen in der Automobilindustrie, die auch mehr und mehr die Premiumhersteller erfassen. Teilweise sind diese Rückrufaktionen so teuer, dass sie, wie bei GM (vgl. Pitzke 2014), existenzbedrohlich sein können.

Prinzipiell ist nichts dagegen einzuwenden, wenn im Unternehmen Kosten eingespart werden. Doch möchte ich aufzeigen, dass Prozessmanagement hier hilfreich sein kann. Die Kosten sind in der Gewinn- und Verlustrechnung (GuV) zu finden; es ist vordergründig einfach, die Kosten einfach zu beschneiden, indem man die höchsten Posten kappt. In 80 Prozent der Unternehmen sind stets die Personalkosten am höchsten, so dass häufig Mitarbeiter entlassen werden. Meist werden dann jedoch Personen mitsamt ihrem Know-how und ihrem Können aus den Geschäftsprozessen herausgenommen, ohne dass die Prozesse angepasst werden. Eine Verschlechterung der Prozessleistung kann in diesem Falle gar nicht ausbleiben, denn im Grunde müssten nach dem Ausscheiden von Personal die Rollen im Prozess neu definiert und das nun fehlende Know-how von anderen Mitarbeitern aufgebaut werden. Zudem müsste bei der Entlassung von Personal berücksichtigt werden, ob es aus Kernprozessen oder aus unterstützenden Prozessen abgezogen wird.

> **Eine unüberlegte Kostensenkung**
> Ein deutscher Anlagenbauer arbeitete mit einem polnischen Schlosserbetrieb zusammen. Der ausländische Partner verfügte zwar über eine ISO-Zertifizierung, doch es mangelte ihm an effizienten Prozessen, da Prozessmanagement unbekannt war. So kam

3.6 Kostensenkung

man „reflexartig" auf die Idee, ein Kostensenkungsprogramm durchzuführen – eine Schmalspurlösung, die nach den wirklichen Ursachen für die zu hohen Kosten des Partners nicht fragte. Zudem hatte man nicht erkannt, dass man dem Managen des ausländischen Partners nicht gewachsen war, weil niemand im deutschen Betrieb polnisch sprach und die Kommunikation sehr holprig verlief. Niemand hatte daran gedacht, dass die Schnittstelle zum polnischen Betrieb überhaupt gemanagt werden musste. So hatte der deutsche Anlagenbauer mit der Wahl des polnischen Partners, der die Leistungen nicht in der gewünschten Weise erbrachte, unnötig die Komplexität (und damit die Kosten) seiner eigenen Geschäftsprozesse erhöht. Das initiierte Kostensenkungsprogramm zeigte keine Wirkung.

Eine bessere Lösung für Kostensenkungen sieht darum so aus: Statt einfach die höchsten oder beliebige Kosten in der Gewinn- und Verlustrechnung (GuV) zu kappen, müsste im Rahmen eines Prozessmanagements, z. B. mit Hilfe des DMAIC-Verfahrens (vgl. Abschn. 7.2), aufgeschlüsselt werden, wie die Leistungskennzahlen aus den Prozessen die GuV beeinflussen. Auf diese Weise lassen sich die wahren Ursachen von Ressourcenverschwendung aufspüren (vgl. zum Kostenmanagement Abschn. 6.5). Hier kann das Prozessmanagement mit seinen Leistungskennzahlen als Informationsgeber wirken, um zu verstehen, wie die Zahlen in der GuV entstanden sind – vorausgesetzt, Prozessmanagement wurde zuvor im Unternehmen etabliert.

Reine Kostensenkungsinitiativen mit radikalen Kostenbeschneidungen eignen sich am ehesten für Betriebe, die Sanierungsfälle sind. Und so mancher Betrieb wurde bereits durch zu rigorose Kostenbeschneidung zum Sanierungsfall, obwohl er zuvor keiner war. Prozessmanagement hingegen eignet sich auch für Unternehmen, die keine Sanierung benötigen. Über die Verringerung von Durchlaufzeiten und Ressourcen bei den Prozessen lassen sich auf „intelligente" Art dann Kosten einsparen (vgl. dazu auch Abschn. 6.3 und 6.5).

> ▶ Kostensenkungsprogramme wirken in Unternehmen, die keine Sanierungsfälle sind, eher abbauend, und das sowohl im Hinblick auf die Unternehmensleistungen als auch emotional bei den Mitarbeitern. Prozessmanagement hingegen ist aufbauend und stabilisierend. Über die Erhöhung der Effektivität und Effizienz können *immer* Kosten eingespart werden. Zudem können sich sogar die Umsätze erhöhen, ohne dass mehr Personal eingestellt werden muss. Damit lässt sich ein positiver Effekt erzielen: Man reduziert zwar nicht die Gesamtkosten, aber die Stückkosten, denn es wird mit der gleichen Anzahl von Mitarbeitern in den Prozssabläufen mehr bewirkt, also effizienter gearbeitet.

3.7 Total Quality Management (TQM)

Ursprünglich in den 1950er-Jahren in Japan mit dem Ziel entwickelt, die Produktivität der japanischen Wirtschaft nachhaltig zu steigern, hielt *Total Quality Management* in den 1980er-Jahren in den USA Einzug. Im Vordergrund des TQM stehen ein besseres Verständnis der Kundenanforderungen, die Verbesserung der Kundenzufriedenheit, eine bessere interne Kommunikation, bessere Problemlösungsmethoden, eine wirkungsvollere Unterstützung der Mitarbeiter und dadurch die Erhöhung ihrer Motivation, eine intensivere Zusammenarbeit mit Lieferanten sowie die Reduktion von Fehlern und von Verschwendung. Häufig geht es um das Null-Fehler-Prinzip.

Heute fokussiert TQM als Philosophie auf den „Einbezug aller Unternehmensteile, die für den wirtschaftlichen Erfolg verantwortlich sind, der wieder davon abhängig ist, ob die verbesserte Qaltiät die Ansprüche der Kunden befriedigt" (Imai 1996, S. 304).

Mit TQM sind keine extremen und großen Veränderungen wie beim Business Process Reengineering möglich, sondern es geht um die Veränderung in kleinen Schritten. Zentral in der Anwendung ist ein umfassendes Qualitätstraining der Mitarbeiter in den TQM-Werkzeugen, was die Prozessoptimierung ermöglicht.

Hinter TQM verbirgt sich die umfassendste Definition von Qualität. Es werden darunter alle Maßnahmen verstanden, die in einem Unternehmen notwendig sind, um die Marktposition zu halten oder auszubauen. TQM ist primär qualitätsmanagement-orientiert, nicht prozessmanagement-orientiert. Daher kann gesagt werden, dass Prozessmanagement im Rahmen seiner ergänzenden Konzentration auf systematische Methoden die Basis für die Einführung von TQM schafft.

▶ TQM kommt dann zur Anwendung, wenn primär qualitätsorientierte Systeme im Unternehmen Einzug halten sollen, bindet aber ebenso alle Unternehmensbereiche mit ein. Prozessmanagement schafft eine Basis für die Einführung von TQM.

3.8 ISO 9000er-Familie

Bei der ISO 9000er-Familie handelt es sich um eine Norm, die beschreibt, welche Anforderung ein Unternehmen erfüllen muss, um gewisse Qualitätsstandards zu erfüllen. Einem Unternehmen gibt die Norm Standards vor, damit die Produkte und Dienstleistungen permanent die Kundenanforderungen erfüllen und die Qualität verbessert wird. Die Qualität basiert auf den von der Norm zusammengefassten Prinzipien: Kundenorientierung, Führungsverantwortung, Mitarbeitereinbezug, Prozessansatz, Managementansatz, Optimierungskontinuität, Entscheidungsgrundsätze und Lieferantenbeziehung.

3.8 ISO 9000er-Familie

Eine Zertifizierung nach ISO 9001 bietet den Vorteil, dass sie von einem externen Auditor vergeben und die Einhaltung regelmäßig überprüft wird. Es ist somit eine Bestätigung für einen Qualitätsstandard, der für international tätige Unternehmen zur Pflicht geworden ist, um bei möglichen Aufträgen im Rennen zu bleiben.

Eine ISO-Zertifizierung allein ist noch kein reguläres Prozessmanagement, und zwar darum, weil es keine Garantie dafür ist, dass das Qualitätsbewusstsein breit im Unternehmen verankert ist und von allen gelebt wird. Die Zertifizierung bedeutet lediglich, dass ein gewisser Minimalstandard eingehalten wird. So werden für spätere Reaudits oft nur „schnelle Anpassungen" durchgeführt, aber keine grundlegenden Prozessoptimierungen.

▶ Für Unternehmen, die ISO als Zertifizierungsnorm eingeführt haben oder einführen wollen bzw. müssen, ist Prozessmanagement eine sehr gute Ergänzung. Es bietet die Möglichkeit, die angestrebte Qualität tief „in den Genen" des Unternehmens zu verankern und damit weit über die Zertifizierungsnorm hinauszugehen.

▶ **Fazit** Die vorgestellten Philosophien sind aus unterschiedlichen Perspektiven und Anforderungen entstanden, daher sind auch ihre Zielsetzungen nicht einheitlich. Wichtig für die Betrachtung aus der Sicht eines Unternehmens ist es, sich einer Philosophie bzw. einer Grundhaltung zu verschreiben. Darunter ist die Anwendung derjenigen Methode(n) zu verstehen, die am sinnvollsten für das Unternehmen in seiner jeweiligen Situation ist (sind).

Vielen der vorgestellten Methoden wohnen Grundideen inne, die auch das Prozessmanagement kennt, z. B. die Qualitätsverbesserung bei Six Sigma. Einige Methoden verfolgen „einseitige" Schwerpunktziele, z. B. das *Business Process Reengineering* mit seinem angestrebten radikalen Neugestalten von Prozessen.

In einigen Fällen eignet sich Prozessmanagement als *Basis*, um andere Methoden zielsicher und leicht anzuwenden, so z. B. bei ISO-Zertifizierungen und bei TQM. In anderen Fällen ist Prozessmanagement eine geeignete *Unterstützung oder Ergänzung*, so z. B. bei Lean Management und Restrukturierung. Offen lassen möchte ich an dieser Stelle, ob Kostensenkungsprogramme und *Business Process Reengineering* mit ihren radikalen Einschnitten nicht möglicherweise überflüssig wären, wenn im Unternehmen Prozessmanagement als Grundhaltung verankert und somit auch kontinuierliche Prozessverbesserungen über Jahre hinweg selbstverständlich etabliert wären. Meiner Ansicht nach ist das so.

Unter dem Strich ist Prozessmanagement vielfältiger einsetzbar als manche anderen vorgestellten Philosophien: Mit Prozessmanagement lassen sich einerseits die Leistungen in gut aufgestellten Unternehmen noch weiter verbessern und dadurch Marktanteile ausbauen; andererseits ist es auch möglich, Prozessmanagement für eine grundlegende Sanierung eines Betriebs in einer existenzbedrohlichen Situation einzusetzen (vgl. dazu den Turnaround von *Profectis,* Abschn. 12.2).

Literatur

Bartz,Tim, und Dietmar Palan. 2014. *Deutschlands Konzerne im Sparwahn.* http://ml.managermagazin.de. Zugegriffen am 27.10.2014.
Hammer, Michael, und James Champy. 1994. *Business Reengineering – Die Radikalkur für das Unternehmen.* Frankfurt: Campus.
Imai, Masaaki. 1996. *Kaizen – Der Schlüssel zum Erfolg der Japaner im Wettbewerb.* Berlin: Ullstein.
Jochem, Roland, und Dennis Geers. 2010. *Prozessgestaltung mit Business Process Reengineering.* In Prozessmanagement. Strategien, Methoden, Umsetzung. Düsseldorf: Symposion Publishing, Hrsg. Roland Jochem, Kai Mertins und Thomas Knothe, 77–99.
Pitzke, Marc. 2014. *Skandal um US-Autobauer GM. Wieder gegen die Wand gefahren.* www.spiegel.de. Zugegriffen am 21.06.2014.
Roland Berger Strategy Consultants, Hrsg. 2005. Restrukturierung in Europa. Studie. Düsseldorf.
Roland Berger Strategy Consultants, Hrsg. 2013. Restrukturierungsstudie. Düsseldorf.
Roland Berger Strategy Consultants, Hrsg. 2014. Ist die Finanzkrise überwunden? Restrukturierungsstudie. München.
TNS Emnid, und Celerant Consulting. 2004. Erfolgreiche Wege in wachstumsschwachen Zeiten. *Absatzwirtschaft* 4.

Grundsätzliches zum Prozessmanagement

4.1 Einfach statt kompliziert

Prozessmanagement hat den Ruf, kompliziert zu sein – auch das ist ein Grund, warum es oft abschreckend wirkt. Dazu trägt einerseits die Vielzahl von Methoden und Werkzeugen bei, die sich im Laufe der Jahrzehnte herausgebildet hat (DMAIC, KVP, Lean, TQM, Kaizen, TCT, Six Sigma u. a.), zum anderen aber auch eine umfangreiche und nicht immer leicht zu verstehende Terminologie. Zugegeben, in Sachen Prozessmanagement sind viele Experten und selbsternannte „Gurus" unterwegs, die es manchmal gerne kompliziert machen, um ihren eigenen Status hervorzuheben. Da hat sich so mancher „esoterische" Zirkel gebildet, der sich mit eigenen Begrifflichkeiten hervortut, um seine Bedeutung zu unterstreichen und sich von anderen Fachleuten mit neuen oder vermeintlich neuen Ansätzen abzuheben. Letztendlich wird aber überall nur mit Wasser gekocht.

Mir geht es in diesem Buch darum, Prozessmanagement *so einfach wie möglich* darzustellen und dabei auf überflüssiges Fachchinesisch zu verzichten. Im Kern ist Prozessmanagement einfach und mit dem gesunden Menschenverstand nachvollziehbar. Ziel ist es stets, Prozesse zu verschlanken; daher ist es kontraproduktiv, wenn Prozessmanagement sich selbst komplizierter gebärdet, als es eigentlich ist. Ich verzichte daher im Buch so weit wie möglich auf Fachterminologie und konzentriere mich stattdessen auf das Wesentliche. Statt in Anbetracht der ohnehin vorhandenen Vorbehalte über Prozessmanagement (vgl. Abschn. 2.1) das Begriffs- und Methodenarsenal weiter zu vergrößern, möchte ich das Verständnis bei den Anwendern erhöhen und den herausragenden Nutzen darstellen. Entscheidend ist schließlich, „was hinten rauskommt", wie es Helmut Kohl einmal so salopp wie treffend formulierte.

Um einige Definitionen über Sinn und Zweck des Prozessmanagements kommen wir trotzdem nicht herum, damit eine Basis geschaffen wird, die für das Verständnis von Prozessmanagement in den nachfolgenden Kapiteln und Buchteilen unbedingt erforderlich ist.

4.2 Merkmale und Definitionen von Prozessen und Geschäftsprozessmanagement

4.2.1 Merkmale von Prozessen

Charakteristikum eines *Prozesses* ist es allgemein, dass eine Eingabe bzw. ein Input – z. B. Informationen oder physische Objekte – durch bestimmte Aktivitäten in ein Ergebnis bzw. einen Output verwandelt wird. In diesem Sinne finden in sämtlichen Lebensbereichen täglich Prozesse aller Art statt. Jeder Prozess besteht aus einer Reihe von Teilprozessen, Aufgaben und Aktivitäten und wird in einer organisatorischen oder technischen Umgebung ausgeführt. Ein Prozess hat folgende Merkmale (vgl. Gassmann 2012, S. 62):

- Er hat eine bestimmte Aufgabe und ist auf das Erreichen eines vorab definierten Ziels ausgerichtet.
- Die Abfolge der Aktivitäten erfolgt logisch und zeitlich nacheinander. Aus der Aufgabe ergibt sich die zeit- und sachlogische Abfolge der Aktivitäten und ihre Verbindung.
- Jeder Prozess hat ein definiertes Start- und ein Endereignis, das selbst wiederum der Start für einen weiteren Prozess sein kann.
- Jeder Input stammt aus mindestens einer Quelle (z. B. einem Lieferanten) und wird an mindestens einen Empfänger weitergereicht.
- Der Input wird unter Durchführung von Aktivitäten in ein Ergebnis transformiert.
- In jedem Prozess werden zur Leistungserstellung Ressourcen verbraucht, z. B. Zeit, Kapital, Arbeitskraft, Sachmittel oder Informationen.

4.2.2 Prozesse und ihre Elemente

Jedes Prozessergebnis wird durch Parameter beeinflusst, die entweder von außen in den Prozess eindringen oder von innen kommen. Man unterscheidet zwischen beeinflussbaren und nicht beeinflussbaren Größen; letztere werden auch als „Störgrößen" bezeichnet. Bei Projektteams, die die Prozessoptimierung übernommen haben, beobachte ich immer wieder, dass sie Störgrößen als solche nicht klar identifizieren können und aus einem „Bauchgefühl" heraus ändern wollen, obwohl das grundsätzlich nicht möglich ist. Die Verwunderung ist dann oft groß, wenn sich die gewünschte Leistungsveränderung nicht einstellt.

4.2 Merkmale und Definitionen von Prozessen und Geschäftsprozessmanagement

Prozesselemente gibt es sowohl bei ausführenden als auch bei unterstützenden und führenden Prozessen (vgl. dazu Abschn. 5.3). Die Prozesselemente als Minimalelemente müssen verstanden werden, um die tatsächlichen Einflussgrößen auf eine Prozessleistung feststellen zu können.

Im Zuge der Prozessdokumentation sollten die Einflussgrößen bekannt sein oder bekannt gemacht werden. In Ergänzung zu den Einflussgrößen (= Eingabegrößen plus Prozessgrößen) wird das Prozessergebnis von zufälligen und systematischen Störungen negativ beeinflusst. Ist der Zusammenhang zwischen diesen drei Parametern – also Eingangs-, Prozess- und Ausgabegrößen – bekannt, gilt der zu betrachtende Prozess als „charakterisiert" bzw. „beschrieben". Die über die Minimalelemente hinausgehenden Informationen können beispielsweise Ressourceneinsatz, Qualitätszahlen und Bedarfszahlen sein. Die nachfolgende Abbildung (Abb. 4.1) zeigt die verschiedenen minimalen Prozesselemente.

Abb. 4.1 Prozesselemente

4.2.3 Geschäftsprozesse und ihr Management

Im Unternehmenskontext spricht man von einem *Geschäftsprozess*, wenn am Anfang einer Prozesskette eine Kundenanforderung steht, die durch die Aktivitäten am Ende des Prozesses erfüllt wird. Entlang der Geschäftsprozesse vollzieht sich die *Wertschöpfung* im Unternehmen. In diesem Buch werden grundsätzlich nur Geschäftsprozesse behandelt.

Unternehmen sind meist nach Funktionen bzw. als Aufbauorganisationen gegliedert. Das bedeutet, dass die Prozesse häufig nicht klar erkennbar sind, weil jede Abteilung bzw. jeder Funktionsbereich wie ein „Silo" funktioniert und oft nur einen Ausschnitt einer längeren Prozesskette sieht und bearbeitet. Wir haben am Beispiel der Bank (vgl. Abschn. 2.5) gesehen, welche Folgen es haben kann, wenn unterschiedliche Abteilungen an ein und demselben Prozess der Wertschöpfung für einen Kunden beteiligt sind, ohne dass ein klar definierter und abteilungsübergreifender Ablauf vorhanden ist, der die Bedürfnisse aller am Prozess Beteiligten gleichermaßen berücksichtigt.

▶ Das Geschäftsprozessmanagement ermöglicht es, die Zerstückelung von Prozessketten zu überwinden und sämtliche Abläufe bereichsübergreifend zu betrachten. Dadurch können Prozesse transparenter gemacht, fachbereichsübergreifend modelliert sowie effektiver und effizienter gestaltet werden. Auf diese Weise kann die gesamte Organisation stringenter auf die Erfüllung von Kundenbedürfnissen (Kundenzufriedenheit) sowie das Erreichen von Geschäftszielen ausgerichtet werden. Letztlich wird dadurch die Wettbewerbsfähigkeit und der Wert des Unternehmens gestärkt. Darin liegt der wesentliche Nutzen des Prozessmanagements.

Ziel des Geschäftsprozessmanagements ist es, *Operational Excellence* zu erreichen und dadurch Prozesseffektivität und -effizienz zu erhöhen. Effektiv sind Geschäftsprozesse dann, wenn ihre Ziele und Ergebnisse auf die Bedürfnisse der externen Kunden und auf das Erreichen der Geschäftsziele in Übereinstimmung mit der Strategie ausgerichtet ist. Effizient sind Prozesse dann, wenn sie so wenig Ressourcen wie möglich verbrauchen.

4.2.4 Prozessmanagement und Prozessgestaltung

Die Modellierung von im Unternehmen bestehenden Prozessen im Rahmen des Prozessmanagements umfasst folgende Phasen:

1. Die Identifikation des Ist-Zustandes: Um welchen Prozess geht es genau? Aus welchen Aktivitäten und Teilprozessen setzt er sich zusammen? Welche Schnittstellen gibt es zu vorangegangenen und zu nachfolgenden Prozessen? Welche Beziehungen zwischen Lieferanten und Kunden existieren?
2. Die Analyse des Ist-Zustandes: Der betreffende Prozess wird mit Hilfe von qualitativen oder quantitativen Methoden analysiert. Ziel ist es, sämtliche Fehler, Schwachstellen und Verschwendung von Ressourcen im Prozessverlauf aufzuspüren, um sie anschließend beseitigen und den gesamten Prozess optimieren zu können. Wichtig ist ein „wertneutrales" bzw. „objektives" Vorgehen. Wir haben bereits gesehen (Abschn. 2.1), mit wie vielen Emotionen (Anschuldigungen, disziplinarischen Maßnahmen usw.) nicht funktionierende Prozesse belastet werden, ohne dass sich daraus eine Lösung ergibt. Emotionen, die ja meist mit Bewertungen über andere Menschen verbunden sind, helfen nicht weiter. Gerade darum ist eine „ent-emotionalisierte" und nüchterne Analyse der Tatsachen so wertvoll.
3. Die Soll-Modellierung (Erarbeitung des Prozesses): Das Prozessdesign legt fest, wie der Prozess in Zukunft optimal gestaltet werden soll, damit er reibungsfrei abläuft, damit also Fehler und Verschwendung ausgeschlossen sind, die Schnittstellen zu anderen Prozessen funktionieren und letztlich die Geschäftsziele erreicht werden.

4. Die Umsetzung (Durchführung, Steuerung, Verbesserung): Der geplante Prozess wird realisiert durch entsprechende organisatorische Maßnahmen und ihre Implementierung. Meist sind dafür mehrere Durchläufe erforderlich, in denen Soll-Modellierung und Umsetzung schrittweise einander angeglichen werden, bis der Prozess optimal läuft.
5. Das Controlling (Überwachung und Steuerung): Die Einhaltung des Prozesses bzw. das Erbringen der angestrebten Leistung wird über Kennzahlen und deren Auswertung gesteuert.

Im Kern folgt jeder bestehende Prozess diesem Kreislauf aus fünf Phasen, wobei Phase 1 dann erneut zum Tragen kommt, wenn Phase 5 eine Abweichung zwischen einem Sollwert und der tatsächlichen Ist-Prozessleistung erkennen lässt. (Diese Art des Managements einzelner Prozesse macht nur einen Teil des intelligenten Prozessmanagements aus; mehr dazu unter Kap. 9).

4.2.5 Mitwirkende und „Rollen" im Prozessmanagement

Die abstrakt klingende Darstellung der Prozesselemente, -merkmale und -gestaltung hat bisher das Wichtigste außer acht gelassen: die Menschen, die am Prozess teilnehmen, in allen Phasen mitwirken, ihn gestalten und verantworten.

Im Rahmen des Geschäftsprozessmanagements spricht man von unterschiedlichen „Rollen". Unter einer Rolle versteht man eine Bündelung von bestimmten Aufgaben, Kompetenzen und Verantwortung in einer Person. Jede Rolle verlangt bestimmte Fähigkeiten und Kenntnisse und ist mit bestimmten Kompetenzen verbunden. Rollen können einzelne Mitarbeiter oder Teams haben.

Rollen sind notwendig, um das typische Dilemma der Prozessoptimierung („Wir müssen Prozesse optimieren, haben aber keine Zeit dafür") zu lösen. Dafür werden Mitarbeiter aus den Linienorganisationen bzw. den verschiedenen Fachbereichen dem Prozessmanagement-Programm oder -Projekt zugeordnet.

Man unterscheidet zwischen Rollen, die einerseits der Ebene der Rollen und andererseits der Ebene der Organisation zugeordnet werden.

Es gibt vier Typen von Rollen, die besetzt werden müssen:

- projektbezogene unterstützende,
- organisationsbezogene unterstützende,
- projektbezogene aktive,
- organisationsbezogene und aktive (Abb. 4.2).

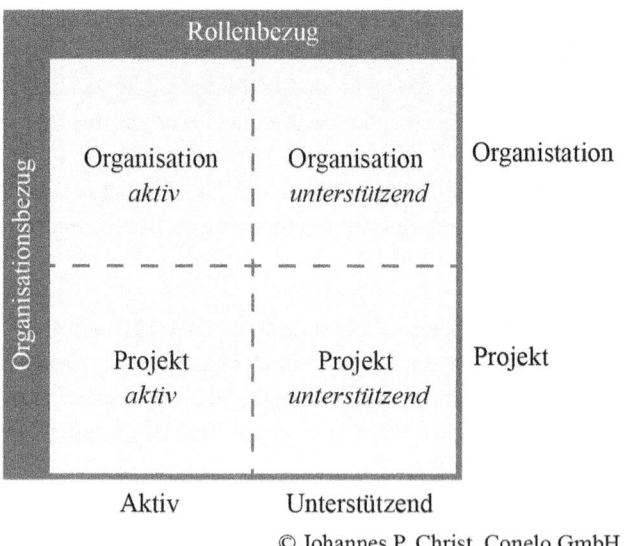

```
                    Rollenbezug
        ┌─────────────────┬─────────────────┐
        │                 │                 │
        │   Organisation  │   Organisation  │   Organistation
        │      aktiv      │   unterstützend │
        │                 │                 │
        ├─────────────────┼─────────────────┤
        │                 │                 │
        │     Projekt     │     Projekt     │     Projekt
        │      aktiv      │   unterstützend │
        │                 │                 │
        └─────────────────┴─────────────────┘
              Aktiv          Unterstützend
```
(Organisationsbezug auf der vertikalen Achse)

© Johannes P. Christ, Conelo GmbH

Abb. 4.2 Rollen-Quadrat

Typische Prozessrollen sind unter anderem:

- Der Prozesseigner bzw. -verantwortliche, der für die Zielerreichung und Optimierung eines Prozesses verantwortlich ist
- Der Prozesssponsor: meist ein Mitglied der Geschäftsführung, das die Einführung des GPM unterstützt
- Der Projektleiter, der für die Einführung des GPM verantwortlich ist
- Die Prozessmitarbeiter, die jeweils unterschiedliche Aufgaben bzw. Arbeitsschritte durchführen und die Verantwortung dafür haben.

> ▶ Ein klar strukturierter und definierter Prozess erfordert und stärkt auch immer die *Verantwortlichkeit* der einzelnen Mitarbeiter für ihren jeweiligen Tätigkeitsbereich. Jeder, der eine Rolle übernommen hat, ist mitverantwortlich: von der Führungskraft bis zum Mitarbeiter.

4.2.6 „Kunden" und „Lieferanten"

Eine besondere Bedeutung hat der Begriff „Kunde" im Rahmen des Prozessmanagements. Ziel des Geschäftsprozessmanagements ist es grundsätzlich immer, die Bedürfnisse der Endkunden – also der Abnehmer der Unternehmensprodukte oder -leistungen – optimal zu erfüllen und letztlich das Unternehmen stärker auf die Kundenbedürfnisse auszurichten. Mit der „Stimme des Kunden" *(Voice of the Customer,* VOC) bzw. aus der Perspektive des Kunden sollen die Produkte und Leistungen des Unternehmens wahrgenommen werden, um einen Prozess zu optimieren (vgl. Abschn. 7.3). In der Phase der Ist-Analyse hat die Analyse der Kundenstimme eine besondere Bedeutung. Aussagen wie z. B. „Ich habe mehrfach die Hotline angerufen, aber ich wurde abgewimmelt, weil ich nur ein ‚Einzelfall' bin" (vgl. Abschn. 2.4) lassen ein Anliegen erkennen, aus dem sich präzise Anforderungen an den Prozess ableiten lassen.

Als „Kunden" im erweiterten Sinne werden im Prozessmanagement auch Personen oder Teams *innerhalb* des Unternehmens bezeichnet, die ein Ergebnis bzw. einen Output aus einem Prozess erhalten. In diesem Sinne ist also zwischen „internen" und „externen" Kunden zu unterscheiden. Entsprechen die Ergebnisse eines Prozesses nicht den Kundenanforderungen, so spricht man von einer Prozessleistungslücke.

> ▶ Im Sinne einer Operational Excellence ist es selbstverständlich, dass die Anforderungen von internen und externen Kunden als gleichwertig anzusehen sind.

Wo es Kunden gibt, existieren auf der anderen Seite auch „Lieferanten". Entsprechend ist auch hier zu unterscheiden zwischen unternehmensinternen Lieferanten, die das Ergebnis von Prozessen an interne oder externe Kunden weitergeben, und unternehmensexternen Lieferanten, die interne Kunden (Mitarbeiter) im Unternehmen beliefern, damit diese bestimmte Aufgaben verrichten können.

4.2.7 Prozessmanagement und IT

Häufig wird der Begriff „Geschäftsprozessmanagement" bzw. *Business Process Management* (BPM) verengend ausschließlich auf IT-Lösungen bzw. automatisierte Geschäftsprozesse angewandt. Dieser Definition schließe ich mich ausdrücklich *nicht* an. Denn meiner Ansicht nach verlangen IT-Tools selbst wiederum nach einem Prozessmanagement außerhalb des Soft- und Hardwarebereichs. Sehr oft höre ich beispielsweise von Unternehmen, dass ein Problem dadurch „gelöst" wurde, dass man eine neue Software eingeführt habe. Man glaubt, sich nun ein Prozessmanagement schenken zu können, da der Prozessablauf ja durch das Befüllen der Datenfelder in der neuen Software klar vorgegeben sei.

Doch dann treten die typischen Probleme auf: Der Wechsel vom alten zum neuen System, die Schnittstelle, funktioniert nicht reibungslos und erfordert einen zunächst nicht kalkulierten zeitlichen Mehraufwand. Oder die Mitarbeiter können nicht adäquat mit der Software umgehen und brauchen längere Lern- und Schulungsphasen; manchmal ist die Software mit Funktionen überfrachtet, deren Nutzung unnötig Ressourcen verschwendet und niemandem hilft. Oder die Software steht nicht allen Abteilungen im gleichen Umfang zur Verfügung, so dass der Software-Output im Rahmen eines vorhandenen Ablaufs nur auf „Umwegen" an die nächste Instanz zur Bearbeitung weitergegeben werden kann. Womöglich stellen sich auch in der Software nachträglich Fehler oder Unvollständigkeiten heraus, die die effektive Nutzung beeinträchtigen.

▶ Die mit der Einführung einer neuen technischen Lösung verbundenen organisatorischen Abläufe müssen häufig massiv umgestaltet werden, damit ein IT-Tool seine Wirkung entfalten kann. Deshalb möchte ich ausdrücklich davor warnen, Software-Einführungen selbst schon mit „Prozessmanagement" gleichzusetzen. Vielmehr erfordert beinahe jedes IT-Tool für seine erfolgreiche Implementierung im Unternehmen die gezielte Modellierung eines (zusätzlichen) Prozesses, der Mitarbeiter, Führungskräfte und Geschäftsziele miteinbezieht.

Eine neue Software zur Effizienzerhöhung?

In einem weltweit agierenden Transportunternehmen war ein Team von zwei Personen für Prozessmanagement zuständig. Zwischen dem Teamleiter und einem externen Prozessmanagement-Berater entwickelte sich folgender Dialog:

Teamleiter „Wir brauchen ein Software-Tool für das Prozessmanagement. Können Sie uns bei der Auswahl helfen?"
Berater „Welchen Zweck soll die Software erfüllen?"
Teamleiter „Sie ist für die Dokumentation der Prozesse erforderlich."
Berater „Dafür brauchen Sie nicht unbedingt eine Software. Ich gebe Ihnen ein Werkzeug an die Hand in Form eines auszufüllenden DIN-A4-Bogens, den ein Student für Sie elektronisch übertragen kann."
Teamleiter „Die Prozesse sollen aber auch gesteuert werden, damit die Prozessleistungen deutlich werden."
Berater „Aha, Sie brauchen also Werkzeuge zur Steuerung der Prozesse. Ich kann Ihnen Werkzeuge geben, damit Sie sehen, ob ein Prozess in der vorgegebenen Bandbreite bleibt. Auch dazu brauchen Sie keine Software. Sie müssen nur die Messungen durchführen. Wie würden Sie messen?"
Teamleiter „Dafür haben wir ein SAP-System."
Berater „Welche Daten benötigen Sie?"
Teamleiter „Wir haben 130 Einzelprozesse."
Berater „Kann es sein, dass Sie nach einer Methode suchen, wie Sie Messwerte erhalten?"
Teamleiter „Ja, eine Methode wäre gut."
Berater „Könnten wir die Methode mit der SAP-Software verbinden?"
Teamleiter „Ja, wenn das möglich ist."
Berater „Wollen Sie die Methode alleine oder zu zweit anwenden? Oder was ist Ihr Ziel in der Anwendung der Methode, außer dass Sie die Software füttern?"

Teamleiter	„Unser Ziel ist es, effizienter zu werden."
Berater	„Aha, also die grundsätzliche Einstellung ist, eine Effizienzorientierung ins Unternehmen zu bringen."

Im weiteren Gespräch ging es dann nicht mehr um das ursprüngliche Thema „Software-Evaluierung", sondern um den Nutzen, den Prozessmanagement als „Philosophie" dem Unternehmen bringt. Der Teamleiter verstand, dass er seine Kräfte auf etwas anderes konzentrieren musste als auf die Auswahl einer geeigneten Software.

4.3 Der „Propeller" – die Struktur des intelligenten Prozessmanagements

Das Modell des „Propellers" (Abb. 4.3) veranschaulicht überblicksartig, welche Elemente zum Geschäftsprozessmanagement gehören und welche Struktur das Ganze hat. Im Zentrum des GPM und somit in der Nabe des Propellers steht grundsätzlich die *Operational Excellence (OE):* die nachhaltige Verbesserung von Prozessen entlang der

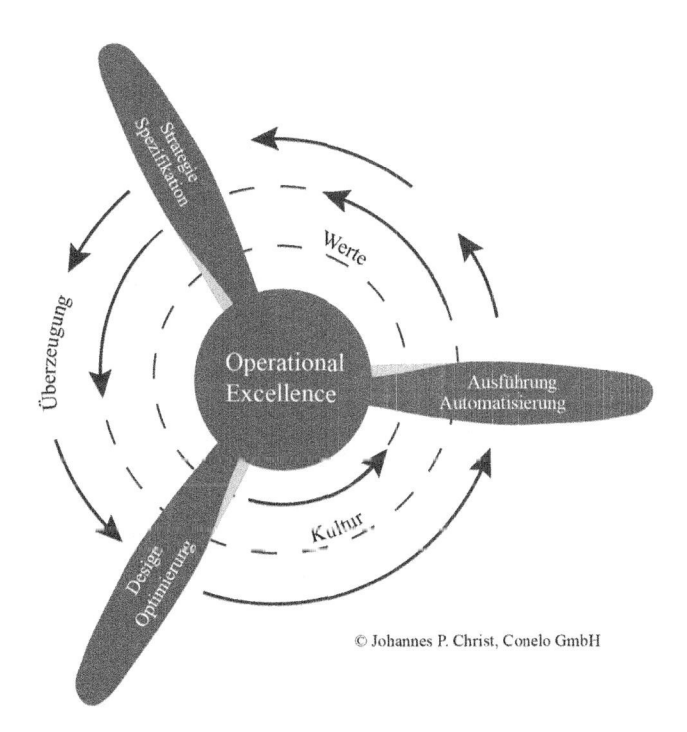

Abb. 4.3 Der GPM-Propeller

Wertschöpfungskette mit dem Ziel, eine außerordentliche *Performance,* also die Leistungserbringung, zu erreichen und auf höchstem Niveau zu halten.

Im Propeller gruppieren sich um diesen Dreh- und Angelpunkt drei Propellerblätter, die an der Nabe befestigt sind:

- Das Propellerblatt „Strategie und Spezifikation" beinhaltet Managemententscheidungen, die sich auf der Basis langfristiger Ziele ergeben. Als Basis dient die Gesamtstrategie des Unternehmens, die aus verschiedenen Einzelstrategien, zum Beispiel für Finanzen und Produktion, zusammengesetzt werden kann. Das Prozessmanagement wird durch die Einbettung in die Unternehmensstrategie spezifiziert. In dieser Spezifizierung konzentriert sich das Unternehmen darauf, der Organisation eine „intelligente" Struktur zu geben, in der u. a. der Prozessverantwortliche und die Rollen, aber auch die eigentlichen Prozesse definiert sind.
- Das Propellerblatt „Design und Optimierung" bezieht sich auf die Prozesse selbst: Auf der Grundlage der strategischen Vorgaben und unter Einbeziehung der Marktsituation wie auch der individuellen Prozessleistungen werden die Prozesse definiert und verbessert. Die zu beantwortende Kernfrage lautet: Wie müssen Prozesse designt bzw. aufgestellt werden, damit sie den strategischen Anforderungen Genüge tun? Es kommen spezifische Verfahren zur Prozessanalyse zum Zwecke der Prozessoptimierung zur Anwendung. Auf dieser Basis und dem Einbezug von Prozesskennzahlen werden die Prozesse methodisch stringent optimiert.
- Das Propellerblatt „Ausführung und Automatisierung" bezieht sich einerseits auf die Umsetzung und Einführung neuer bzw. angepasster Soll-Prozesse und andererseits auf die Steuerung der Prozesse. Ziel ist die marktgerechte Stabilisierung der Prozesse und der dafür notwendigen Aufgaben. Etliche Prozesse können automatisiert über Maschinen laufen. Wo dies Sinn macht, wird der Automatisierungsgrad erhöht und hoch gehalten. Eine wesentliche Aufgabe dabei ist die Prozessabstimmung mit der IT-Abteilung.

Operational Excellence und die drei Propellerblätter stellen die *Hard Facts* im Prozessmanagement dar. Häufig vergessen werden jedoch die *Soft Facts*, die für den Erfolg genauso maßgeblich sind, nämlich Überzeugungen, Werte und Kultur.

- Die *Überzeugungen* beziehen sich auf die Einstellung des Topmanagements zum Prozessmanagement: Nur wenn die Führungsspitze des Unternehmens wirklich überzeugt ist, dass GPM gebraucht wird und einen Nutzen hat, wird es auch im Unternehmen etwas Positives bewirken. Die Erfahrung zeigt: Steht die Unternehmensleitung nicht hinter dem Prozessmanagement, so nützt es nichts, wenn es an untergeordnete Führungs- und Mitarbeiterebenen delegiert wird. Wenn GPM für das Topmanagement „einfach kein Thema" ist, hat es keinen Zweck, darauf zu hoffen, dass es „trotzdem" im Unternehmen Erfolg haben wird, wenn man es nur „nach unten" delegiert. Beispiele, die zeigen, dass in diesem Falle ein Scheitern vorprogrammiert ist, finden Sie an mehreren Stellen in diesem Buch (vgl. Abschn. 5.3, 9.2 und 11.2).

- Jedes Unternehmen verfügt über bestimmte *Werte*. Damit sind hier immaterielle Werte gemeint, wie zum Beispiel Offenheit, Ehrlichkeit, Vertrauen, Fairness, Zusammenarbeit, Kundenorientierung, Nutzenorientierung, Qualität. Die Werte beeinflussen die tägliche Arbeit im Unternehmen wie auch die Gestaltung der Arbeitsprozesse. Manche Unternehmen halten ihre Werte in einer Corporate-Identity-Richtlinie schriftlich fest, bei anderen kursieren sie nur mündlich. Die (Neu-)Gestaltung von Prozessen sollte immer in Einklang mit den Werten des Unternehmens stehen.
- In jedem Unternehmen etabliert sich im Laufe der Zeit eine *Kultur*, die sich aus der Art und Weise ergibt, wie die Dinge getan werden. Von jedem Tun geht eine Signalwirkung aus, die vor allem von der Geschäftsleitung gesteuert wird. Die Signale, die ausgesandt werden, sollten stets positiv und förderlich sein. Herrschen in einem Unternehmen permanent Aktionismus und Firefighting vor, so erwächst daraus genauso eine „Kultur" wie aus der Etablierung und Einhaltung strukturierter Prozesse in ruhigen und konzentrierten Arbeitsabläufen. Eine geeignete Kultur fördert den Erfolg des Prozessmanagements. Existiert eine solche Kultur noch nicht, so kann sie in kleinen Schritten etabliert werden (mehr zum Thema Kultur im 3. Teil, Kap. 11).

Der Propeller veranschaulicht, dass es sich um eine fixe Verbindung aller Elemente handelt. Fehlt ein Propellerblatt, funktioniert der Propeller nicht mehr richtig. Somit verlieren auch die anderen Blätter ihre Wirkung auf die Operational Excellence. Um Prozesse dauerhaft stabil und leistungskonform zu halten, müssen sie regelmäßig anhand der Strategie überprüft und angepasst werden. Insbesondere neue strategische Vorgaben führen häufig dazu, dass die bestehenden Prozesse hinterfragt und wieder neu designt, optimiert und gesteuert werden müssen. Um den Propeller in Bewegung zu halten, bedarf es der Energie in Form von Ressourcen wie Zeit, Personal und Kapital. Wie ausgeprägt die einzelnen Elemente des Propellers im Unternehmen jeweils sind, lässt sich mit Hilfe des Reifegradmodells EFANEX® (vgl. Abschn. 13.1) ermitteln.

> ▶ **Fazit** Prozessmanagement trägt zu Unrecht den Ruf, kompliziert zu sein, denn es besteht im Kern aus einer Reihe einfacher Elemente und klarer Methoden. Im Mittelpunkt steht immer der Kunde, denn bei jeder Prozessoptimierung geht es vor allem um die Ausrichtung an (internen oder externen) Kundenbedürfnissen und -erwartungen.
>
> Insgesamt handelt es sich beim Prozessmanagement um einen Management-Kreislauf: Prozesse sollen nicht nur einmalig, sondern dauerhaft exzellent laufen.

Literatur

Gassmann, René. 2012. *Six Sigma und BPM: Integriertes Prozessmanagement*. Hamburg: Diplomica Verlag.

Teil 2
Aller Anfang ist einfach – einzelne Prozesse im Unternehmen optimieren

„Wer die Spur nicht wechselt, hat keine Chance zum Überholen."
(Chinesisches Sprichwort)

„Es ist nicht möglich, in eine andere Richtung zu sehen, indem man schärfer in die bisherige schaut"
(Edward de Bono, 1974, S. 22)

In diesem Buchteil
- wird das Verständnis von Prozessmanagement vertieft. Insbesondere geht es um die Messung von Prozessleistungen und um die Vorstellung einiger gängiger Methoden.
- Sie bekommen erste Anregungen, wie Sie in Ihrem Unternehmen Prozessmängel erkennen und beseitigen können.
- Sie erfahren, wie Sie unnötige zusätzliche Prozesse als Komplexitäts- und Kostentreiber von Anfang an vermeiden können.

Das kleine Einmaleins des Prozessmanagements

5.1 Unnötige Komplexität von Anfang an vermeiden

Die einfachsten Prozesse sind immer die, die man gar nicht erst einführt – nach der Devise: „nichts tun". Das klingt wie ein Scherz, ist aber durchaus ernst gemeint und eine Tatsache, die ich Ihnen in diesem Kapitel näher bringen möchte. „Vollkommenheit entsteht nicht dann, wenn man nichts mehr hinzufügen kann, sondern dann, wenn man nichts mehr wegnehmen kann", bemerkte Antoine de Saint-Exupéry treffend. In der Tat gibt es in den Unternehmen eine Vielzahl von unerkannten Komplexitätstreibern, die sich ausschalten oder von vornherein vermeiden lassen.

Was genau versteht man unter „Komplexität"? Umgangssprachlich wird „Komplexität" gerne mit „Kompliziertheit" gleichgesetzt und bedeutet so viel wie „schwierig, vielschichtig, verworren, zusammenhängend, vernetzt". Genauer formuliert, bedeutet Komplexität, dass eine Vielzahl unterschiedlicher Elemente mit einer Vielzahl von Zuständen interagiert, wobei auch der Zeitablauf eine wichtige Rolle spielt. Je mehr Elemente ein System hat, je größer die Anzahl der Beziehungen zwischen den Elementen ist und je weniger vorhersehbar ist, wie die Elemente und Beziehungen sich im Zeitablauf verändern und zusammenspielen, desto komplexer wird ein System.

Landläufig wird angenommen, dass sich ein System mit der Zunahme von einzelnen Komponenten nur jeweils „ein bisschen" verändert. Ein Produkt mehr im Sortiment, ein Bauteil mehr in einem Produkt, ein Lieferant mehr – das kann doch nicht so gravierend sein und lässt sich leicht beherrschen, so die allgemeine Vorstellung. Gerne wird geglaubt, dass die Beziehung zwischen der Anzahl von Komponenten und der erforderlichen Ressourcen zu ihrer Handhabung „linear" ist; in Wahrheit ist sie jedoch „exponentiell", wie Abb. 5.1 zeigt.

Ein einfaches Beispiel: Nehmen wir an, ein Softwareprogramm habe fünf Funktionen, die entweder genutzt oder nicht genutzt werden; daraus ergeben sich 32 verschiedene

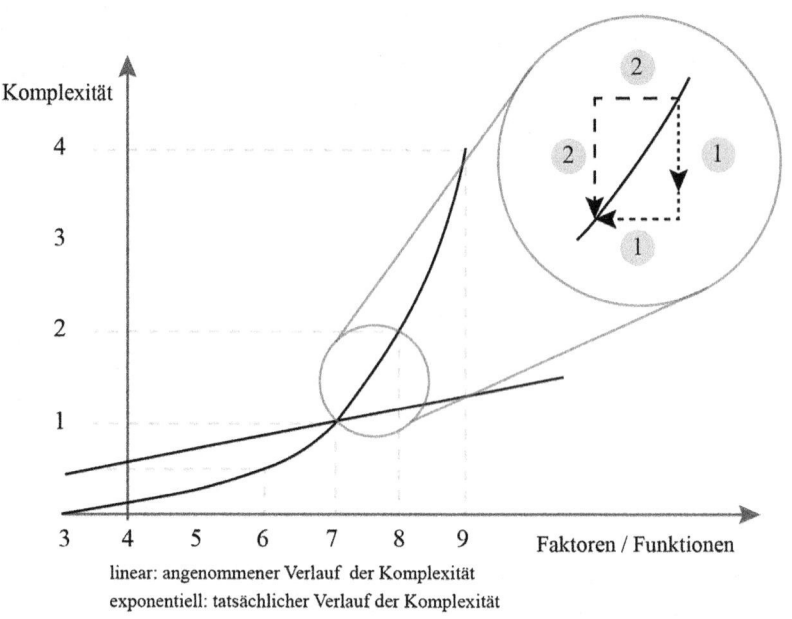

Abb. 5.1 Die Zunahme der Komplexität

Zustände ($2^5 = 32$). Fügt man dem Programm nun fünf weitere Funktionen hinzu, so hat das System nicht etwa $32 + 5 = 37$ Zustände, sondern schon $2^{10} = 1.024$ Zustände. Bei 20 Funktionen sind es dann bereits über 1 Million Zustände ($2^{20} = 1.048.576$). Jeder dieser Zustände ist eine potenzielle Fehlerquelle in der Programmierung – und damit ein Prozess, der beherrscht werden muss, damit die Software problemlos funktioniert.

▶ Typische Komponenten, die ein Unternehmenssystem komplexer machen, sind beispielsweise:

- die Erhöhung der Anzahl der Produkte, die hergestellt und verkauft werden,
- die Erhöhung der Anzahl der Elemente und Bauteile, die ein Produkt enthält,
- die Erhöhung der Anzahl der Märkte, Regionen und Länder, in denen ein Produkt verkauft wird,
- die Erhöhung der Anzahl der Lieferanten,
- die Erhöhung der Anzahl der Geschäftsziele, die gleichzeitig erreicht werden sollen,
- die Erhöhung der Anzahl der Berichte und Statistiken, die angefertigt, gelesen und ausgewertet werden müssen,

- die Erhöhung der Anzahl der Kunden oder Kundengruppen und
- die Erhöhung der Anzahl der Vertriebswege, auf denen ein Produkt verkauft wird.

All dies ist gleichbedeutend mit einer Erhöhung der Prozesskomplexität, die beherrscht werden muss – und mit einer *exponentiellen* Zunahme an möglichen Fehlerquellen. Deshalb sollte man vor jeder Hinzunahme einer neuen Komponente immer genau durchdenken, ob sie wirklich erforderlich ist und welche Konsequenzen dies nach sich zieht, damit ein reibungsloses Funktionieren gewährleistet ist.

Die Zunahme der Komplexität bedeutet, prozesstechnisch gesehen: Es sind mehr Ressourcen erforderlich, um das System erfolgreich zu handhaben, also: mehr Aufgaben, mehr Arbeitsschritte, eventuell mehr Mitarbeiter, mehr Zeit, höhere Kosten. Der Ablauf des Prozesses verkompliziert sich und muss, damit die zusätzlichen Komponenten beherrscht werden, im Grunde neu angepasst werden. Wir haben am Beispiel des Anlagenbauers (vgl. Abschn. 3.6) gesehen, dass sich bei der Veränderung von Anforderungen, wie sie z. B. neu hinzukommende Komponenten darstellen, mitunter die Prozessleistung verschlechtert, häufig begleitet vom bereits bekannten Erscheinungsbild: Hektik, Firefighting, belastetes Betriebsklima, Zunahme der Kosten und Sinken der Gewinnmargen.

Wenn die Komplexität mit jeder neu hinzukommenden Komponente exponentiell wächst, dann gelangt ein Unternehmen schnell an den Punkt, an dem sie nicht mehr beherrschbar ist. Erkennbar ist dies beispielsweise an Symptomen wie einer überbordenden Bürokratie, denn es muss mehr geplant, geordnet und geregelt werden, auch an einer großen Anzahl von Vorschriften und Verordnungen, die eingehalten werden müssen.

Die *Global CEO Study* von IBM (vgl. IBM 2010) zeigt empirisch, dass die Komplexität in den Unternehmen von den CEOs mit 60 Prozent bereits heute als sehr hoch eingeschätzt wird. Zudem erwarten 79 Prozent aller CEOs in den nächsten fünf Jahren eine hohe bis sehr hohe Komplexität, sehen jedoch eine große Vorbereitungslücke: 30 Prozent der Unternehmen fühlen sich der steigenden Komplexität nicht gewachsen (vgl. S. 18 f.).

Dieter „Brandes und Brandes (2014)" (vgl. 2014, S. 46, 66) und Daniel Walker (vgl. Gloger 2014) zeigen auf, dass unnötige Komplexität häufig dann „entfacht" wird, wenn Anforderungen an das Unternehmen gestellt werden oder Probleme auftauchen, man sich aber unsicher fühlt, wie man damit umgehen soll. Häufig wird dann mit blindem Aktionismus vorgegangen nach dem Motto: „Irgendetwas müssen wir ja tun" oder „viel hilft viel". „In vielen Geschäftsmodellen bleibt derzeit kein Stein auf dem anderen. Telekom, Banken, Gesundheitswesen – diese und viele andere Branchen stehen unter einem Einfluss, den ich disruptiv nenne. Die Geschäftsführungen sind ratlos, lassen sich nichts anmerken. Sie wissen nicht, wohin die Reise geht. Das hält keinen davon ab, in Hektik zu verfallen. ... Unsicherheit wird kompensiert mit Hyperaktivität. ... Da wollen die

Manager dann per Entscheidung ins Blaue hinein schnell etwas lösen, was aber nicht schnell geht. ... Es wird etwas getan, egal was, und ohne zu wissen, ob das Tun überhaupt etwas bringt." (Daniel Walker, zit. nach Gloger 2014).

Die *Global CEO Study* belegt (vgl. IBM 2010, S. 53), dass sich herausragende Unternehmen zu 30 Prozent mehr auf Vereinfachung konzentrieren. Marktführer und überdurchschnittlich erfolgreiche Unternehmen zeichnen sich durch den *bewussten Verzicht auf Komplexität* aus. Einige Beispiele:

Einfachheit als Wettbewerbsvorteil – Weniger ist mehr

- Die Fluggesellschaft *Southwest Airlines* nutzt nur einen einzigen Flugzeugtyp, um die Prozesse der technischen Wartung und Ausbildung des Bordpersonals so einfach wie möglich zu halten.
- Die Drogeriekette *Rossmann* beschränkt sich auf einen einzigen Vertriebstyp.
- Die Schweizer Hotelkette *Saratz* konzentriert sich auf eine bestimmte Kundengruppe nach der Devise: „nicht allen alles bieten, sondern wenigen vieles".
- *Aldi* treibt seit Jahrzehnten als Marktführer alle Konkurrenten in der deutschen Lebensmittelbranche vor sich her. *Aldi* gilt bei den Kunden als preiswert, zuverlässig und qualitativ gut; das Unternehmen arbeitet produktiver und kostengünstiger als andere. Durch Einfachheit ist *Aldi* groß geworden: Als einziges Unternehmen beschränkte es sich über mehrere Jahrzehnte auf eine Auswahl von 450 (Aldi Süd) bzw. 600 (Aldi Nord) Artikeln, während sämtliche Konkurrenten bereits über 2000 Produkte im Sortiment hatten. Als der Wettbewerb schon lange über Scanner-Kassen verfügte, gaben bei *Aldi* die Kassiererinnen „altmodisch" noch die Preise mit der Hand ein, und zwar darum, weil die manuelle Eingabe weniger Zeit in Anspruch nahm als das Scannen der Waren. Oftmals reagierten die Scanner nicht, so dass ein Produkt mehrfach über den Scanner geführt werden musste. Über den Tag gerechnet, ergab dies einen Verlust von mehreren Arbeitsstunden pro Filiale und längere Kassen-Warteschlangen unzufriedener Kunden. Das Motto von *Aldi* lautet seit jeher: „Wir führen einen Prozess erst dann ein, wenn wir ihn sicher beherrschen." Schließlich erkannte *Aldi* durch zahlreiche Tests und deren Auswertung die Schwachstelle im Scanner-System: Die Barcodes mussten auf verschiedenen Seiten der Verpackung, teilweise rundum laufend, angebracht werden, damit das Scannen auf Anhieb gelang und zeitsparender als die manuelle Eingabe wurde. Alle Lieferanten wurden auf die mehrfache Aufbringung des Barcodes auf den Verpackungen verpflichtet, und das Scanner-System konnte unternehmensweit gestartet werden. Seltsamerweise war keiner der Konkurrenten, die bereits jahrelang mit Kassenscannern arbeiteten, auf diese Idee gekommen, aber viele ahmten sie schließlich nach (vgl. „Brandes und Brandes (2014)", S. 32, 133, 148).
- *Unilever* reduzierte ganz radikal die Anzahl seiner Produkte. In einem mehrjährigen Programm wurden sie um 75 Prozent (!) von 1600 auf 400 reduziert. Mit dieser

5.1 Unnötige Komplexität von Anfang an vermeiden

kleineren Produktanzahl macht das Unternehmen heute mehr Umsatz und Gewinn als mit der größeren Produktvielfalt zuvor. Der Umsatz stieg zweistellig bei gleichzeitig verbesserter Gewinnmarge (vgl. „Brandes und Brandes (2014)", S. 152).

- Der italienische Hersteller *Nutella* produziert seit den 1970er-Jahren ein einziges Produkt, und zwar in unveränderter Form: den bekannten Schoko-Brotaufstrich. Es gibt keine Produktvarianten, keine Ausweitung der Produktlinie und keine Neuheiten. Das Unternehmen ist mit einer Rendite von 10 Prozent hochrentabel (vgl. Gloger 2014).
- Die Firma ESGE in Mettlen in der Schweiz produziert seit 60 Jahren ein und denselben Pürierstab, der kaum Veränderungen erfahren hat. Als Mittelständler steht das Unternehmen mit 40 Millionen Franken jährlichem Umsatz sehr gut da (vgl. Gloger 2014).

Unternehmen, die weniger gut aufgestellt sind, verfahren anders und sind oft anfällig für Komplexität und schlecht gemanagte Prozesse. Ein Beispiel ist die *Deutsche Bahn*, die seit Jahren immer wieder mit zu niedrigen Gewinnen ringt. Im Jahre 2013 halbierte (!) sich fast der Gewinn – trotz Passagierrekords und erhöhter Fahrpreise. Doch die Bahn ist seit Jahren verzettelt: Sie ist außer in Deutschland auch im gewerblichen Güterverkehr in den arabischen Ländern, den USA, Südafrika und China tätig, zudem als Mitbetreiber des örtlichen Nahverkehrs in London und Stockholm – derweil in Deutschland mehr und mehr Reisende das marode Schienennetz und die vielen Verspätungen beklagen sowie preiswerte Fernbusse und Inlandsflüge zur ernsthaften Konkurrenz geworden sind.

Ein Ärgernis für Kunden sind in Deutschland seit jeher die Fahrkartenautomaten, ihre Bedienung wie auch das undurchsichtige Preissystem. So brachte es die Bahn fertig, Reisende im Umgang mit den Automaten zu schulen (vgl. „Brandes und Brandes (2014)", S. 50) – verkehrte Welt und eine Umkehrung des *Voice-of-Customer*-Gedankens im Prozessmanagement: Das Unternehmen sollte sich auf die Bedürfnisse der Kunden einstellen und nicht die Kunden sollten „lernen" müssen, mit dem Unternehmen bzw. seinem Produktangebot richtig umzugehen.

> ▶ Erfolgreiche Unternehmen verzichten von vornherein auf überflüssige Komplexität in ihrer Produkt-, Kunden- und Vertriebsstruktur. Dadurch ersparen sie sich nicht nur überflüssige Prozesse, Kosten und Fehlerquellen, sondern sind auch kundenorientierter, was sich in höheren Umsätzen und Gewinnen widerspiegelt.

Checkliste: In welchen Bereichen lässt sich in Ihrem Unternehmen die Komplexität verringern?

- „Investieren Sie genügend, um in allen Märkten und Regionen, in denen Sie im Wettbewerb stehen, und in jedem Geschäftsbereich ihres Unternehmens erfolgreich zu sein?

- Spricht Ihr Produktportfolio alle Kundenkategorien an?
- Ist Ihre Organisation so aufgebaut, dass sie sämtliche Prozesse und Funktionen Ihres Unternehmens unterstützt?
- Erwarten Sie von jedem Funktionsbereich in Ihrem Unternehmen, dass Prozesse so aufgesetzt sind, dass Effizienzsteigerungen möglich sind?
- Sind Ihre IT-Systeme und -Anwendungen so aufgebaut, dass sie sämtliche bestehende Unternehmensprozesse unterstützen?" (Gottfredson 2012)

Wenn Sie alle Fragen mit Ja beantwortet haben, dann leidet Ihr Unternehmen unter einer Überkomplexität! Es bestehen also reichlich Chancen, Ihr Unternehmen einfacher und damit wirtschaftlicher aufzustellen und Prozesse zu verschlanken. In den folgenden Kapiteln erfahren Sie mehr dazu.

5.2 Einfache Prozessmängel erkennen

Überflüssige Komplexitätstreiber sind einer der Faktoren, die im Unternehmen zu dem führen, was im Prozessmanagement als „Verschwendung" (Muda) bezeichnet wird. Daneben gibt es noch eine Reihe weiterer Faktoren, die Verschwendung anzeigen und die nachfolgend vorgestellt werden.

> ▶ Eines der Ziele des Prozessmanagements ist es, stets Verschwendungen aller Art zu vermeiden bzw. vorhandene Verschwendungen auszuschalten, um die im Unternehmen vorhandenen Ressourcen so sparsam und effizient wie möglich einzusetzen und letztlich die Kundenorientierung der gesamten Organisation zu erhöhen.

Prozessmängel zu erkennen ist nicht so schwierig, wie es die komplizierte Literatur zum Prozessmanagement manchmal Glauben macht. Oft entsteht der Anschein, es bedürfe komplizierter Verfahren, um solche Mängel zu erkennen, doch es genügt meist schon der gesunde Menschenverstand und ein etwas genauerer Blick auf die Zusammenhänge, als man ihn sich im Alltagsgeschäft zumeist erlaubt. Wenn man einmal aus dem „Hamsterrad" gedanklich aussteigt und von außen schaut, wie es sich dreht, statt von innen die Tretmühle zu bedienen, wird es einfach.

Unternehmen wenden unterschiedlich umfangreiche Verfahren an, um Prozessmängel aufzudecken, beispielsweise Vergleiche der eigenen Prozesse mit denen der Konkurrenz (betriebswirtschaftliche Referenzverfahren). Das ist vielfach gar nicht erforderlich, zumal Wettbewerber meist anders denken und handeln und deren Produkte niemals ganz identisch sind. Sich der Konkurrenz anzugleichen, bedeutet letztlich nur, dass man „vergleichbar" wird, aber nicht, dass man sich durch Einzigartigkeit abhebt. Nur bei sehr groben *Performance*-Defiziten ist ein Vergleich mit der Konkurrenz sinnvoll, weil er dann einen Lerneffekt im Sinne eines Benchmarkings hat. Wirkungsvoller ist meist die Analyse von

5.2 Einfache Prozessmängel erkennen

Prozessen auf der Basis der *eigenen* Kernkompetenzen, denn es gilt, diese klarer herauszuschälen, um eine deutlichere Alleinstellung aufzubauen.

Bei den ersten operativen Schritten zur Identifikation von Prozessmängeln hilft eine Reihe von Merkmalen bzw. Indizien, die klar darauf verweisen, ob und wo in einem Unternehmen Prozesse nicht zufriedenstellend verlaufen:

Stapelbildung: Wo sind Mitarbeiter im Rückstand mit Aufgaben, wo häufen sich die Stapel der Akten und Papiere auf den Schreibtischen?

Warte-, Liege- und Suchzeiten: Wo bilden sich Warteschlangen und Staus, so dass die Kunden eines Prozesses nur mit Verzögerungen weitermachen können? Sind bereits Bestrebungen im Gange, die Warteschlangen zu „verwalten" – häufig beispielsweise bei Behörden, aber auch in Großunternehmen der Fall –, so zeigt sich daran ein mangelhafter Prozess. Warte- und Liegezeiten ergeben sich auch, wenn zum Beispiel gewisse Entscheidungen auf Freigaben einer oder mehrerer Instanzen angewiesen sind und längere „Autorisierungsketten" durchlaufen müssen, bis Genehmigungen erteilt sind. Suchzeiten können entstehen, wenn Ablagen, Vorgänge oder Materialien nicht auf Anhieb gefunden werden, was zum Beispiel der Fall ist, wenn ein Materiallager oder ein Arbeitsplatz von mehreren Mitarbeitern geführt wird, aber kein einheitliches Ablagesystem installiert worden ist.

Redundante Informationen: Gleiche oder ähnliche Informationen werden an unterschiedlichen Stellen im Unternehmen mehrfach gesammelt oder erstellt, was unnötige Doppelarbeit (und doppelte Fehlerquellen) bedeutet. Lohnenswert ist in dieser Hinsicht auch, einmal nachzusehen, welche Informationen in Form von E-Mails „CC" und „BCC" überflüssigerweise an zu viele Stellen im Hause versandt werden. Häufig herrscht hier eine regelrechte Sicherheitsphobie: Um sich gegen Fehler oder Kritik abzusichern, werden diverse Vorgänge nicht nur an die Mitarbeiter im selben Prozess weitergegeben, sondern auch an ganz andere Stellen. Ein sauber organisierter Prozess verzichtet auf Redundanzen.

Überflüssige Informationen: Manche Informationen, wie z. B. Berichte, Listen und Auswertungen, werden „routinemäßig" erstellt, obwohl sie niemand liest und sie meist nur in die Ablage wandern.

Unvollständige Informationen: Interne Kunden eines Prozesses erhalten Informationen, die nicht aussagekräftig genug sind. Sie müssen entweder auf der Basis dieser Informationen arbeiten und liefern dann selbst wieder Unvollständiges an die nächste Instanz ab, oder sie müssen die erhaltenen Informationen aufwendig ergänzen, um damit umgehen zu können (vgl. dazu das Beispiel der Bank Abschn. 2.5).

Veraltete Informationen: Oft wird mit Informationen gearbeitet, die schon längst überholt sind und die nur aus „Gewohnheit" noch weitergeführt werden, obwohl dazu keine Notwendigkeit mehr besteht.

> **Veraltete Tarife**
> In einer Telekommunikationsfirma änderten sich im Halbjahrestakt die Telefontarife, so dass sich über die Jahre extrem viele unterschiedliche Tarife angesammelt hatten. Die Durchsicht führte zu dem Ergebnis, dass es einige bereits mehr als 10 Jahre alte Tarife gab, die man sich nicht traute, vom Markt zu nehmen aus Angst, dass die Kunden zur Konkurrenz abwanderten. Doch es handelte sich um eine verschwindende Minorität von Kunden: Man hätte ihren Verlust verkraftet, hätte sie aber auch auf einen der neueren Tarife umstellen können. Die Abschaffung der überholten Alttarife führte zu einer Bereinigung und Vereinfachung der Datenführung.

Unnötige Bestände: In manchen Unternehmen finden sich an unterschiedlichen Stellen im Hause ungenutzte Arbeitsmittel (zum Beispiel Büromaterial), Datenbestände oder Mehrfachablagen. Oftmals entstehen solche doppelten Bestände, wenn in verschiedenen Abteilungen getrennt voneinander Listen über den Einkauf und Verbrauch derselben Bestände geführt werden, also redundante oder nicht auf einander abgestimmte Informationen existieren. Zu hohe und unnötige Bestände binden unnötiges Betriebskapital.

Wildwuchs von Arbeitsprozessen und „Bypässe": Insbesondere durch marktgetriebene Veränderungen, die ein schnelles Reagieren erfordern, entsteht über kurz oder lang ein Wildwuchs in den Prozessen. Das heißt, es wurde in früherer Zeit für einen bestimmten Ablauf ein Prozess installiert, doch dieser wird nun adhoc geändert, um den neuen Anforderungen gerecht zu werden. Oder es werden „Bypässe", also Umwege um den ursprünglichen Prozess herum gelegt, damit einerseits das Ganze „wie früher" weiterlaufen kann, andererseits aber der ergänzende Umweg den neueren Anforderungen genügt. Bürokratie- und Regelungsapparate sind solche Bypässe, die „um Prozesse herumgelegt" wird, weil man sich sonst nicht sicher fühlt, ob sie auch reibungslos funktionieren.

> **Bypässe und Umwege als „Hilfsprozesse" um einen Prozess herum**
> Ein Großunternehmen arbeitet mit einer Reisekostenverordnung von 88 Seiten aus Angst, dass Mitarbeiter nicht sparsam genug mit Firmengeldern umgehen. Wer hat Zeit, das zu lesen oder gar in seiner Gänze sicher und fehlerfrei zu beherrschen? Allein der Leseaufwand kostet Tausende von Mitarbeitern mehr Arbeitszeit und damit Geld als überhöhte Auszahlungen infolge falscher Reisekostenabrechnungen. Zudem garantiert die Verordnung selbst nicht die Fehlerfreiheit der eingereichten Reisekostenanträge.
>
> Reklamationen sind in vielen Unternehmen aufwendig und ziehen eine Vielzahl von Vorschriften nach sich: Die Ware wird nur zurückgenommen, wenn sie einwandfrei und nicht beschädigt ist, wenn die Verpackung nicht geöffnet wurde, wenn der Kunde den Kassenzettel vorlegen kann, wenn die Garantiezeit oder das Verfallsdatum

nicht überschritten und ein Rücknahmeantrag ausgefüllt wurde – und so weiter. Die Abwicklung, bis der Kunde sein Geld zurück- oder einen Gutschein erhält, beansprucht ebenfalls Zeit, weil die Reklamation von einer oder mehreren Stellen im Hause bearbeitet werden muss. Um unnötige Prozesse und die damit verbundenen Kosten zu vermeiden, hat ein Lebensmittelhändler eine besondere Regelung eingeführt: Alle Reklamationen werden „ohne Wenn und Aber" angenommen, und zwar auch dann, wenn die Verpackungen geöffnet wurden, die Lebensmittel schon halb verzehrt sind oder der Kassenzettel nicht vorgewiesen werden kann. Dem Kunden werden keine Fragen gestellt, sondern das Geld für die Ware an der Kasse umgehend ausbezahlt. Auf diese Weise erspart man sich alle möglichen Kontrollen und „Hilfsprozesse". Letztlich ist es effizienter, hier und da einigen Kunden Geld zurückzuerstatten, obwohl ihre Reklamationen unberechtigt waren, als einen aufwendigen Reklamationsprozess (ein Unterstützungs-, kein Kernprozess) zu installieren. Zudem erhöht dieses Vorgehen die Kundenzufriedenheit.

Fehler, Nacharbeit, Ausschuss: Die Anzahl der möglichen Fehler ist vielfältig. Insbesondere stets an derselben Stelle, im selben Prozess oder in derselben Abteilung wiederkehrende Fehler, Nacharbeit oder Ausschuss sind ein Indiz für einen unerkannten Prozessmangel.

Schnittstellenprobleme: Bei der Weitergabe einer Prozess-Ausgabegröße an den Kunden, der ihn im nächsten Prozess als Eingabegröße verwenden soll, entstehen Probleme wie zeitliche Verzögerungen oder unvollständige Informationen. Schnittstellenprobleme ergeben sich beispielsweise häufig aus einer unzureichend gemanagten Zusammenarbeit mit externen Lieferanten.

Outsourcing bedarf des Prozessmanagements

Eine Fluggesellschaft sourcte die Erstellung von Arbeitszeugnissen für Mitarbeiter aus Kostengründen nach Osteuropa aus. Die Ausstellung der Zeugnisse dauerte stets „unbestimmt lange". Niemand im Unternehmen konnte sagen, wie lange sie dauert und wer in der osteuropäischen Firma überhaupt dafür zuständig war. Dies führte insbesondere bei ausscheidenden Mitarbeitern zur Unzufriedenheit, weil sie ihre Zeugnisse schnell für Bewerbungen benötigten, und es wirkte sich nachteilig auf die Reputation des Unternehmens im Sinne eines mangelhaften *Employer Brandings* aus.

Häufig werden Prozesse oder Prozessketten ins preiswertere Ausland outgesourct, wo man aber mit der hiesigen Arbeitsweise und Unternehmenskultur nicht vertraut ist. Damit das Outsourcing gelingt und nicht unter dem Strich teurer und ineffizienter ist als die hausinterne oder inländische Abwicklung, muss ein entsprechender Prozess im outgesourcten Unternehmen installiert und die Schnittstelle zwischen den Prozessen im eigenen Unternehmen und denen des Lieferanten gemanagt werden.

Doch bevor überhaupt über ein Outsourcing entschieden wird, müsste zudem geprüft werden, wie lange der Preisvorteil im Ausland nutzbar ist. In vielen Schwellenländern sind die Löhne in den letzten Jahren kontinuierlich angestiegen, so dass der Kostenvorteil immer mehr schwindet; empirischen Untersuchungen zufolge werden sich die westlichen Löhne und die der Schwellenländer Asiens und Osteuropas bis zum Jahre 2025 (vgl. Moynihan 2012) angeglichen haben. Ein nur kurzfristiger Kostenvorteil von wenigen Jahren kann ein Outsourcing ins Ausland aufgrund der damit erforderlichen Anpassung der Prozesse, der Schulung der ausländischen Partner usw. von vornherein unrentabel machen.

Offensichtliche Missverhältnisse: Wenn mit vergleichsweise einfachen Vorgängen übermäßig viel Personal beschäftigt ist oder die Durchlaufzeiten überproportional lange dauern, so ist dies ebenfalls ein Kennzeichen, dass ein Prozessmangel vorliegt.

> ▶ Operative Prozessmängel lassen sich oft schon mit einem geschärften Blick „von außen" erkennen und erfordern längst nicht immer aufwendige Verfahren. Indizien für solche Mängel sind Warte-, Liege- und Suchzeiten, der Umgang mit redundanten, überflüssigen oder veralteten Informationen, zu hohe Bestände, Bypässe um nicht reibungsfrei funktionierende Abläufe oder Schnittstellenprobleme, zum Beispiel beim Outsourcing.

Wichtig ist – um es nochmals deutlich hervorzuheben –, nicht mit disziplinarischen Maßnahmen oder Anschuldigungen gegen einzelne Mitarbeiter auf erkennbare Prozessmängel zu reagieren, weil dies das Betriebsklima merklich stört, zu Unsicherheiten und Vertrauensverlust und damit zu Beeinträchtigungen der Unternehmenskultur (vgl. Kap. 11) führt. Prozessmanagement ist immer darauf bedacht, eine *sachliche und emotionslose* Feststellung der Mängel zu betreiben und damit das Ziel, die angestrebte Verbesserung, in den Vordergrund zu stellen, anstatt die Mängel an Personen festzumachen, die oft ja nur einen Ausschnitt eines Prozesses überblicken sowie mit begrenzten Ressourcen arbeiten und daher häufig keine bessere Arbeitsleistung erbringen können. Führungskräfte sind verantwortlich dafür, eine Struktur dafür zu schaffen.

Checkliste: Welche Prozessmängel erkennen Sie in Ihrem Unternehmen?

- Wie oft denken Sie in Ihrem Unternehmen über überflüssige Komplexitätstreiber nach?
- Wie oft hören Sie, dass Mitarbeiter unzufrieden sind?
- Wie oft ärgern Sie sich über Fehler in Ihrem Unternehmen?
- Wie oft erhalten Sie Informationen über Kunden, die mit einem Produkt oder einer Dienstleistung unzufrieden sind?

- Wie oft diskutieren Sie den Punkt: „Wir haben zu wenig Lagerplatz?"
- Wie viele „wiederkehrende" Probleme können Sie adhoc nennen?
- Wie viele wiederkehrende Engpässe kennen Sie in Ihrem Unternehmen?
- Wie viele einfache Maßnahmen für die sofortige Behebung von Prozessmängeln sind Ihnen bekannt?
- Wie häufig werden versprochene Lieferzeiten nicht eingehalten?
- Wie oft müssen Sie Ihre Mitarbeiter ermahnen, mehr Sauberkeit zu halten?
- Wie oft suchen Sie oder Ihre Mitarbeiter Informationen, Dokumente oder Bauteile im Unternehmen?
- Wie oft wundern Sie sich, dass manche Mitarbeiter trotz der Unordnung an seinem Arbeitsplatz arbeiten kann?
- Falls Sie einen Produktionsbetrieb haben: Wie groß ist die Anzahl der Verletzungen bzw. Betriebsunfälle in den vergangenen sechs Monaten?
- Gibt es wiederkehrende Differenzen zwischen der Auftragsabwicklung und dem Verkauf?
- Wie viele Mängel in einem beliebigen Unternehmensprozess können Sie nennen? Sind es drei, sieben oder mehr?
- Wie zufrieden sind Sie mit der Effizienz Ihrer Meetings und Besprechungen?

5.3 Durch geeignete Prozesse Wettbewerbsvorteile aufbauen

Im Prozessmanagement unterscheidet man zwischen Kernprozessen, Unterstützungsprozessen und Managementprozessen. Unter *Kernprozessen* versteht man Geschäftsprozesse, die der Nutzenstiftung für die Kunden dienen, die also die stärkste Kundenorientierung haben. Typische Kernprozesse sind beispielsweise Auftragserfüllungs-, Reparatur-, Logistik- und Kreditbearbeitungsprozesse. Die Kernprozesse bauen auf den *Kernkompetenzen* eines Unternehmens – also seinen besonderen wettbewerbsrelevanten Fähigkeiten – auf und entwickeln sich meist auch unmittelbar daraus.

Daneben gibt es *Unterstützungsprozesse,* die nicht direkt der Leistungserbringung für den Kunden dienen, aber erforderlich sind, damit die Kernprozesse reibungslos funktionieren. Beispielsweise sind die Bereitstellung, Pflege und Wartung einer Infrastruktur, die für die Auftragsabwicklung erforderlich ist, typische Unterstützungsprozesse. Im Falle eines Telekommunikationsanbieters besteht die Infrastruktur zum Beispiel in einem Mobilfunknetz, im Falle einer Bank in einem Filialnetz und im Einzelhandel in Ladenlokalen und Lagern. Weitere Unterstützungsprozesse sind unter anderem Lohnauszahlungs-, Personalrekrutierungs-, Buchhaltungs- und Complianceprozesse. Kern- und Unterstützungsprozesse sind miteinander verknüpft und voneinander abhängig.

Unter *Managementprozessen* versteht man jene Prozesse, die im Unternehmen notwendig sind, um die Sicherung des Unternehmens und der Marktanteile zu gewährleisten. Sie fokussieren auf die Sicherstellung der Rahmenbedingungen, die für die Durchführung der Kern- und Unterstützungsprozesse erforderlich sind. Man kann sie unterteilen in Prozesse mit *steuerndem Charakter* (z. B. Steuerung der Programme und Projekte, Compliance und Revision) und solche mit *richtungweisendem Charakter* (z. B. das Managen externer Geschäftsbeziehungen, Kundenentwicklungsplanung, Kundensegmentierung, Vertriebs-, Risikoplanung).

Viele Unternehmen kämpfen heute mit der Austauschbarkeit und mit dem wachsenden Verlust von Wettbewerbsvorteilen gegenüber der Konkurrenz – die Kernkompetenz scheint in den Augen der Kunden mehr und mehr zu verschwimmen. Teilweise trägt dazu das Internet bei, das Angebote aus diversen Branchen transparenter und vergleichbarer macht, als sie früher waren; daneben haben auch die gesättigten Märkte als solche einen Anteil daran.

> ▶ Leider kommen nur wenige Unternehmen auf die Idee, sich über Prozessmanagement Wettbewerbsvorteile durch ein Alleinstellungsmerkmal aufzubauen, obwohl gerade darin eine große Chance liegt, verlorenes Terrain gegenüber dem Wettbewerb wieder aufzuholen: Wer zum Beispiel seine Prozesse dahingehend optimiert, dass er seine Kunden zuverlässiger, schneller oder besser bedient, oder einen „Komplettservice" anstatt Einzelleistungen bietet, wer insgesamt die Bedürfnisse der Kunden besser trifft und bedient, der kommt leicht aus der Falle der Austauschbarkeit mit dem damit verbundenen Preisverfall heraus. Über das exzellente Beherrschen von Kernprozessen kann ein Unternehmen Alleinstellungsmerkmale aufbauen.

Durch Neugestaltung von Kernprozessen die Umsetzung der Unternehmensstrategie unterstützen

Ein Unternehmen hatte eine neue Strategie etabliert und war sicher, damit mehr Umsatz generieren zu können. Man konnte aber keinesfalls mehr Personal einstellen. Erforderlich war also ein höherer Output bei gleichbleibender Mannschaftsstärke. Das Ziel war demnach eine typische Effizienzsteigerung. Nachdem das Topmanagement sein Okay gegeben hatte, wurde zunächst einmal herausgearbeitet, welche Prozesse aufgrund der neu definierten Strategie wichtig sind bzw. deren Umsetzung unterstützen. So konnten genau die Kernprozesse herausgeschält und anschließend optimiert werden, die die neue Strategie unterstützten.

5.3.1 Standardisierung oder Individualisierung

Nehmen wir dazu das Beispiel des Einsatzes von Software in den Unternehmen: In den meisten Dienstleistungsbranchen existieren heute für eine Vielzahl von Aufgaben „Standard-Softwarelösungen", die bei Massenprodukten zum Einsatz kommen. Bei den Banken gibt es beispielsweise Softwareprogramme für Girokonten, die millionenfach in ähnlicher Weise geführt werden; im Buchhandel gibt es vom Großhandel angebotene Softwareprogramme zum Bestellen von Büchern, in der Telekommunikationsbranche existieren Programme für die Führung von Kundenkonten und Datenverbindungen usw.

▶ Auf standardisierte „Branchen-(Software-)Lösungen" zurückzugreifen, ist nicht schlecht, doch sollten Unternehmen vorher abwägen: Welche Angebote des Unternehmens müssen standardisiert sein, um Ressourcen (Zeit, Mitarbeitereinsatz, Kosten) zu sparen? Und mit welchen Angeboten lässt sich demgegenüber durch eine *Individualisierung* – also eine deutliche Abweichung vom Standard – ein Alleinstellungsmerkmal aufbauen, indem man die Leistungen passgenau auf bestimmte Kundenbedürfnisse zuschneidet?

Wer nur „Standardlösungen" einsetzt und damit „tut, was alle anderen auch tun", ebnet mögliche Wettbewerbsvorteile ein und verliert die Chance, sich von der Konkurrenz abzuheben. Denn eine Standardisierung bedeutet immer auch eine Einbuße an Flexibilität und Kundennähe und ein sich Verabschieden von Kernkompetenzen; nicht zuletzt sind standardisierte Lösungen leicht von Wettbewerbern kopierbar. Es gilt heute mehr denn je, auch im Dienstleistungsbereich, das rechte Maß zwischen Standardisierung und Individualisierung in den Prozessen zu finden. Von daher muss genau überlegt werden, welche Prozesse Kerncharakter und welche nur unterstützenden Charakter haben. Standardlösungen und damit verbundene standardisierte Prozesse haben heute vielfach nur noch unterstützenden Charakter und generieren keine Wettbewerbsvorteile mehr.

Im Dilemma zwischen Standardisierung und Individualisierung
Im Bankensektor ist die Standardisierung der Produkte bereits sehr weit fortgeschritten. Dadurch saß der Leiter Firmenkundenbereich einer regionalen Bank in einer echten Zwickmühle. Die hundert Kundenberater, deren Vorgesetzter er war, versicherten ihm immer wieder, sie könnten nur individualisierte Produkte verkaufen. Doch die Zentrale der Bank gab lediglich drei Standardprodukte mit drei entsprechenden Standardprozessen vor und unterlegte sie mit strikten Verkaufszielen.
Der Leiter Firmenkundenbereich musste auf der einen Seite bei der Zentrale ständig Genehmigungen für „Ausnahmen" einholen und gleichzeitig seine Mitarbeiter kontinuierlich anhalten, mehr Standardprodukte zu verkaufen.
Die Lösung liegt weder in einer hundertprozentigen Standardisierung noch in einer hundertprozentigen Individualisierung. Mit Hilfe eines intelligenten Prozessmanagements lässt sich eine „Hybridlösung" implementieren, die beide Optionen zulässt und dennoch niedrige Kosten verursacht und die Ressourcen schont. Voraussetzung ist allerdings, dass das Topmanagement des Unternehmens die Einführung einer solchen Lösung aktiv befürwortet und unterstützt.

5.3.2 Veränderung von Kernprozessen meistern

Kernkompetenzen wie auch Kernprozesse sind nicht konstant, sondern können sich im Laufe der Zeit ändern. Da es sich bei diesen Prozessen um den Kern des Unternehmens handelt, ist bei ihrer Änderung besondere Vorsicht geboten, denn man sitzt schnell zwischen zwei Stühlen: Der eine steht für die alten Anforderungen, die überholt sind, und der andere steht für die neuen Anforderungen, die wegen des alten Prozesses niemand erfüllt. Die Konsequenz besteht nicht nur in der möglichen Unzufriedenheit von Kunden und dem Verlust von Aufträgen, sondern auch in der möglichen Unzufriedenheit der Mitarbeiter. Diese nehmen zwar die Unzufriedenheit der Kunden wahr, können aber nicht eingreifen oder reagieren. Kommt es zu gravierenden neuen Anforderungen, so kann dies erst einmal zu einer Verschlechterung der bisherigen Prozessleistung führen, so dass das Managen des Prozesses erforderlich ist, wie im folgenden Fall.

> **Defizitäre Prozesse nach Unternehmenswachstum**
>
> In einem auf Anlagenbau spezialisierten Unternehmen hatte es ein Spin-off gegeben, aus dem zwei Firmen hervorgingen: eine auf Produktion und Wartung sowie eine auf den Verkauf spezialisierte Firma.
>
> Die Produktionsfirma begann, nach der Teilung intensiv zu wachsen, stellte neues Personal ein und akquirierte viele Neukunden. Doch die Organisationsstruktur blieb auf dem früheren Niveau aus der Zeit vor dem Spin-off stehen. Von der Akquirierung der Kundenaufträge, über die detaillierte Aufnahme der technischen Anforderungen der Maschinenbauteile, die Arbeitsvorbereitung bis zur Fertigung gab es nicht einen einzigen reibungslos verlaufenden Prozess.
>
> Die Geschäftsführung arbeitete nach der Methode „Firefighing": Funktionierte etwas nicht, wurde der Druck auf die Mitarbeiter erhöht, wobei der Schwerpunkt ausschließlich in der Akquisition von noch mehr Aufträgen und einer noch größeren Beschleunigung der Produktion lag. So wuchsen die internen Reibungen: Die Zusammenarbeit zwischen Verkauf, Arbeitsvorbereitung und Produktion eskalierte so weit, dass man sich in Workshops gegenseitig anschrie und die Schuld für die anstehenden Probleme zuschrieb. Der Verkauf wurde beschuldigt, zu viele Aufträge an Land zu ziehen, während es an Produktionskapazitäten fehlte; die Produktion wurde beschuldigt, nicht effizient genug zu arbeiten usw. Der Verkaufschef litt schließlich unter Burnout, weil er frustriert war, seine Arbeit bestmöglich und mit höchstem Engagement getan zu haben und doch keine Anerkennung zu bekommen und keinen Erfolg zu sehen.
>
> Das Topmanagement erkannte lange nicht die Notwendigkeit, erst einmal die Prozesse komplett neu zu definieren und zu optimieren, bevor man weiteres Wachstum ins Auge fasste. Mit einer „stumpfen Säge" (vgl. Abschn. 2.5) wurden die Aufträge akquiriert und bearbeitet, wobei die Probleme über kurz oder lang auch den Kunden nicht verborgen blieben.

Die Unternehmensführung beging den Fehler, der häufig in den Chefetagen gemacht wird: Man unterstützte die Mitarbeiter nicht bei der Neugestaltung der Prozesse, sondern ließ sie mit den erforderlichen operativen Maßnahmen alleine, indem man sich auf „Anordnungen" beschränkte, was zu geschehen hätte. Wichtig ist in solchen Fällen, dass die Unternehmensleitung als maßgeblicher Treiber des Prozessmanagements nach vorne tritt, denn es ist eine der wichtigsten Aufgaben des Managements – nicht der einzelnen Mitarbeiter –, für Effektivität und Effizienz zu sorgen. Optimal ist es, wenn ein Mitglied der Geschäftsleitung als Prozesssponsor auftritt.

Ohne Prozessmanagement kann selbst bei hervorragender Auftragslage und einem klaren Alleinstellungsmerkmal das Unternehmenswachstum nicht gelingen. Stattdessen besteht sogar die Gefahr, dass das Unternehmen unter der Auftragsflut kollabiert. Zugleich zeigt sich am obigen Beispiel, wie wertvoll und wertschöpfend Prozessmanagement sein kann, selbst für gut aufgestellte Unternehmen.

Checkliste: Rundum-Blick auf mögliche Effizienzgewinne in Ihrem Unternehmen

- Welche Kernkompetenzen hat Ihr Unternehmen?
- Welche Prozesse haben in Ihrem Unternehmen den Charakter von Kern-, welche den von Unterstützungsprozessen?
- Bei welchen Prozessen sehen Sie Verbesserungsmöglichkeiten, die die Effizienz erhöhen würden?
- Welche Prozesse sind in Ihrem Betrieb standardisiert – oder sollten aus Effizienzgründen besser standardisiert werden?
- Welche Prozesse sind individualisiert, also passgenau auf die Bedürfnisse bestimmter Kunden zugeschnitten? Oder welche Prozesse sollten sinnvollerweise individualisiert werden, auch wenn sie es bisher nicht sind?
- Gibt es in Ihrem Betrieb eingeführte IT-Systeme, bei denen die damit verbundenen Abläufe nicht reibungslos funktionieren?
- In welchen Bereichen denken Sie über Kostensenkungen nach? Sind Sie sicher, dass Sie die wahren Ursachen für die zu hohen Kosten kennen?

> **Fazit** Die einfachste Form des Prozessmanagements ist es, auf unnötige Komplexitätstreiber zu verzichten, die sich aus allem „zusätzlich" im Unternehmen Eingeführten ergeben. Dass die *additive* Hinzufügung eines weiteren Produktes, Produktelementes, Vertriebswegs usw. zu einem *exponentiellen* Anwachsen von Fehlerquellen führt, wird häufig nicht bedacht. Jedes zusätzliche Element garantiert längst nicht immer einen Zuwachs an Gewinn oder Umsatz, bedarf aber stets mindestens eines, wenn nicht mehrerer ergänzend einzuführender und zu managender Prozesse.

Prozessmängel sind generell daran zu erkennen, dass im Unternehmen Überflüssiges, Unvollständiges, Ausschuss, Missverhältnisse zwischen Aufwand und Ertrag oder die Wiederholung immer gleicher Fehler an derselben Stelle auftreten. Den Blick konsequent darauf zu richten, ist der erste Schritt zu einem effektiven Prozessmanagement.

Nur selten wird daran gedacht, dass sich mittels besser gemanagter Kernprozesse Wettbewerbsvorteile gegenüber der Konkurrenz aufbauen lassen, indem die Kernkompetenzen erhöht werden und ein durchdachtes Verhältnis zwischen Standardisierung und Individualisierung von Prozessen eingeführt wird.

Literatur

Brandes, Dieter, und Nils Brandes. 2014. *Einfach managen. Komplexität vermeiden, reduzieren und beherrschen*, 2. Aufl. München: Redline.
Gloger, Axel. *Die Kunst, nicht zu entscheiden*. Handelszeitung, 21.8.2014.
Gottfredson, Mark. 2012. *Das fokussierte Unternehmen*. Bain & Company München. www.bain.de
IBM Deutschland, Hrsg. 2010. Unternehmensführung in einer komplexen Welt. Global CEO Study. München.
Moynihan, Jon. 2012. *The continued economic decline of the West. Diagnosis and prognosis*. PA Consulting Group. www.paconsulting.com

6 Die Messung der Prozessleistung

6.1 Die Prozessqualität

Im letzten Kapitel habe ich aufgezeigt, woran sich Prozessmängel augenfällig erkennen lassen. In diesem Kapitel möchte ich die Perspektive vertiefen, indem wir uns die Qualität eines Prozesses unter dem Aspekt der Messbarkeit genauer ansehen.

Um die Qualität eines Prozesses zu messen, müssen folgende Fragen beantwortet werden:

– Entspricht die erbrachte Leistung den Anforderungen des (internen oder externen) Kunden?
– Entspricht die erbrachte Leistung den Anforderungen eines stabilen Prozesses?

Um nicht nur einfach mit Ja oder Nein zu antworten, ist es erforderlich, zunächst einmal die Prozessqualität zu definieren. Häufig entstehen in den Unternehmen heftige Diskussionen darüber, wie die Qualität zu messen ist, doch können sie meist in kurzer Zeit abgeschlossen werden, wenn man sich darauf einigt, dass die Anzahl an akzeptierten Fehlern im Prozess ein Ausdruck für Qualität ist. Jede Abweichung von der Leistungserfüllung ist dabei ein „Fehler" im Sinne der Definition. Ein Prozess muss nicht immer zwingend „null Fehler" als Sollwert aufweisen, auch wenn Kunden dies gerne wünschen. Aus Gründen der Wirtschaftlichkeit kann es angemessen sein, wenn eine geringe Anzahl von Fehlern zugelassen wird. Was als „geringe" Anzahl von Fehlern zu bezeichnen ist, hat jede Branche und jedes Unternehmen für sich zu definieren und zu entscheiden. So werden z.B. im Krankenhaus andere Maßstäbe gelten als im Handel.

Das Konzept Six Sigma verwendet einen eindrucksvollen Wert für die Fehlerquote und macht damit „Qualität" über alle Branchen und Unternehmen hinweg messbar und vergleichbar. Der Wertebereich für Fehler liegt zwischen 0 und 6; somit kann ein Prozess

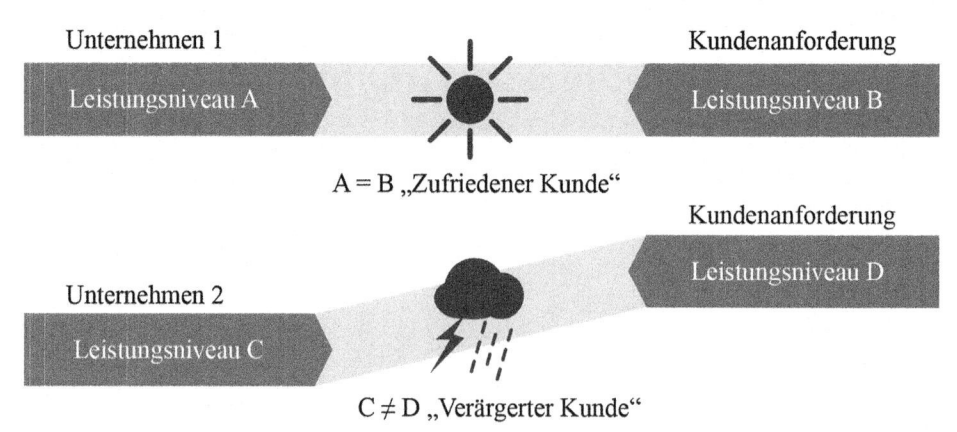

Unternehmen 1 — Kundenanforderung
Leistungsniveau A — Leistungsniveau B

A = B „Zufriedener Kunde"

Unternehmen 2 — Kundenanforderung
Leistungsniveau C — Leistungsniveau D

C ≠ D „Verärgerter Kunde"

© Johannes P. Christ, Conelo GmbH

Abb. 6.1 Fehler als Abweichung von der Kundenanforderung

ein Null-Sigma- oder ein Six-Sigma-Niveau erreichen. Im ersten Fall bestünde das Ergebnis nur aus Fehlern, im zweiten Fallen kommen nur 3,4 Fehler auf eine Million Fehlermöglichkeiten. Mit sinkendem Sigma-Niveau steigt die Anzahl der Fehler und damit auch die Kosten für die Fehlerbehebung.

Die in einem Unternehmen erzielten Prozessleistungen sind nur so gut, wie es auch die Prozesse sind. Es ist Aufgabe des Prozessverantwortlichen, einen Prozess von einem niedrigen Sigma-Niveau auf ein höheres, wirtschaftlich tragbares anzuheben. Weltklasse-Unternehmen haben ein Sigma-Niveau zwischen 5 und 6. Im Durchschnitt liegen Unternehmen mit einem Niveau zwischen 2,5 und 5. Unter 2,5 – das entspricht 159.000 Fehler auf eine Million Fehlermöglichkeiten – sind Unternehmen meist nicht wettbewerbsfähig.

> ▶ Für den einzelnen Kunden ist jede Nichterfüllung der geforderten Qualität ein „Fehler". Im Sinne des Prozessmanagements ist das Wort „Fehler" wertneutral und emotionsfrei zu sehen. Ein „Fehler" sagt lediglich aus, dass etwas „fehlt", das eigentlich da sein sollte. Dementsprechend hat der Prozess nicht das angestrebte Leistungsniveau (vgl. Abb. 6.1).
>
> Aus der Sicht des Unternehmens muss stets gefragt werden, wie viele Fehler oder Abweichungen im Prozess aus wirtschaftlichen Gründen tolerierbar sind. Jeder Prozess sollte auf ein wirtschaftlich tragbares und sinnvolles Sigma-Niveau gehoben werden.

Die Qualität ist dabei nicht nur aus der Sicht des abschließenden Prozessergebnisses zu bewerten, sondern auch innerhalb des Prozesses, im Rahmen der Teilprozesse, zu bewerten.

6.2 Das magische Tetraeder

Prozessmanagement hat unweigerlich etwas mit Wirtschaftlichkeit zu tun. Einerseits wird Prozessmanagement oft erst dann vom Management akzeptiert, wenn es wirtschaftlich orientiert gelebt wird; auch die breite Verankerung im Unternehmen setzt wirtschaftlich tragbare Strukturen voraus. Andererseits sollte nicht nur das Prozessmanagement als Ganzes unter organisatorischem Aspekt wirtschaftlich sein, sondern auch *jeder einzelne Prozess* sollte mit der für alle Beteiligten optimalen Kostenstruktur versehen werden.

Um der Wirtschaftlichkeit der einzelnen Prozesse gerecht zu werden, müssen mehrere Dimensionen beachtet werde. Drei Dimensionen als Anforderungen an die Leistungserbringung sind in jedem Prozess zu berücksichtigen (vgl. Abb. 6.2), und zwar

- Fehlerrate,
- Durchlaufzeit und
- (Prozess-)Kosten.

Abb. 6.2 Das magische Tetraeder mit den drei Dimensionen der Prozessleistung

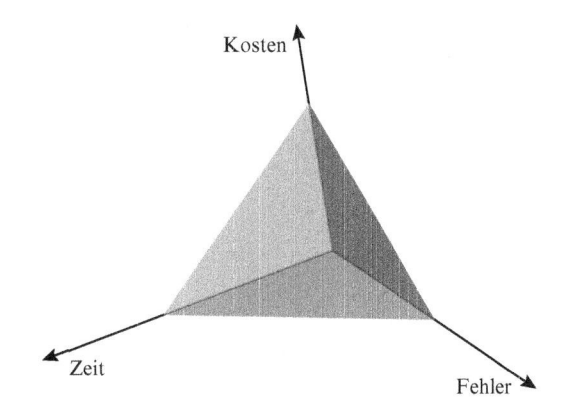

© Johannes P. Christ, Conelo GmbH

Häufig wird einseitig nur auf die Fehlerrate geachtet, doch das führt in vielen Fällen nicht zu einer zufriedenstellenden Darstellung der Prozessleistung, wenn nicht zugleich auch Zeit und Kosten in die Betrachtung der gesamten Prozessleistung einbezogen werden. Denn ein Prozess kann durchaus eine niedrige Fehlerrate aufweisen, doch wenn diese mit zu hohen Kosten oder einer zu langen Durchlaufzeit erkauft wird, dann ist es unter Umständen wirtschaftlicher, eher mehr Fehler zuzulassen und dafür die Kosten und/oder die Durchlaufzeit zu senken. Letztlich ist dies wiederum eine Frage, wie die Prozessqualität vorab, also vor Optimierung des Prozesses, definiert wird.

Abb. 6.3 Ungleiches Verhältnis der Prozesskennzahlen

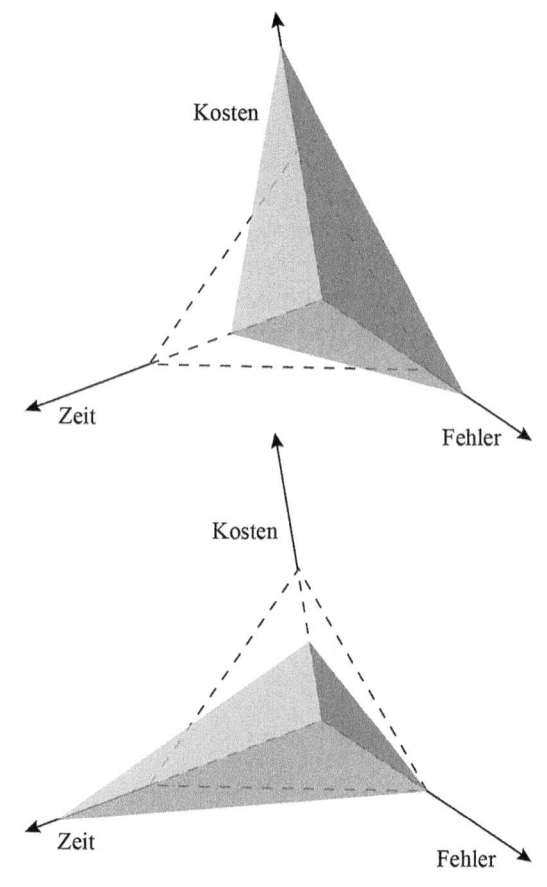

© Johannes P. Christ, Conelo GmbH

Die drei Dimensionen lassen sich in Form eines „magischen" Tetraeders darstellen. Führungskräfte erhalten mit dem Tetraeder einen raschen Überblick über die Prozessleistung, der sich in einer „griffigen" optischen Darstellung ausdrückt.

Idealerweise sollten in diesem Tetraeder alle drei Seiten gleich lang sein; dies spricht für ein ausgewogenes Verhältnis. Bei mangelhaften Prozessen ist es immer so, dass ein Ungleichgewicht vorliegt, dass also eine oder zwei Seiten des Tetraeders länger sind, weil z. B. die Kosten oder die Durchlaufzeit höher sind als die Fehlerrate (vgl. Abb. 6.3).

Die einzelnen Dimensionen sind immer im Vergleich zu einem Ausgangsszenario vor oder nach einer Prozessoptimierung zu sehen. Somit werden den einzelnen Dimensionen keine realen Werte zugeordnet.

> ▶ Um Kundenzufriedenheit zu erreichen, müssen alle drei Dimensionen gesamtheitlich gesteuert und nicht nur eine oder zwei Dimensionen verbessert werden.

> **Hohe Durchlaufzeit bei niedrigen Kosten**
> Die im letzten Kapitel vorgestellte Fluggesellschaft, die das Erstellen der Arbeitszeugnisse nach Osteuropa outsourcte (vgl. Abschn. 5.2), verfügte zwar einerseits über niedrige Prozesskosten, doch wurden diese mit einer hohen Durchlaufzeit erkauft. In diesem Falle hat das Tetraeder ungleiche Seitenlängen.

6.3 Die Durchlaufzeit

Die Durchlaufzeit eines Prozesses umfasst die Zeitspanne vom Start der ersten durchzuführenden Aktivität bis zu jenem Zeitpunkt, zu dem das Prozessergebnis in Form eines Produktes – physisch oder in Form einer Information – internen oder externen Kunden zur Verfügung steht. Prozesszeiten setzen sich aus Bearbeitungs-, Liege- und Transportzeiten zusammen. Nur die Bearbeitungszeit liefert einen Beitrag zur Wertschöpfung, während Liege- und Transportzeiten nicht wertschöpfende Elemente sind. Wie schon im letzten Kapitel dargestellt, sollten diese reduziert werden.

Manche Unternehmen, vor allem Dienstleister, behaupten häufig, sie könnten die Durchlaufzeiten von Prozessen, insbesondere solchen administrativer Art nicht messen. In diesem Falle müssen jedoch meist alternative Wege des Messens gefunden werden, weil der Durchlaufzeit eine hohe Bedeutung im Prozessgeschehen zukommt. Falls es tatsächlich keine aus der im Unternehmen vorhandenen Software-Applikation oder dem ERP-System (z. B. Oracle, SAP) generierbaren Daten gibt, so muss die Durchlaufzeit unter Umständen manuell aufgenommen werden. Dieser Aufwand wird im Allgemeinen gescheut, und zwar sowohl von Führungskräften, die die Aufdeckung von Fehlern in ihrem Fachbereich fürchten, als auch von den Prozessbeteiligten, die keine Zeit haben. Abhilfe kann – unter Einbeziehung des IT-Verantwortlichen – ein gemeinsames Erarbeiten der Notwendigkeit und des Nutzens der Prozessoptimierung wie auch die Erarbeitung einfacher Vorlagen zur Datenaufnahme sein.

Meist wird bei der Aufnahme der Ist-Situation die durchschnittliche Durchlaufzeit gemessen, doch hat diese nur eine eingeschränkte Aussagekraft. Kritische Führungskräfte verlangen daher meist nach ergänzenden statistischen Informationen. Hier kann ein zweischrittiges Verfahren helfen:

1. Im Rahmen eines Workshops werden mit den Prozessbeteiligten und wesentlichen Stakeholdern Start und Ende des Prozesses bestimmt. Anschließend wird der gesamte Zeitraum in geschäftsrelevante Teilbereiche unterteilt und zu jedem werden Messpunkte für die Aufnahme von Teil-Durchlaufzeiten gesetzt. Es empfiehlt sich die Teilnahme eines IT-Mitarbeiters, um die Messaufnahme zu beschleunigen. So kann der Moderator des Workshops die geschäftsrelevanten Forderungen mit der IT-relevanten Umsetzungsmöglichkeit abstimmen.

2. Aus dem Ergebnis wird mit einem Vertreter des Prozesses und einem der IT-Abteilung ein Messplan erarbeitet, der sowohl der IT-Abteilung als auch der betroffenen Fachabteilung und ihrer gegenseitigen Abstimmung dient sowie ergänzende statistische Informationen liefert. Dieses ausgeglichene Vorgehensmodell hat sich in der Praxis sehr bewährt.

▶ Nicht immer ist die Durchlaufzeit einfach zu messen, doch kommt ihr im Rahmen der Prozesstransparenz eine so hohe Bedeutung zu, dass diverse Verfahren in Betracht gezogen werden sollten. Die Zusammenarbeit mit der IT-Abteilung hat sich in diesem Fall bewährt.

6.4 Die Fehlerrate

Die Fehlerrate ist meist das augenfälligste Kriterium eines nicht optimal funktionierenden Prozesses. Als „Fehler" wird jede Abweichung von der von Kunden, der Geschäftsleitung oder Stakeholdern erwarteten Qualität definiert. Empirische Untersuchungen zeigen, dass die Beziehung zwischen Fehlerrate und Umsatz einer exponentiellen Funktion folgt: Bei einer Fehlerrate von „nur" 2 Prozent – in der Industrie ein gängiger Wert – können die Fehlerkosten bereits 15 bis 25 Prozent des Umsatzes ausmachen; bei einer Fehlerrate von 3 Prozent betragen sie bereits 20 bis 30 Prozent des Umsatzes (vgl. Schmelzer und Sesselmann 2013, S. 281). Die Fehlerrate sollte also so niedrig wie möglich gehalten werden. Spitzenunternehmen setzen sich das Ziel „Six Sigma", also eine Fehlerrate von 3,4 Fehlern pro Million Möglichkeiten (FpMM).

Six Sigma in Banken
Banken in Deutschland weisen überwiegend einen Sigma-Level von 3 oder 4 auf. Das bedeutet: Von 5,7 Milliarden Inlandsüberweisungen sind mehr als 1 Million fehlerhaft. Ließe sich der Prozess jedoch auf das Sigma-Level 6 anheben, so wären nur noch 53 Überweisungen fehlerhaft – eine gewaltige Verbesserung der Prozessleistung, die ein hohes Einsparungspotenzial an Fehlern, Zeit und Arbeitseinsatz mit sich brächte (Quelle: *Magazin für Financial Innovation*. Ettlingen: entory AG Ausgabe 2/2005, zit. nach Jochem und Gundlach, o.J., S. 2).

6.5 Die Prozesskosten

Unter Prozesskosten versteht man die zur Erbringung der Prozessleistung notwendigen Kosten. Dazu gehören selbstverständlich auch Gehalts- und Gehaltsnebenkosten, aber ebenso Kosten des Facility Managements, der IT, Wartungskosten etc. Die klassische

6.5 Die Prozesskosten

Kostenrechnung in den Unternehmen lässt eine verursachungsgerechte Ermittlung von Kosten meist nicht zu. Den betrieblichen Leistungen werden nur die Einzelkosten zugeordnet, während die Gemeinkosten über Verteilungsschlüssel pauschal zugeordnet werden. Darin liegt genau das Problem der Kostensenkungsprogramme: Sie können mit ihrem „pauschalen" Vorgehen die wahren Ursachen für zu hohe Kosten nicht ermitteln und daher nur an „beliebiger" Stelle mit einem radikalen *Cost-Cutting* ansetzen, ohne dabei auf vorhandene Prozessstrukturen, also die zugrunde liegende Geschäftstätigkeit, Rücksicht zu nehmen (vgl. Abschn. 3.6). Demgegenüber führt die Prozesskostenrechnung zu präziseren Ergebnissen. Neben der Verbesserung der Produktkalkulation steht primär das Ziel der Kostentransparenz im Vordergrund, denn die genauere Abbildung der Prozesse macht die Kostensituation im Gemeinkostenbereich transparenter.

Dadurch sind die wahren Kostentreiber im Unternehmen besser erkennbar. So wertvoll diese Transparenz einerseits ist, so wird sie jedoch manchmal von Führungskräften gescheut, weil auf diese Weise Unzulänglichkeiten im eigenen Zuständigkeitsbereich ans Tageslicht kommen können. Es braucht ein gewisses Maß an Mut, sich der Transparenzangst zu stellen. Noch einmal sei betont, dass ein sachlicher und emotionsfreier Umgang mit Prozessmängeln und ihrer Aufdeckung eine hohe Bedeutung für die Akzeptanz des Prozessmanagements im Unternehmen hat. Es ist Aufgabe der Geschäftsleitung, eine entsprechende Kultur zu etablieren und von Anfang an klarzumachen, dass niemand für Prozessmängel in seinem Bereich „an den Pranger gestellt" wird. Disziplinarische Maßnahmen oder deren Androhung gegen Mitarbeiter oder Führungskräfte sind kontraproduktiv und bauen unnötige Widerstände gegen das Prozessmanagement auf.

> ▶ Bei der Analyse der Prozesskosten geht es um die Ist-Kosten, nicht um Planzahlen. Jeder Prozesseigner sollte die Ist-Kosten für seine relevanten Prozesse identifizieren können. Dies unterstützt das prozessuale Vorgehen, indem eine Verbindung zwischen Prozessleistungen, Ressourcenverbrauch und wirtschaftlichem Ergebnis hergestellt wird. Auch aus der Sicht des Controllings ist es wertvoll, die Kostentreiber zu kennen.

Im Prozessmanagement ist die Kundenzufriedenheit immer wieder das zentrale Anliegen. Wenn man die Anforderungen der Kunden nicht kennt, kann man an der Fehlerrate, der Durchlaufzeit und den Kosten arbeiten, wie man will – es wird keine entscheidende Wirkung für den Kunden haben. Oft sind Projektmitarbeiter erstaunt, dass sie eine Beziehung zur Kundenzufriedenheit herstellen sollen: „Brauchen wir die denn, wenn wir die Kosten reduzieren?", heißt es oft. Ja, sie wird benötigt, denn eine reine Kostensenkung ist noch nicht auf die Bedürfnisse des Kunden ausgerichtet.

> **Mangelnde Kundenorientierung in einem nicht konsequent strukturierten Prozess**
> Viele Fluggesellschaften ermöglichen es heute ihren Kunden, sich ihre Bordkarte bereits vorab im Internet selbst auszudrucken. Doch dem Kunden bringt das wenig, denn um vor dem Flug das Gepäck aufzugeben, muss er sich dann doch in eine lange Schlange am Flughafenschalter einreihen. So wird der Kunde zwar zum „Mitarbeiter" der Fluggesellschaft gemacht, doch er hat kaum einen Nutzen davon. Den Nutzen der Kostensenkung und der kürzeren Durchlaufzeit hat allein die Fluggesellschaft.

6.5.1 Der finanzielle Nutzen und die Amortisation des Prozessmanagements

Grundsätzlich sollte sich die Implementierung des Prozessmanagements im Unternehmen finanziell immer selbst tragen. Aus diesem Grund sollte bereits *zu Beginn* jedes Optimierungsprojektes – nicht erst am Ende – der sich aus der Verbesserung ergebende finanzielle Nutzen evaluiert und berechnet werden. Dies ist auch darum erforderlich, weil die erste Abschätzung der Rendite eine Hilfe bei der Auswahl der anstehenden Projekte darstellt. Basis der Berechnung ist stets ein Vergleich zwischen Einsatz und erwartetem Nutzen.

> ▶ Manche Unternehmen konzentrieren sich ausschließlich auf die Prozessleistung und scheuen die finanzielle Berechnung, weil sie von vielen unliebsamen Diskussionen im Unternehmen begleitet sein kann oder zu aufwendig erscheint. Meiner Erfahrung nach ist der finanzielle Gewinn meist der entscheidende Treiber für die Initative, selbst wenn die gesteigerte Prozessleistung als solche schon große Vorteile mit sich bringt.

Bei manchen Projekten ist es so, dass sich die Rendite finanztechnisch schwer darstellen lässt, weil Aspekte wie Kundenzufriedenheit oder Wettbewerbsvorteil im Vordergrund stehen. In diesem Falle hilft eine klare Trennung von „harten" und „weichen" Benefits. Zu den harten Benefits gehören greifbare Einsparungen wie der reduzierte Arbeitsaufwand in Stunden und der reduzierte Lagerbestand in Menge. Zu den weichen Benefits gehören z. B. die Vermeidung von Arbeitszeiten und die Vermeidung von Lagerflächen, also Ressourcen, die erst gar nicht eingesetzt zu werden brauchen.

Sind die Optimierungsprojekte im Unternehmen richtig konzeptioniert, so tragen sie sich finanziell selbst, und der quantifizierbare Nutzen, die Rendite, ist im Endergebnis des Unternehmens nachvollziehbar. Zu Anfang eines Programmes zur Implementierung von intelligentem Prozessmanagement ist der Nutzen geringer als die Kosten, doch im Verlaufe des Programmes kehrt sich dieses Verhältnis um (vgl. Abb. 6.4).

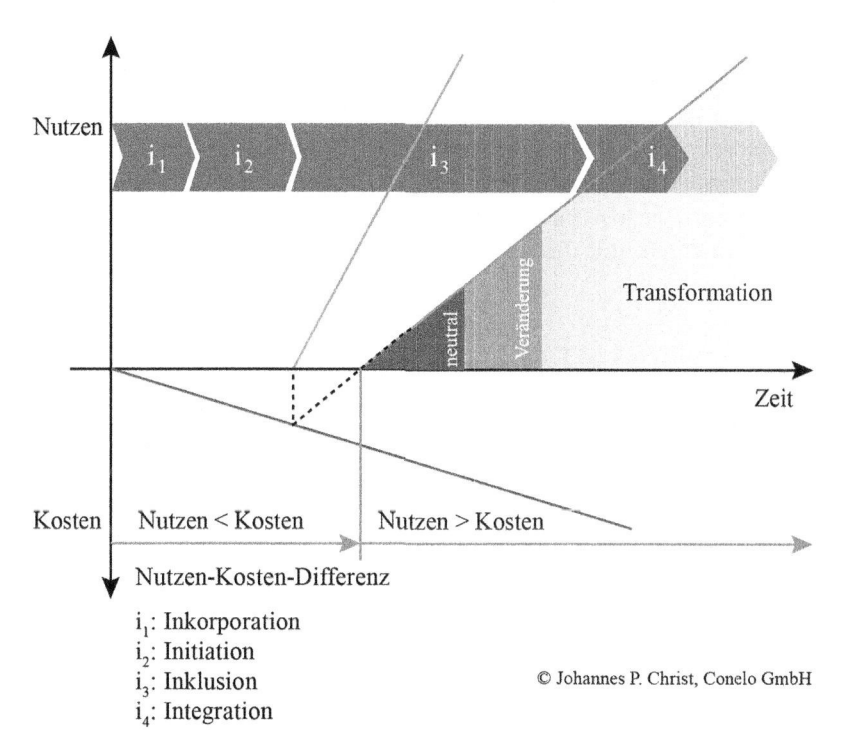

Abb. 6.4 Die Nutzen-Kosten-Differenz

6.6 Die wiederholte Messung der Prozesskennzahlen

Die Prozessleistungen mit ihren drei Kenngrößen sollten über einen gewissen Zeitraum mehrfach gemessen werden. So kann die Entwicklung der Prozessleistung verfolgt werden. Zur Leistungsmessung gehören alle Aufgaben und Elemente, die für die Transparenz der Prozessleistung notwendig sind, darunter Elemente wie die Entwicklung eines Prozesskennzahlensystems, Kriterien für die Entwicklung eines Messsystems und ebenso die Betrachtung der ganzheitlichen Konzeption unter den Aspekten Durchlaufzeit, Qualität, Prozesskosten und Zufriedenheit des Kunden sowie die Fähigkeit, die Prozessmessergebnisse zu aggregieren.

Für die effiziente wie effektive Steuerung von Prozessen sind Prozesskennzahlen erforderlich, wobei zwei Gesichtspunkte zu beachten sind:

- Es muss sichergestellt werden, dass die gewählten Messindikatoren tatsächlich die Prozessleistung erfassen.
- Bei der Auswahl der Messkriterien sind sowohl die „Stimme des Kunden" (vgl. Abschn. 7.3) für Kundenanforderungen als auch die „Stimme des Unternehmens" für interne Aspekte zu berücksichtigen.

Die Erhebung der Prozesskennzahlen kann aufwendig sein. Ideal ist es darum, wenn die Erhebung der Messwerte für alle Indikatoren automatisiert mit Hilfe der Datenverarbeitung erfolgt. Manchmal müssen Daten aus unterschiedlichen Systemen abgefragt werden, um eine Prozesskennzahl berechnen und darstellen zu können. Dem Aufwand auf der einen Seite steht jedoch der Nutzen auf der anderen Seite gegenüber. So kann es gelingen, eine bestehende Lücke zwischen betrieblichen Prozessen und ihrer Abbildung in Datenform dauerhaft zu schließen, was allgemein zu einer zusätzlichen Wertschöpfung beiträgt.

▶ Das datenorientierte Prozessmanagement ist eine notwendige Ergänzung zum organisationsorientierten Prozessmanagement. Grundlegend ist dabei die Inventarisierung der entsprechenden Prozessdaten und der Interfaces. In Anbetracht der großen Mannigfaltigkeit unterschiedlicher Software-Applikationen ist die komplexe Integration von Dateninhalten aus unterschiedlichen Quellen zu einer echten Herausforderung geworden, die Unternehmen vielfach nicht mehr alleine bewältigen können. Es empfiehlt sich, entsprechende Dienstleister zu Rate zu ziehen.

Das organisierte Chaos beseitigen – Einsparungen im Berichtswesen
Ein erfolgreicher Private-Equity-Investor mit nur 40 Mitarbeitern weltweit wollte Six Sigma einführen und startete mit einem Prozess, dessen Missverhältnis stark ins Auge sprang. Das Unternehmen ist gesetzlich verpflichtet, vierteljährlich Rechenschaftsberichte über die Performance der Investments anzufertigen und sie an die Kunden zu versenden.

Die Erstellung des Berichts erforderte im Unternehmen einen so hohen Aufwand, dass sie die Arbeitskraft von 3 Mitarbeitern über 2 Monate pro Jahr vollständig band. Unter anderem arbeitete eine Führungskraft, die früher als Sachbearbeiter die Berichte miterstellt hatte, nach ihrer Beförderung noch immer daran mit, obwohl es eigentlich längst nicht mehr zu ihren Aufgaben gehörte.

Mit Hilfe der DMAIC-Methode (vgl. Abschn. 7.2) wurde der Prozess optimiert. Zu Beginn war die Lage im Unternehmen durch Hektik und Aktionismus geprägt, der sich stets im Vorfeld der Berichterstellung einstellte. Denn die Schnittstellen zwischen den Abteilungen waren nicht klar geregelt, es gab ein starkes Silo-Denken, und der Wissenstransfer war eingeschränkt.

Um die Ausgangslage zu erfassen, wurde eine Reihe von Interviews geführt. Darin fanden sich Aussagen wie: „Die Kunden bekommen Berichte mit hoher Qualität, aber was sie bekommen, ist nicht das, was sie wollen", „Das Berichtswesen ist eine Fata Morgana" und „Wir haben ein organisiertes Chaos".

In den Quartalsberichten selbst wurde eine Reihe von Verschwendungen eliminiert, so zum Beispiel Sonderwünsche bezüglich der grafischen und inhaltlichen Gestaltung einzelner Lesergruppen. Nachdem klare organisatorische Strukturen für die Herstellung der Berichte geschaffen worden waren, stellte sich überraschend heraus, dass außer der Führungskraft ein weiterer Mitarbeiter dieselbe Arbeit an den Berichten erledigte, also ein klassischer Fall von Doppelarbeit vorlag.

Mit Hilfe des Prozessmanagements gelang es, den gesamten Aufwand für die Berichterstellung um 75 Prozent zu reduzieren: Nach der Optimierung arbeiteten nur noch 1,5 Personen 4 Wochen lang jährlich an den Berichten. Der Fokus wurde auf einen schlanken End-to-End-Prozess gelegt, wobei die einfließenden Dokumente einheitlich festgelegt, die Schnittstellen reduziert und die Bearbeitungszeiten heruntergefahren wurden.

Nur diese eine Prozessoptimierung, die ja lediglich der Start des Six-Sigma-Programmes war, erbrachte bereits finanzielle Einsparungen im fünfstelligen Bereich und erhöhte somit die Effizienz enorm. Die Arbeitszeit der ohnehin geringen Anzahl der Mitarbeiter konnte dadurch effektiver für andere Aufgaben eingesetzt werden. Durch die Prozessoptimierung wurden sowohl die Kosten als auch die Durchlaufzeit und die Fehlerrate reduziert, also das Volumen des Tetraeders insgesamt stark verkleinert.

▶ **Fazit** Das auffälligste Merkmal mangelnder Prozessqualität ist die Anzahl der Fehler in einem Prozess. Doch die Fehlerrate muss stets im Kontext der Durchlaufzeit und der Kosten gesehen werden. Erst der Zusammenhang zwischen allen drei Faktoren ermöglicht die Festlegung eines optimalen Gleichgewichts. Dabei kann es ökonomisch sinnvoll sein, nicht „null Fehler" in einem Prozess anzustreben, sondern eine geringe Anzahl an Fehlern zuzulassen. In manchen Unternehmen, insbesondere in großen Industriebetrieben, kann bereits eine geringe Zunahme der Fehlerrate zu einem exponentiellen Anstieg des Umsatzverlustes führen.

Literatur

Jochem, Roland, und Carsten Gundlach o.J. *Six Sigma – Fehler vermeiden, Prozesse verbessern, Kosten senken.* www.ilik-kassel.de.
Schmelzer, Herrmann J., und Wolfgang Sesselmann. 2013. *Geschäftsprozessmanagement in der Praxis. Kunden zufrieden stellen, Produktivität steigern, Wert erhöhen*, 8. Aufl. München: Hanser.

7 Das methodische Handwerkszeug: Heben Sie den Schatz

7.1 „Quick and dirty" – oder mit Methode?

In den vorangegangenen Kapiteln (Kap. 5 und 6) wurde in Ansätzen aufgezeigt, wie bei der Optimierung von Prozessen vorzugehen ist. Es wurden einzelne Werkzeuge des Prozessmanagements vorgestellt, um deutlich zu machen, woran Prozessmängel erkennbar sind (vgl. Abschn. 5.2) und welche Prozesskennzahlen zur Messung der Prozessleistung eingesetzt werden. Das war ein erster methodischer Einstieg ins Prozessmanagement, der in diesem Kapitel vertieft werden soll.

Einige der vorgestellten und andere „Werkzeuge" haben fast alle Unternehmen schon genutzt, selbst wenn sie kein Prozessmanagement eingeführt haben. Doch von der bloßen Anwendung einzelner Werkzeuge zum gezielten und schrittweisen Einsatz von „Methoden" ist es ein *qualitativer* Schritt nach vorne, der ein echtes Prozessmanagement begründet. Einer der wesentlichen Unterschiede besteht darin, dass beim methodischen Vorgehen sehr genau darauf geachtet wird, zuerst die wahren Ursachen von Prozessmängeln herauszuarbeiten, bevor Verbesserungen durchgeführt werden.

Werden die Ursachen nicht wirklich exakt herausgeschält – und das nicht nur qualitativ, sondern sehr häufig auch quantitativ –, so besteht die Gefahr, dass nur an „Symptomen herumgedoktert" wird, was zur Folge hätte, dass die wahren Prozessmängel unerkannt blieben und über kurz oder lang wiederum Probleme im selben Prozess aufträten. Aktionismus und Firefighting (vgl. Abschn. 2.5) sind nicht zuletzt darauf zurückzuführen, dass man sich nicht die Mühe gemacht hat, die Ursachen für fehlerhafte Prozesse glasklar und sauber herauszuarbeiten, bevor man in Aktion tritt.

Im Topmanagement besteht häufig noch kein ausgeprägtes Bewusstsein dafür, dass man bei der Optimierung von Betriebsabläufen methodisch und strukturiert vorgehen sollte. Die Bedenken richten sich gegen einen möglichen Mehraufwand bei Anwendung einer Methode, gegen eine zeitintensive Ausbildung oder beinhalten schlicht die Aussage, dass methodisches Vorgehen dem Unternehmen keine Vorteile brächte. „Wir haben unser Quick-and-dirty-Verfahren, das uns Verbesserungen möglichst schnell aufzeigt. Eine Methode benötigen wir nicht", heißt es oft.

Was eine Methode von einem „Quick-and-dirty-Verfahren" unterscheidet, ist das planmäßige Vorgehen zum Erreichen eines Ziels. Im engeren Sinne könnte man eine Methode als „Erkenntnisweg" bezeichnen. Bezogen auf ein Unternehmen bedeutet dies eine Vorgehensweise, die stringent und einheitlich im Unternehmen zum Einsatz kommt. Letztlich ist es weniger wichtig, welche Methode man anwendet, um Betriebsabläufe zu optimieren, als dass die Methode sich für das jeweilige Vorhaben eignet.

Ein Quick-and-Dirty-Verfahren garantiert im Vergleich zu einer Methode keine zuverlässigen Erkenntnisse der Problemursachen und demzufolge auch kein verlässliches Ergebnis. Ohne methodisches Vorgehen könnte das Unternehmen am Ende der Prozessoptimierung weiterhin mit einer „stumpfen Säge" (vgl. Abschn. 2.5) arbeiten. Zeigt nicht der hohe Grad der gescheiterten Change-Prozesse (vgl. Abschn. 2.4), dass bei Veränderungen zu viel „im Nebel gestochert" wird?

Das im Prozessmanagement entwickelte Methodeninventar ist sehr groß. So gehören zum Beispiel KVP, Lean Management, TQM, Kaizen, DMAIC, PDCA und Makigami dazu. Es würde den Rahmen dieses Buches sprengen, hier alle Methoden vorzustellen. Dem interessierten Leser sei die Lektüre in entsprechenden Nachschlagewerken empfohlen.

In diesem und im folgenden Kapitel werden vier gängige Methoden vorgestellt:

– der DMAIC-Zyklus von Six Sigma,
– Design for Six Sigma (DfSS),
– der PDCA-Zyklus und
– Makigami.

> ▶ Die „Methoden" des Prozessmanagements setzen sich jeweils aus mehreren unterschiedlichen „Werkzeugen" zusammen. Schon der Einsatz *einzelner* Werkzeuge (zum Beispiel zur Ermittlung und Senkung einer Fehlerrate) kann hier und da zu Prozessverbesserungen führen. Doch der beste Weg besteht in der zielgerichteten Auswahl und konsequenten Anwendung einer geeigneten GPM-Methode. Sie begründet ein *systematisches* Prozessmanagement und damit eine effiziente und effektive Art, ressourcenschonend aussagekräftige Ergebnisse zu erhalten.

7.2 Der DMAIC-Zyklus im Rahmen von Six Sigma

7.2.1 Voraussetzungen für die Anwendung

„Six Sigma ist ein strikt top-down durchgeführtes Prozessverbesserungskonzept, welches mit ausgewählten Experten in strukturierter Weise und mithilfe von Methoden und Techniken finanziell messbare Verbesserungsprojekte umsetzt", so die griffige Definition von J. Gamweger (zit. nach Gassmann 2012, S. 85). Six Sigma bezeichnet sowohl ein statistisch definiertes Qualitätsziel als auch eine der bekanntesten Prozessmanagement-Methoden. Ursprünglich bei *Motorola* entwickelt, wird es heute in nahezu allen Branchen angewandt.

Unter dem Begriff „Six Sigma" wird Verschiedenes verstanden. Er bezeichnet

- die stringente Methode, die von geschulten Kräften angewandt wird, um Produkte und Prozesse zu verbessern und somit im Unternehmen wirksame Resultate zu ermöglichen,
- eine global anerkannte Vorgehensweise, um eine Kulturveränderung im Unternehmen zu bewirken,
- aber auch eine Zielvereinbarung, um eine fast perfekte Erfüllung von Kundenanforderungen zu ermöglichen (nämlich 3,4 Fehler pro einer Million Fehlermöglichkeiten),
- ebenso eine das gesamte Unternehmen involvierende Systematik, um den Unternehmensertrag und die Effizienz im Unternehmen zu erhöhen und
- eine Verpflichtung dem Kunden gegenüber, die auf einer entsprechenden inneren Grundhaltung basiert.

Hingegen ist Six Sigma *nicht*

- das Fällen von „Bauchentscheidungen", wie Prozesse verbessert werden,
- nur auf die Verringerung von Fehlern ausgerichtet,
- eine Modeerscheinung (vgl. Abschn. 3.1),
- ein einmaliges Projekt,
- ein simpler Weg,
- ohne Beständigkeit und äußersten Willen umsetzbar.

Der Einsatz von Six Sigma erlaubt das Lösen einer Reihe verschiedener Unternehmensprobleme, die sich den drei Bereichen Prozessorientierung, Betriebswirtschaft und Unternehmenskultur zuordnen lassen.

1. Prozessorientierte Probleme:
    - Schnelleres *Time to market*
    - Verringerung der Fehlerrate bei Produkten oder Dienstleistungen
    - Reduzierung oder Vermeiden von Nacharbeiten aufgrund schlechter Prozessqualitäten

- Erhöhung des Service Level Agreements (SLA) bzw. Verbesserung der Fehlerbehebungsrate
- Optimierte Besetzungen im Schichtbetrieb
- Beschleunigung von Hardware-Beschaffungsprozessen
- Steigerung der Effizienz von Arbeitsgruppen
- Verkürzung der Fehlerbehebungszeit in der IT (bzw. ICT)
- Verringerung der Arbeitslast von Arbeitsgruppen

2. Betriebswirtschaftliche Probleme:
   - Reduzierung zu hoher Qualitätskosten
   - Aufdeckung und Reduzierung intransparenter hoher Prozesskosten
   - Erhöhung der Effizienz und Effektivität
   - Anpassung historisch gewachsener Prozesse an die heutigen Anforderungen
   - Eliminierung von Prozesselementen, die nicht wertschöpfend sind und nur Geld kosten
   - Stärkere Kundenorientierung

3. Kulturorientierte Probleme:
   - Optimierung einer mangelhaften Zusammenarbeit
   - Abbau von Silodenken, das z. B. zu hohem Abstimmungsaufwand führt
   - Transformation der Unternehmenskultur zu einer Kultur des Prozess- und Qualitätsdenkens und -verhaltens

▶ Der Vorteil von Six Sigma gegenüber anderen Optimierungsmethoden ist die stringente Verankerung der Ursachenforschung. Stets werden die tatsächlichen Ursachen einer schlechten Prozessleistung präzise und oft unter Einsatz mathematisch-statistischer Werkzeuge ergründet. Ein weiteres Merkmal ist die Konzentration darauf, die Abweichungen im Ergebnis eines Prozesses so gering wie möglich zu halten. Je geringer diese Abweichungen, desto höher die Chancen, die Kundenanforderungen zu erfüllen. Es wird ein eindeutiger Zusammenhang zwischen messbaren Kundenanforderungen und der Prozessabweichung ermittelt.

Mit Hilfe der mathematisch-statistischen Fundierung können eindeutige Beweise gefunden werden, die die *tatsächlichen* Ursachen identifizieren. Damit kann verhindert werden, dass unbewiesene und nur vermutete Problemursachen zur Basis von Lösungen werden, was zur Folge hätte, dass angestrebte Veränderungen keine Wirkungen hätten.

Die Anwendung von Six Sigma setzt spezielle Kenntnisse über statistische Werkzeuge, Prozess- und Qualitätswerkzeuge zur Verbesserung von Prozessen und Projektmanagement voraus, das in Trainings vermittelt wird. Die Teilnehmer lernen dadurch neben dem notwendigen Handwerkzeug die grundsätzlich notwendige Denkweise der laufenden Gestaltung eines effizienten Prozesses wie auch eines effizienten Unternehmens. Es empfiehlt sich daher entweder die Schulung des Leiters eines Six-Sigma-Programmes (auch „Deployment" genannt) oder der Einsatz eines externen, entsprechend ausgebildeten

Beraters; auch die Kombination beider Verfahren ist sinnvoll. In jedem Fall ist es unmöglich, Six Sigma nur mit laienhaften Kenntnissen erfolgreich zu implementieren.

Ausgebildete Projektleiter, die Six Sigma beherrschen, sind *Green Belts, Black Belts* oder *Master Black Belts*. *Green Belts* können mit ihrem Basiswissen kleinere Projekte eigenständig leiten, *Black Belts* leiten größere und komplexere Projekte, arbeiten Vollzeit und sind im Rahmen eines Projekts für bis zu 10 *Yellow* oder *Green Belts* zuständig. Ein *Master Black Belt* führt und begleitet etwa zehn *Black Belts* und beherrscht neben der Six-Sigma-Methode auch die nachhaltige Umsetzung der Six-Sigma-Strukturen und deren interne Weiterentwicklung, beispielsweise die Koordination der Projektauswahl.

7.2.2 Installation eines Steuerungsausschusses

Bereits bei der Vorstellung des „Propellers" (vgl. Abschn. 4.3) habe ich ausgeführt, dass die *Soft Facts* im Prozessmanagement genauso über den Erfolg entscheiden wie die *Hard Facts*. Zu den weichen Faktoren gehört ganz wesentlich die *Kommunikation* über Six-Sigma-Projekte innerhalb des Unternehmens. Nichts ist frustrierender für Projektmitarbeiter und -leiter, als wenn ein Optimierungsprojekt „unbemerkt" im Hause läuft und niemand von den Fortschritten des Ganzen Notiz nimmt. Damit wird nolens volens in die gesamte Organisation das Signal gesendet: „Prozessmanagement ist nicht wichtig", ist ein „Randthema", wodurch viele Chancen, auch für mögliche nachfolgende Projekte und damit für weitere Verbesserungen, verschenkt werden.

Sinnvoll ist es darum, dass im Unternehmen ein Team installiert wird, das regelmäßig zusammentritt und sich über den Fortgang des jeweiligen Six-Sigma-Projektes austauscht. Zu diesem Team sollten neben dem Projektleiter und ausgewählten Projektmitarbeitern Fachexperten, Führungskräfte vom mittleren bis zum Topmanagement und Betriebsratsmitglieder gehören. Alle sollte ein gemeinsames Interesse am Erfolg des Projektes einen, also der Wille, den zu optimierenden Prozess oder die Wertschöpfungskette nachhaltig zu verbessern. Das Team möchte ich hier als „Steuerungsausschuss" bezeichnen.

Der Projektleiter verpflichtet sich, regelmäßig den Steuerungsausschuss über den Fortgang des Projektes zu informieren, wobei insbesondere die Anbindung an die Unternehmensstrategie immer wieder kritisch angeschaut werden sollte. Der Präsentation von Meilensteinen im Rahmen der Projektplanung kommt stets eine große Bedeutung zu, weil von ihnen eine motivierende Wirkung in alle Richtungen ausstrahlt. Am Ende von Meilenstein-Präsentationen sollten Beschlussprotokolle vorliegen, die die Abstimmungspunkte und -ergebnisse schriftlich festhalten. Insbesondere, wenn das Betriebsklima vor dem Start des Projekts von Stress, Firefighting und Konflikten belastet ist, geht von den regelmäßigen Meetings eine entspannende Wirkung aus, wenn alle erkennen, wie die Situation durch den Fortgang des Prozesses Schritt für Schritt klarer und transparenter wird und sich somit das Verständnis aufbaut, dass die zukünftige Lösung die Situation verbessert.

Aufgabe der teilnehmenden Führungskräfte im Ausschuss ist es, durch entsprechende Fragen, wie Sie sie in diesem Kapitel in den Checklisten finden, die Fortschritte zu bewerten wie auch zur Klärung von Problemen und zum Fassen von Beschlüssen beizutragen. Die Führungskräfte sollten auch erkennen können, wann es aus geschäftlicher Sicht sinnlos geworden ist, das Projekt fortzusetzen. Die Teilnahme am Steuerungsausschuss sollte für die festgelegten Teammitglieder obligatorisch sein, denn nur so kann eine verantwortungsvolle Abstimmung über Projektergebnisse erfolgen.

> ▶ Über Six Sigma gibt es sehr viel Fachliteratur, die sich meist an Projektleiter und ihr erforderliches Fachwissen auf *Black-Belt*-Niveau wendet. Die nachfolgenden Ausführungen sind jedoch auf die Bedürfnisse des (Top-)Managements und die Perspektive des Steuerungsausschusses zugeschnitten, der sich im Rahmen von Six-Sigma-Projekten echte Erfolge wünscht und sowohl den Fortgang eines Projektes als auch sein Ergebnis sicher beurteilen möchte.

DMAIC ist die Abkürzung für die fünf Phasen eines Projektes:

- **Define (Definition):** Worin besteht das Problem? Welche Ziele hat das Projekt? Wie wird das Projekt von anderen abgegrenzt?
- **Measure (Messung):** Welche Messkriterien werden zugrunde gelegt? Wie wird die derzeitige Prozessleistung (vgl. Kap. 6) gemessen? Welches sind die Qualitätsmerkmale? Welche (statistischen) Daten müssen gesammelt werden, um einen nachweisbaren Zusammenhang zwischen der Ursache für die bestehende Prozessleistung und der Wirkung auf den Prozess zu ermitteln?
- **Analyse (Analysieren):** Welche Ursachen hat der mangelhafte Prozess? Welche Beziehungen zwischen Ursache und Wirkung lassen die generierten Daten erkennen?
- **Improve (Verbessern):** Wie lässt sich das Problem lösen? Welche Verbesserungsmöglichkeiten gibt es?
- **Control (Überprüfen):** Wie wird die in der Improve-Phase gefundene Lösung im Unternehmen implementiert? Mit welchen Maßnahmen wird sichergestellt, dass die Prozessleistung dauerhaft Bestand hat?

7.3 Die Define-Phase

Die *Define*-Phase hat drei Aufgaben:

1. Aufbau eines gemeinsamen Verständnisses über den Projektauftrag
2. Schaffen einer gemeinsamen Wissensbasis über den zu optimierenden Prozess
3. Erarbeiten der Kundenanforderungen

7.3 Die Define-Phase

Ziel ist es, einen ersten Überblick über die Ausgangslage für die Prozessoptimierung aus der internen Sicht und aus der des Kunden zu erhalten.

7.3.1 Wesentliche Aufgaben des Projektleiters

In der Phase *Define* hat der Projektleiter im Wesentlichen folgende Aufgaben:

– Finden und Einbinden der Projektmitarbeiter
– Entwickeln von Teamrichtlinien und -regeln
– Abklären des Projektziels
– Aufzeigen des Optimierungspotenzials
– Erarbeiten und Fertigstellen der Projekt-Charta
– Aufnehmen der Kundenbedürfnisse
– Übersetzen der *Voice-of-Customer*-Anforderungen in kritische Kundenanforderungen
– Identifikation der Eingabe-, Prozess- und Ausgabemessgrößen bzw. -indikatoren
– Bestimmung und Darstellung der derzeitigen Ist-Situation
– Abschätzen des finanziellen Nutzens
– Identifizieren von *Quick Wins*.

7.3.2 Der Projektstart

Wenn der Projektleiter (im Allgemeinen *Black Belt*) die Verantwortung für ein Six-Sigma-Projekt übernimmt, so sollte selbstverständlich zuvor im Rahmen des strategischen Prozessmanagements (vgl. Abschn. 9.4) abgeklärt sein, dass das Projekt sinnvoll ist und einen erkennbaren Nutzen stiftet. Die Verantwortung dafür liegt in der Abteilung „Operational Excellence" (OE), die dem Projektleiter eine Dokumentation überreicht. Sie beinhaltet neben der Darstellung relevanter strategischer Inhalte auch eine Erklärung, was das Management vom Projektleiter, der den zu optimierenden Prozess verantwortet, erwartet einschließlich der Vorgabe von Zielwerten von Prozesskennzahlen.

7.3.3 Teamformierung und Kickoff-Veranstaltung

Der Projektleiter organisiert zu Beginn sein Projektteam und führt eine Kick-off-Veranstaltung durch, um die Projektmitarbeiter in die Aufgaben einzuführen. Wesentlich in dieser Veranstaltung ist die gemeinsame Erarbeitung der *Projekt-Governance* und eines ersten Entwurfs der zu erwartenden Stakeholder. Ziel ist es, dass das Team das Projekt versteht, den damit in Verbindung stehenden Geschäftsprozess darstellt, die Kundenanforderungen aufnimmt und sich selbst im Rahmen einer Teambildung für Maximalleistungen motiviert.

Die *Projekt-Governance* beschäftigt sich mit dem Informations-, Kommunikations- und Organisationsmanagement (vgl. Abschn. 11.4). Damit wird sichergestellt, dass alle am Projekt Beteiligten und Betroffenen auf eine transparente und vor allem effiziente Kommunikation aufbauen können. Es wird u. a. geregelt, wie Informationen und Dokumentationen erstellt sowie aufgearbeitet und wie alle projektrelevanten Informationen integriert werden. Außerdem legt das Team fest, wie im Rahmen des Projekts zusammengearbeitet wird. Ziel der *Governance* ist es, dass Fach- und Methodenexperten, Manager und Nicht-Manager im Projekt effizient zusammenwirken und den Zeit- und Ressourceneinsatz dabei so gering wie möglich halten sollen.

> ▶ Ziel ist es, dass das Team das Projekt versteht, den damit in Verbindung stehenden Geschäftsprozess darstellt, die Kundenanforderungen aufnimmt und sich selbst im Rahmen einer Teambildung für Maximalleistungen motiviert.

7.3.4 Die Projekt-Charta

Das Projektteam sollte gemeinsam mit dem Steuerungsausschuss schriftlich eine Projekt-Charta erarbeiten, die vertraglichen Charakter hat. Damit werden grundsätzliche Vereinbarungen getroffen, die den Projektumfang und die zu erzielenden Ergebnisse beinhalten. Vertragspartner sind neben dem Projektleiter auch der Projektsponsor und ein Mitglied der Abteilung „Operational Excellence". Die Projekt-Charta hat die Aufgabe, Klarheit und Eindeutigkeit für alle Beteiligten herzustellen. Der Vertragscharakter gewährt Sicherheit, dass es zu einem fortgeschritteneren Zeitpunkt des Projekts nicht zu energiezehrenden Diskussionen über das ursprüngliche Projektziel kommt.

> ▶ **Inhalt einer Projekt-Charta**
>
> 1. *Ausgangslage*
>   - Was ist nicht in Ordnung und läuft falsch?
>   - Welche Probleme sind in welchen Prozessbereichen zu finden?
>   - Wie können die Problemfelder beschrieben werden?
>   - Welchen Schmerz verursachen die Probleme bei unseren Kunden, bei uns intern, im Bereich der geschäftlichen Wirkung und der Mitarbeiter?
>   - Warum ist es aus strategischer Sicht sinnvoll, dieses Projekt durchzuführen?
> 2. *Business Case*
>   - Welchen monetären und nicht-monetären Nutzen hat das Projekt für das Unternehmen?
>   - Welche anderen Fachbereiche betrifft die Projektinitiative ebenfalls?
>   - Was ist der Fokus des Projekts?
>   - Unterstützt das Projekt einen oder mehrere Elemente der Geschäftsstrategie?

3. *Zielsetzung*
    Mit Hilfe der SMART-Formel (specific, measurable, accepted, realistic, timely) werden die Ziele definiert.
    - Welche Ergebnisse erwarten wir?
    - Wie kann der Erfolg gemessen werden?
    - Welche Ergebnisse sollte das Projektteam erzielen?
    - Welche Kenngrößen sollen verbessert werden?
    - In welchem Zeitrahmen?
4. *Projektumfang*
    Es werden die Grenzen des Projekts aufgezeigt und auch die Bereiche, die ausgeschlossen sind.
    - Welche Autoritäten hat das Projektteam?
    - Mit welchen Einschränkungen ist das Projektteam konfrontiert?
    - Kann das Projekt innerhalb von 4 bis 6 Monaten abgeschlossen werden?
    - Sind die budgetären Grenzen aufgezeigt und genehmigt?
5. *Kritische Erfolgsfaktoren*
    - Steht genug Zeit für die Projektarbeit zur Verfügung?
    - Wer ist berechtigt, in die finanziellen Daten Einsicht zu nehmen?
    - Hat das Team entsprechende Fähigkeiten und Ressourcen oder ist eine Kompetenzlücke zu schließen?
    - Wird dem Team eine Unterstützung von Seiten der IT zur Verfügung gestellt?

7.3.5 Im Fokus steht der Kunde – Voice of Customer

Selbstverständlich stehen die Anforderungen des (Prozess-)Kunden im Mittelpunkt der Prozessoptimierung. Mit Hilfe eines *Voice-of-Customer*-Verfahrens werden Aussagen der Kunden über ihre Bedürfnisse wie auch über den Prozess aufgenommen und schriftlich festgehalten. Jede Kundenaussage kann einer der folgenden fünf Dimensionen zugeordnet werden:

- Kostenvorteile und Gewinn aus einem Prozess in Form kundengerechter Preisbildung, Reparaturkosten, Verkaufspreise, Finanzzahlen, Preise inklusive Produktlebenszykluskosten
- Qualität in Form von Produkteigenschaften, Produktzuverlässigkeit, Verfügbarkeit eines Produktes oder einer Dienstleistung, Fehlerhäufigkeit
- Lieferung bzw. Liefertreue in Form von Lieferzeiten, Verspätungen, Rüstzeiten
- Service und Sicherheit in Form von Ersatzteilverfügbarkeit, Wartungs- und Garantieabhandlungen, Produktzuverlässigkeit, Produktsicherheit, After-Sales-Zuverlässigkeit

– Corporate Responsibility in Form von ethischen Geschäftsregeln, Einfluss auf die Umwelteinflüsse, Business Risk Management.

Gut ist es, wenn im Unternehmen ausreichend Daten über Kundenwünsche zur Verfügung stehen, damit die Lücken zwischen den Kundenanforderungen und der tatsächlichen Situation erkannt und geschlossen werden können. Noch besser ist es, wenn eine Struktur im Unternehmen existiert, die es ermöglicht, nicht näher spezifizierte Kundenanforderungen fortlaufend aufzunehmen.

Der Prozessablauf für die Generierung von Kundeninformationen läuft folgendermaßen ab:

Schritt 1: Erforderliche Informationen des Kunden identifizieren: Warum steht eine Geschäftsentscheidung an, und welche Geschäftsentscheidungen müssen gefällt werden? Welche Informationen sind dafür erforderlich, und welche Daten werden benötigt, um die Informationen zu generieren?

Schritt 2: Forschungsplan entwickeln: Es wird die Methodik bestimmt, wie viele Kunden auf welche Weise befragt werden sollen, z. B. durch persönliche Interviews, webbasierte Umfragen, Fragebogenversand usw. Die Fragen müssen so gestellt werden, dass eine Befangenheit vermieden wird, und die Antworten müssen auf einer Skala erfassbar sein. Andere Quellen für Kundendaten sind Aufzeichnungen über Beschwerden, Garantiefälle, Call-Center usw. Für die Analyse der Daten wird eine Vorgehensweise gewählt.

Schritt 3: Sammeln der „Kundenstimme": Ein Pilot-Fragebogen wird zunächst auf eine eingeschränkte Kundengruppe angewandt und nach erforderlichen Korrekturen breit verteilt.

Schritt 4: Kritische Kundenanforderungen definieren: Die aus der Kundenstimme erhaltenen Ergebnisse werden analysiert, vorteilhafterweise unter Einsatz von statistischen Werkzeugen, die der besseren Übersichtlichkeit halber durch eine Grafik ergänzt werden. Es werden also die anfangs nicht näher spezifizierten Kundenanforderungen in messbare und kritische Anforderungen (CTQ = *critical to quality*) übersetzt.

Schritt 5: Prozessmessgrößen entwickeln: Eine Soll-Größe für die Prozessleistung wird definiert. Um mögliche Abweichungen schon im Vorfeld identifizieren zu können, ist es notwendig, den laufenden Status der Prozessleistung zu überwachen. Prozessmessgrößen sind Ergebnisse aus einem Prozess und werden durch unterschiedliche Eingangs- und Prozessindikatoren beeinflusst. Daher mag es sinnvoll sein, alle Indikatoren zu überwachen.

Voice of Customer in einer Bank

In einer Schweizer Bank wurde das Prozessmanagement vom Topmanagement stark unterstützt. Als Projektsponsor brachte sich der Finanzleiter der Bank selbst ein. Er gründete sogar – eher die Ausnahme als die Regel – eine eigene *Voice-of-Customer-*

Abteilung, die tätig wurde, bevor das DMAIC-Verfahren auf zahlreiche Prozesse im Unternehmen im Rahmen eines intelligenten Prozessmanagements angewandt wurde. Jeder zuständige Projektleiter erhielt vor dem Start der Prozessoptimierung einen umfangreichen Ordner mit allen Kundenstimmen – eine ideale Grundlage, die die gesamte Prozessoptimierung sehr erleichterte und zum Erfolg beitrug.

7.3.6 Die Aufnahme des Ist-Prozesses

In einem Projektteam muss jene Klarheit geschaffen werden, die notwendig ist, um auch die weiteren Prozessschritte reibungslos zu bearbeiten. Damit alle Projektmitglieder den gleichen Kenntnisstand haben, ist die Erarbeitung und Dokumentation der derzeitigen Prozessabläufe, also die Aufnahme des Ist-Prozesses, erforderlich. Es ist wichtig zu verstehen und im Team zu kommunizieren, dass es zwei Gründe gibt, warum eine Prozessdarstellung an dieser Stelle sinnvoll ist:

1. Schaffen eines gemeinsamen Verständnisses: Wichtige Eingangs- und Ausgangsindikatoren sowie ergänzende Prozessinformationen werden im Rahmen von Diskussionsrunden aufgenommen. Das trägt zum gleichen Verständnis aller Beteiligten bei. Nur durch das gemeinsame Verständnis lässt sich später auch eine gemeinsame Lösung finden.
2. Aufnehmen von Leistungskenngrößen: Die Berücksichtigung von Kennzahlen ermöglicht dem Projektteam erstmalig die Anwendung einer faktenbasierten Darstellung. Diese bildet die Grundlage für den weiteren Projektverlauf.

7.3.7 Wesentliche Ergebnisse der Define-Phase

Wesentliche Ergebnisse der ersten Phase des DMAIC-Prozesses sollten sein:

– Die Projekt-Charta ist genehmigt.
– Die Möglichkeiten und Chancen der Prozessoptimierung sind identifiziert und validiert.
– Der Maßnahmenplan ist verabschiedet.
– Der zugrunde gelegte Ist-Prozess ist grob dargestellt und vom Team genehmigt.
– Die Kunden sind identifiziert.
– Die kritischen Kundenanforderungen sind bestimmt und in die CTQ übersetzt.
– Der Prozess ist mit zeitlichen, räumlichen und mengenmäßigen Dimensionen konkretisiert.
– Quick Wins sind identifiziert.
– Eine grobe Bewertung des Projektnutzens liegt vor.

- Die Manager im Steuerungsausschuss verstehen, dass effizientes Prozessmanagement eine laufende Aufgabe und dass Daten und Fakten dafür die Grundlage bilden.
- Das Stakeholder-Management ist gestartet.
- Der finanzielle Nutzen ist abgeschätzt.
- Das Projektteam hat sich zu einem leistungsstarken Team formiert.

Checkliste: Fragen, die Sie als Mitglied des Steuerungsausschusses dem Projektteam stellen sollten

- Ist der Inhalt der Projekt-Charta für alle schlüssig und können wir ihr zustimmen?
- Worin liegt der Grund für das Durchführen des Projektes?
- Erkennen wir alle den unternehmerischen Nutzen des vorliegenden Projektes?
- Ist das eigentliche Problem aus der Sicht des Sponsors und der Fachabteilung verstanden worden?
- Was soll am Ende des Projekts erreicht werden?
- Welche Beweggründe gibt es für die Auswahl der Projektmitglieder?
- Wie müssen wir die Kundenanforderungen verstehen? Werden dadurch auch andere Bereiche beeinflusst?
- Haben wir alle das gleiche Verständnis des vorliegenden Prozesses?
- Was sind die kritischen Prozessschritte?
- Welche Beweise liegen für die erste Abschätzung des monetären Nutzens vor?
- Was hat das Projektteam in Bezug auf die nächste Phase vor?

7.4 Die Measure-Phase

Die *Measure*-Phase konzentriert sich auf das Auffinden der wichtigsten Ausgabegrößen, die Planung und Durchführung der Datenerhebung und die Berechnung der derzeitigen Prozessleitung.

7.4.1 Wesentliche Aufgaben des Projektleiters

In der *Measure*-Phase hat der Projektleiter im Wesentlichen folgende Aufgaben:

- Finalisierte Bestätigung des Projektziels
- Ermittlung und visuelle Darstellung von Prozesskenngrößen
- Exakte Definition der Messgrößen (= Indikatoren), also operationale Definitionen und Erarbeitung eines Messplans
- Ermittlung einer Vorgehensweise zur effektiven Datensammlung über die Prozessleistung
- Grafische Darstellung und erstmalige Analyse der Daten im Rahmen der deskriptiven Statistik

7.4 Die Measure-Phase

- Berechnung der aktuellen Prozessleistung und -stabilität
- Durchführen einer FMEA (= *Failure Modes and Effect Analysis*) zur Reduktion der Anzahl der möglichen Variablen
- Identifikation kritischer Messgrößen, die die kritischen Kundenanforderungen beschreiben
- Präzisierung der Kundenanforderungen
- Anwendung der deskriptiven Statistik
- Berechnung des finanziellen Nutzens
- Regelmäßige Durchführung des Stakeholder-Managements

7.4.2 Identifikation kritischer Messgrößen

In der *Measure*-Phase identifiziert das Projektteam kritische Messgrößen, die für die Evaluierung und Bewertung des Erfüllungsgrades der ermittelten kritischen Kundenanforderungen notwendig sind. Mit Hilfe einer Datenerhebung werden die wesentlichen Leistungsfaktoren des zu analysierenden Prozesses ermittelt. Dazu führt das Projektteam erstmalig eine Six-Sigma-Berechnung durch.

Unter anderem wird der Sigma-Wert berechnet, also die Abweichung des Prozessergebnisses vom tatsächlichen oder erwarteten Mittelwert des Prozessziels. Je höher der Sigma-Wert, desto geringer die Anzahl der Fehler. Der Sigma-Wert wird sowohl während der *Measure*-Phase als auch nach Beendigung des gesamten Projektes gemessen. Der Vergleich beider Werte gibt Aufschluss darüber, ob und inwieweit sich der Prozess tatsächlich positiv verbessert hat. Insoweit ist der Sigma-Wert ein wesentliches Erfolgskriterium für die Arbeit des Projektteams.

7.4.3 Messung der drei wesentlichen Indikatoren

Leistungsindikatoren helfen dem Projektteam, die Wirtschaftlichkeit, Effizienz und Effektivität eines Prozesses zu messen, indem die Eingabe-, Prozess- und Ausgabeindikatoren eines Prozesses dargestellt werden.

Das Projektteam entwickelt ein erstes Verständnis, wie Prozess-Messgrößen mit kritischen Kundenanforderungen zusammenhängen. Der Prozess wird dabei im engeren Sinne mathematisch verstanden als eine Funktion zwischen Eingabe- und Ausgabeindikatoren. Als Ergebnis werden die Informationen hinsichtlich drei unterschiedlicher Indikatoren dargestellt:

> 1. Die *Eingabeindikatoren* zeigen auf, was ein Prozess benötigt, um ein Ergebnis zu erzielen. Eine dieser Eingabegrößen begründet den Start des Projekts.

2. Dem (oder den) *Prozessindikator(en)* ist/(sind) einzelne oder mehrere Prozessschritte in einem untergeordneten Teilprozess zugeordnet. Dazu gehören typischerweise Faktoren wie die benötigte Zeit und die Kosten in den Bereichen, in denen Verschwendung auftritt. Der Prozessindikator ist für die effektive Prozesssteuerung bedeutsam.
3. Die *Ausgangsindikatoren* zeigen auf, wie gut ein Prozess die Kundenanforderungen erfüllt oder übererfüllt.

Eingabeindikatoren messen die Quantität, Qualität und Pünktlichkeit bzw. Aktualität der für den Prozess notwendigen Ressourcen. Diese Indikatoren können auch Endergebnisse aus einem vorgelagerten Prozessergebnis sein.

Prozessindikatoren sind innerhalb des Prozesses anfallende Messgrößen. Typischerweise identifiziert man mit ihrer Hilfe Engpässe, ineffiziente Prozessschritte, Nacharbeit und abnormale Variationen. Prozessindikatoren messen, wie gut der Prozess eine Dienstleistung oder ein Produkt herstellt und wie gut die einzelnen Aktivitäten ablaufen.

Als *Ausgangsindikatoren* kommen theoretisch eine Reihe unterschiedlicher Messgrößen in Frage, doch nicht alle Größen sind für die Optimierung des Prozesses gleichermaßen wirkungsvoll. Einfluss auf die Entscheidung für die Auswahl haben die in der Define-Phase ermittelten Kundenanforderungen und die daraus abgeleitete CTQ-Messgröße. Somit kann ein *Vergleichswert* ermittelt werden zwischen dem vom Kunden mit seiner Anforderung vorgegebenen Wert und dem tatsächlichen aktuellen Wert.

Für die Ermittlung der Ausgangsindikatoren empfiehlt sich der Abgleich mit dem in der Projekt-Charta definierten Problem. Ist der Ausgangsindikator aussagekräftig und mit quantifizierbaren, prozessleistungsorientierten Datensätzen unterlegt, so kann das Projektteam prüfen, ob durch Optimierung des Indikators tatsächlich das Projektziel erreicht werden kann. Diese Aufgabe liegt komplett in der Verantwortung des Projektteams und ist nicht übertragbar.

Die Qualität der Eingabe- und Prozessindikatoren hat eine Wirkung auf das Prozess-Endergebnis, also den Ausgabeindikator. Es handelt sich um eine klassische Ursache-Wirkungs-Beziehung. Auf der Basis der zahlenmäßigen Darstellung der Ursache-Wirkungs-Beziehung kann das Projektteam die Frage beantworten, was, warum, an welcher Stelle und in welchem Umfang die Veränderung des Prozesses bewirkt. Die exakte Kenntnis der Zusammenhänge setzt die Grundlage zur Ermittlung und Bestimmung der Ursachen für die schlechte Prozessleistung.

7.4.4 Der Prozess der Datengenerierung

Die quantitative bzw. statistische Datenerhebung ist ein ganz wesentlicher Bestandteil der *Measure*-Phase. Sie begründet die Exaktheit in der nachfolgenden Optimierung, stellt sicher, dass die wahren – und nicht nur vermutete – Ursachen der Prozessmängel

7.4 Die Measure-Phase

herausgearbeitet werden und macht nicht zuletzt nach Beendigung des Prozesses die Ergebnisse quantifizierbar. Um aussagekräftige Indikatoren zu bekommen und an der Projektaufgabe arbeiten zu können, ist also eine Datengenerierung einerseits unverzichtbar, andererseits jedoch aufwendig und kostenintensiv. Es ist daher Aufgabe des Projektleiters, laufend das Kosten-Nutzen-Verhältnis im Auge zu behalten.

In vielen Fällen ist das Projektteam in dieser Phase abhängig von der IT-Abteilung, die erst die Datenerhebung technisch ermöglicht. Bei der Zusammenarbeit zwischen Projektteam und IT treffen oft zwei heterogene Welten aufeinander, die geschäftsorientierte und die technisch orientierte Denkweise, was zu Reibungen und Konflikten führen kann. Im Vorfeld sollte daher die Abteilung Operationale Exzellenz einen Prozess vorgeben, der einen reibungslosen Ablauf ermöglicht und die Schnittstelle zwischen den beiden „Fraktionen" definiert.

Die Datenerhebung vollzieht sich in folgenden Schritten:

1. Exakte Definition der Messgrößen
2. Exaktes Erarbeiten eines Messplans: Aufgrund des hohen Aufwands der Datenerhebung empfiehlt sich zum systematischen Vorgehen ein Messplan, der die Stichprobengröße, die Zeitpunkte der Stichprobenziehung und die mit der Ziehung beauftragten Personen festlegt.
3. Akkurates Aufnehmen der Daten unter Einhaltung des Messplans. Damit dies korrekt abläuft und eventuelle Abweichungen dokumentiert werden, sollte ein Projektmitglied die Datengenerierung beobachten und überwachen.
4. Aussagekräftige Darstellung der Daten: Mit Hilfe entsprechender Software lassen sich die gewonnenen Daten mittels beschreibender Statistik grafisch darstellen.

Aufgrund ihres hohen Aufwands ist die Datengenerierung selbst wiederum ein Prozess, der gemanagt werden sollte, damit sie so effektiv und ressourcenschonend wie möglich durchgeführt werden kann. Im Folgenden möchte ich zwei Werkzeuge für die Variablenreduktion vorstellen: die FMEA und die Ursachen-Wirkungs-Matrix.

7.4.5 Die FMEA (= Failure Modes and Effect Analysis)

Die FMEA, bekannt als Werkzeug zur Fehlervermeidung, kann hier eingesetzt werden. Dabei werden die klassischen *potenziellen Fehler (potential failure modes)* als mögliche Ausgabeindikatoren und die *potenziellen Fehlerursachen (potential failure causes)* als die möglichen Eingabeindikatoren angesehen.

7.4.6 Die Ursachen-Wirkungs-Matrix

Die Ursachen-Wirkungs-Matrix bringt die Ausgabeindikatoren qualitativ mit den Eingabe- und Prozessindikatoren in Verbindung und ermöglicht dem Projektleiter damit, die wesentlichen Messgrößen, die einen Einfluss auf die Ausgabegrößen haben, zu erkennen.

Mit Hilfe der Ursachen-Wirkungs-Matrix kann ein Prozessingenieur beispielsweise bestimmen, welche Prozesseingabegrößen den höchsten Einfluss auf die Farbe der Schokolade haben. In einem Dienstleistungsunternehmen kann ein Kundenbetreuer bestimmen, welche Eingabegrößen den höchsten Einfluss auf das Bestellverhalten des Kunden haben.

7.4.7 Prozessstabilität

Die statistische Bewertung eines Prozesses erlaubt eine Aussage darüber, ob ein Prozess stabil ist oder nicht. Ein Prozess muss immer zunächst stabil sein, bevor er optimiert werden kann. Merkmal eines stabilen Prozesses ist es, dass er beherrscht wird und nur gewöhnlichen Einflüssen unterliegt. Die daraus resultierenden Prozessabweichungen dürfen ein bestimmtes Maß nicht übersteigen. Dies sicher zu stellen ist Aufgabe des Managements. Abweichungen, die auf besondere Ursachen zurückzuführen sind, liegen jedoch in der Verantwortung der Prozessbeteiligten. Hinweise auf eine Stabilität sind z. B.: Es gibt keine einzelnen Ausreißer, die auf besondere Ursache hinweisen und die einzelnen Datenpunkte liegen ober- und unterhalb eines definierten Sollwertes. Ist das Prozessverhalten nicht stabil, müssen zuerst die besonderen und dann gegebenenfalls die gewöhnlichen, allgemeinen Ursachen analysiert werden.

7.4.8 Prozessfähigkeitsanalyse

Prozessfähigkeit liegt vor, wenn ein Prozess die vom Kunden vorgegebenen Qualitätsmerkmale innerhalb der vorgegebenen Toleranzgrenzen erfüllt. Die Prozessfähigkeitsanalyse zeigt auf, wie gut sich die gegebene Prozessverteilung innerhalb der Kundenanforderungen (Spezifikationsgrenzen) befindet. Die Bewertung der Prozessfähigkeit setzt voraus, dass ein Prozess stabil ist. Das nachfolgende Portfolio (Abb. 7.1) zeigt die Beziehung zwischen der aktuellen Prozessfähigkeit (bestimmt durch die Prozessvariation) und der verlangten Prozessfähigkeit (bestimmt durch die Kundenanforderung) auf.

– Feld 1, die „Sonne", kennzeichnet den Idealzustand: Der Prozess ist unter Kontrolle und erfüllt sämtliche Kundenanforderungen. Verbesserungsmöglichkeiten im Hinblick auf Kostenreduktion und Prozessgeschwindigkeit ergeben sich auch in diesem Falle, sind aber nicht dringend.

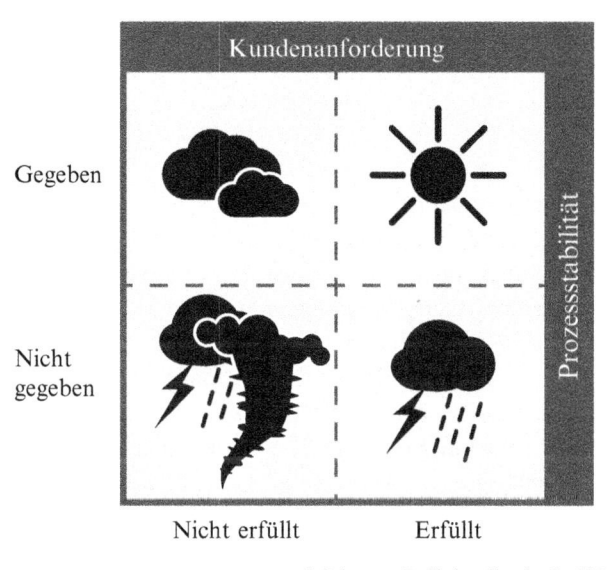

7.4 Die Measure-Phase

Abb. 7.1 Portfolio der Prozessfähigkeit

- Feld 2, die „Wolken", bezeichnet die Schwelle: Der Prozess ist unter Kontrolle und stabil, aber die Prozessabweichungen sind breiter als das Spezifikationslimit des Kunden. Hier kann *Design of Experiments* oder ein anderes Werkzeug angewandt werden, um die Prozessvariabilität zu reduzieren.
- Feld 3, das „Gewitter", bezeichnet den Rand des Chaos: Der Prozess ist zwar nicht unter Kontrolle, erfüllt aber die Kundenanforderungen. Die Ursachen für die Variation sollten identifiziert und eliminiert werden.
- Feld 4, der „Sturm", bezeichnet das Chaos: Der Prozess ist nicht unter Kontrolle, nicht stabil und erfüllt auch nicht die Kundenanforderungen. In diesem Fall werden die speziellen Ursachen für die Abweichung entfernt und der Prozess muss zuerst beherrscht werden. Anschließend kann an der Erfüllung der Kundenanforderungen gearbeitet werden.

Die Prozessfähigkeit wird durch verschiedene Prozessleistungsindizes oder durch den Prozess-Sigma-Wert zum Ausdruck gebracht. Dieser gibt an, wie oft ein Fehler zu erwarten ist, und beschreibt die Variation im Verhältnis zu der vom Kunden genannten Spezifikationsgrenze. Das methodische Vorgehen fokussiert dabei auf die Erhöhung des Prozess-Sigma-Wertes.

7.4.9 Wesentliche Ergebnisse der Measure-Phase

Die *Measure*-Phase sollte folgende Ergebnisse haben:

- Die Kundenanforderungen sind präzisiert.
- Etwaige Messsystemanalysen sind durchgeführt.
- Die Datenerhebung für die Eingangs-, Prozess- und Ausgabeindikatoren sind abgeschlossen, und die Daten liegen in geordneter und strukturierter Form vor.
- Die deskriptive Statistik ist auf die derzeitige Prozessleistung angewandt.
- Aussagen über die Prozessstabilität und -fähigkeit sind gegeben.
- Die aktuelle Prozessleistung ist z. B. mit dem Sigma-Wert berechnet.
- Der finanzielle Nutzen ist genauer berechnet worden.
- Die Arbeitsatmosphäre ist im Sinne der 4 Stufen der Teamentwicklung (norm, storm, form, perform) produktiv.
- Aussagen über die Stakeholder-Analyse sind getroffen.

Die geschätzte Ausgangslage mit Zahlen und Fakten untermauern
In der Marketingabteilung eines internationalen Konzerns wurden regelmäßig TV-Kampagnen mit einem Budget von 50 Millionen CHF geschaltet. Die Ausgangslage wurde folgendermaßen beschrieben: Der Zeitplan, die Verantwortlichen und auch die Zwischenergebnisse der Meilensteine waren nicht definiert. Die Prozess-Beteiligten klagten über erheblichen Mehraufwand, wie z. B. einen hohen Abstimmungsaufwand oder das Verfolgen von Zwischenergebnissen, insbesondere kurz vor der Freigabe einer TV-Kampagne. Es gab keinen definierten Startzeitpunkt für eine Kampagne, und die Durchlaufzeit wurde auf 15 Wochen geschätzt.

Unter anderem durch die Erstellung eines Messplans und die anschließende Datengenerierung in der *Measure*-Phase konnte das Projektteam die Ausgangslage im Sinne von Six Sigma mit Zahlen und Fakten wie folgt präzisieren:

- In etwa 65 Prozent aller Prozessaktivitäten war Nacharbeit notwendig.
- Die Freigabetermine für Kampagnen wurden kein einziges Mal eingehalten.
- Durch das Nichteinhalten von Meilensteinen zur Freigabe erhöhten sich die Kosten der Kampagnen um 10 Prozent, also um 5 Millionen CHF pro Jahr.
- Die vereinbarte Produktionszeit von 30 Tagen stand nicht zur Verfügung, da die Freischaltung zwischen 9 und 22 Tagen vor dem Start erfolgte. Diese Abweichung führte zu Mehrkosten von 450.000 CHF.

Anschließend wurde gemeinsam mit dem Projektsponsor die exakte Zielformulierung für das Optimierungsprojekt definiert und mit der Fachabteilung sowie dem Projektteam vereinbart:

1. Die Gesamtdurchlaufzeit von derzeit durchschnittlich 15 Wochen sollte innerhalb von 6 Monaten auf 8 Wochen reduziert werden.
2. Im gleichen Zeitraum sollte die Anzahl der Prozesse, die auf Anhieb fehlerfrei durchlaufen (sog. *First Pass Yield*) von 65 auf 80 Prozent erhöht werden.

Checkliste: Fragen, die Sie als Mitglied des Steuerungsausschusses dem Projektteam stellen sollten

- Wie ist die Datenerhebung durchgeführt worden?
- Welche Daten sind gesammelt worden und was wurde dabei herausgefunden?
- Warum hat das Team entschieden, genau diese Daten zu sammeln?
- Woher stammen die Daten?
- Wer von der IT war bei der Datenermittlung inkludiert?
- Wie gut ist das Messsystem?
- Welche Erkenntnisse gewinnen wir aus den Daten?
- Welchen nachvollziehbaren Zusammenhang gibt es zwischen Ursachen und Wirkungen?
- Wie will das Projektteam mit den ermittelten Daten weiter verfahren?
- Haben sich die Definition und die Aufgaben des Projekts verändert, wenn ja, in welcher Art?
- Wo stehen wir mit der aktuellen Prozessleistung im Vergleich zu anderen Prozessen?
- Was hat sich beim finanziellen Nutzen im Vergleich zur vorhergehenden Phase geändert?
- Falls die Prozessstabilität nicht von Anfang an gegeben war, was waren die Gründe?
- Was sind die wesentlichsten Daten, die in diesem Prozess notwendig sind?
- Wie lauten genau die Kundenanforderungen und stimmt die Fachabteilung darin überein?
- Wie sieht die grafische Darstellung aus?
- Welche Messsystemanalysen waren notwendig und was können wir für andere Messmittel daraus lernen?
- Wie geht das Team in der nächsten Phase vor?

7.5 Die Analyze-Phase

In der *Analyze*-Phase werden die gesammelten Daten priorisiert (= stratifiziert); das heißt, aus der Gesamtmenge an Daten werden, nach Größe sortiert, Teilmengen gebildet mit dem Ziel, die Hauptursache(n) für den Prozessmangel und damit den „Hebel" zu finden, an dem sich mit dem geringsten Veränderungsaufwand die größtmögliche Optimierung des Prozesses bewirken lässt. Die Bestimmung der Hauptursachen eines Problems ist das Ziel jeder Six-Sigma-Prozessoptimierung. Denn nur dadurch, dass die genaue Ursache für

Kundenunzufriedenheit und schlechte Prozessergebnisse ermittelt wird, können Prozesse verbessert werden. Dabei stellen Eingabe- und Prozess-Messgrößen jene Faktoren dar, die innerhalb des Prozesses die Hauptursachen für die Abweichung der Ausgabe-Messgröße sind. Die Abweichungen der Ausgabe-Messgröße verursacht Prozessfehler.

In dieser Phase erarbeitet das Projektteam eine spezifische Beschreibung der Problemursachen, die in der nächsten Phase beseitigt werden. Gab es in der *Measure*-Phase noch eine breite „Streuung" möglicher Ursachen für die Probleme im Prozess, so verengt sich in dieser Phase der Blick auf die Hauptursachen, die identifiziert und verifiziert werden.

> ▶ Die Mitglieder des für die Prozessoptimierung verantwortlichen Projektteams wie auch der Steuerungsausschuss müssen den Unterschied zwischen verschiedenen Arten von Hauptursachen kennen und verstehen lernen:
>
> – Die *möglichen* Hauptursachen werden im Rahmen einer Brainstorming-Session ermittelt. Hier steht Quantität vor Qualität.
> – Die *wahrscheinlichen* Hauptursachen sind eine Teilmenge aus den möglichen Hauptursachen und werden auf der Basis vertieften Fachwissens aus diesen selektiert. Hier steht Qualität vor Quantität.
> – Die *tatsächlichen* Hauptursachen sind schließlich jene, die mittels geeigneter statistischer Werkzeuge und Modelle unter den wahrscheinlichen verifiziert worden sind. Für sie werden in der *Improve*-Phase geeignete Lösungsideen entwickelt und umgesetzt.
>
> Das mehrschrittige Verfahren, aus den möglichen am Ende die tatsächlichen Hauptursachen für einen Prozessmangel herauszufinden, kann man sich wie einen Trichter vorstellen, der im Bereich der wahrscheinlichen Ursachen seine größte Ausdehnung hat und im Bereich der tatsächlichen Ursachen am engsten ist; von der *Measure*- zur *Control*-Phase wird die Anzahl der möglichen Hauptursachen immer kleiner (vgl. Abb. 7.2).

7.5.1 Wesentliche Aufgaben des Projektleiters

In der *Analyze*-Phase hat der Projektleiter folgende Aufgaben zu erfüllen:

- Stratifizierung der Daten und Erkennen spezifischer Probleme der Durchführung der Prozessanalyse
- Entwicklung eines Problem-Statements für schlechte Prozessleistungen
- Erarbeitung ausführlicher Ursache-Wirkungs-Diagramme
- Ermittlung der Gründe für Prozessabweichungen

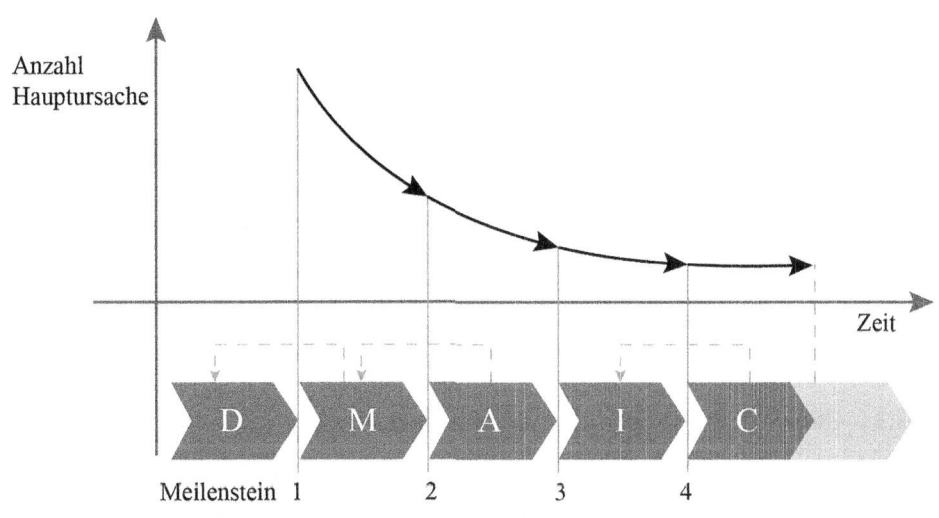

Abb. 7.2 Eingrenzung der Hauptursachen

- Verifikation der Hauptursachen mittels Durchführung von Hypothesentests
- Überprüfen der Stakeholder-Matrix
- Überprüfen des finanziellen Nutzens

7.5.2 Das Auffinden der Hauptursachen

Um aus den möglichen die wahrscheinlichen und die tatsächlichen Ursachen herauszufiltern, gibt es eine große Anzahl von Werkzeugen, die hier nur kurz erwähnt werden können.

Nützlich ist z. B. das *Ishikawa-Diagramm* (auch als *Cause-and-Effect-Diagram* oder *Fishbone-Diagramm* bezeichnet), mit dessen Hilfe die möglichen Ursachen näher betrachtet und in der Tiefe aufgeschlüsselt werden, um dadurch die 3 bis 4 wahrscheinlichsten Ursachen zu bestimmen. Mittels statistischer Tests wird anschließend mathematisch überprüft, ob die Hypothesen über die tatsächlichen Hauptursachen anzunehmen oder zu verwerfen sind. Wenn statistisch – z. B. mittels einer *Korrelations- oder Regressionsanalyse* – ein Nachweis erbracht werden kann, dass ein mathematischer Zusammenhang zwischen einer wahrscheinlichen Hauptursache und dem Prozessergebnis besteht, so ist die oder eine der tatsächlichen Hauptursachen gefunden.

> ▶ Die Anwendung der Statistik ist wichtig, weil sie die *erforderliche Präzision* in der Ermittlung der Ursachen für Prozessfehler bringt. Genau diese mathematische Genauigkeit ist es, die den Unterschied zwischen einem „Quick-and-dirty"-Verfahren und einem strukturierten methodischen Vorgehen nach DMAIC ausmacht.

Verzichtet man auf diese Präzision, so besteht die Gefahr, dass man die Ursachen nur adhoc aus einem „Bauchgefühl" heraus ermittelt und den Prozess nachher nicht wirklich optimiert, sondern „verschlimmbessert", weil man an den falschen Stellschrauben dreht. Das wäre so, als ob man von der Phase D = *Define* direkt zur Phase I = *Improve* spränge, aber die Phasen M = *Measure* und A = *Analyze* ausließe. Doch „Verschlimmbesserungen" bestehender Probleme würden nur dazu führen, dass nach kurzer Zeit die gleichen Prozessfehler erneut aufträten. Oder schlimmer noch: Gut funktionierende Abläufe könnten durch Eingriffe an der falschen Stelle sogar erheblich gestört werden, so dass zusätzlich neue, bisher unbekannte Prozessfehler aufträten.

7.5.3 Wesentliche Ergebnisse der Analyze-Phase

Am Ende der *Analyze*-Phase sollten

- wertschöpfende und nicht-wertschöpfende Prozessaktivitäten identifiziert sein,
- Verschwendungen identifiziert sein,
- die Daten nach dem Pareto-Grundgedanken priorisiert (= stratifiziert) sein, das heißt ermittelt sein, wo mit dem geringsten Aufwand die größte Wirkung zu erzielen ist,
- verständliche Problem-Statements für die schlechte Prozessleistung formuliert vorliegen,
- ausführliche Ursache-Wirkungs-Diagramme erarbeitet sein,
- die Hauptursachen für die schlechte Prozessleistung identifiziert und validiert sein,
- die Wechselwirkungen zwischen Ursachen und Wirkungen bekannt sein,
- Aussagen über Stakeholder-Management vorliegen,
- der finanzielle Nutzen verfeinert sein.

Checkliste: Fragen, die Sie als Mitglied des Steuerungsausschusses dem Projektteam stellen sollten

- Welche Prozessschritte verursachen die größten Verzögerungen, die größten Qualitätsprobleme usw.?
- Welche Eingabeindikatoren beeinflussen das Prozessergebnis in welcher Art?
- Was hat das Projektteam unternommen, um sicherzustellen, dass die vergangenheitsbezogenen Daten auch tatsächlich richtig sind?
- Welche Ursachen sollten in den beiden folgenden Phasen eliminiert werden?
- Warum hat sich das Projektteam auf genau diese Hauptursachen fokussiert?
- Welche anderen möglichen Ursachen kommen in Frage oder können definitiv ausgeschlossen werden?
- Welche Belege kann das Projektteam vorbringen, um sicherzugehen, dass die identifizierten Ursachen tatsächlich diejenigen sind, die die Probleme geschaffen haben?

- Warum kann sich das Projektteam sicher sein, dass die identifizierten Ursachen, die eliminiert werden sollen, auch tatsächlich einen Einfluss auf die Prozessleistung haben werden?
- Welche Erkenntnisse nimmt das Team in die nächste Phase für die Lösungsfindung mit?
- Haben diese Erkenntnisse einen Einfluss auf den finanziellen Nutzen des Projekts?
- Wenn nicht-wertschöpfende Elemente identifiziert worden sind: Unter welchen Umständen können sie eliminiert werden? Welche Konsequenzen hat das für das Unternehmen und/oder andere Fachbereiche?

7.6 Die *Improve*-Phase

Die *Improve*-Phase hat drei Aufgaben:

1. Finden kreativer Lösungsideen für das Problem des dysfunktionalen Prozesses
2. Austesten der verschiedenen Ideen, um die geeignetste Lösung zu finden, einschließlich Durchführung von Feldversuchen (auch „Pilotversuche" genannt)
3. Implementierung der gefundenen Lösung in der betreffenden Fachabteilung.

Ziel ist es letztlich, die Prozessleistung entsprechend der in der *Define*-Phase festgelegten Definition zu verbessern.

7.6.1 Wesentliche Aufgaben des Projektleiters

Der Projektleiter sollte in der *Improve*-Phase

- neue Lösungen mit seinem Team entwickeln, auswählen, verfeinern, testen und dokumentieren,
- wenn erforderlich, Experimente zum Finden der optimalen Lösung durchführen,
- den neuen Soll-Prozess dokumentieren,
- einen Change-Management-Umsetzungsplan erarbeiten und vom Steuerungsausschuss sowie dem Fachvorgesetzten genehmigen lassen,
- die neue umzusetzende Lösung im Rahmen eines Pilotversuchs testen, den Test leiten und durchführen,
- Verbesserungen, die sich aus dem Pilotversuch ergeben, aufnehmen und verifizieren,
- die Lösung mit allen Stakeholdern besprechen,
- die Implementierung der neuen Lösung im Unternehmen begleiten und unterstützen und
- den finanziellen Nutzen abschließend bewerten.

7.6.2 Vorteile der gründlichen Datenerhebung

Für Führungskräfte, die sich bisher wenig mit Prozessmanagement beschäftigt haben, mag es erstaunlich sein, wie ausführlich man sich im Rahmen des DMAIC-Verfahrens mit der mathematisch-statistischen Datenerhebung und -auswertung befasst, bevor es wirklich daran geht, „Hand anzulegen", also den Prozess durch das Tun der Mitarbeiter neu zu gestalten. Erst jetzt, in der vierten Prozessphase, geht es wirklich ans „Eingemachte", während alle drei Phasen zuvor im weitesten Sinne mit „theoretischen" Arbeiten zur Ursachenerkennung und zum Aufbau eines vertieften gemeinsamen Verständnisses beschäftigt waren. Gerade Manager, die einen hohen Wert auf Aktivität legen und sich als Macher verstehen, haben aus diesem Grund immer wieder Vorbehalte gegen Prozessmanagement, weil sie es als zu aufwendig ansehen, (obwohl es natürlich auch andere Methoden gibt, in denen die quantifizierte Datenerfassung weniger ausführlich erfolgt). Nochmals sei daher der Nutzen dieses Verfahrens hervorgehoben:

> ▶ Die ausführliche Erhebung, Strukturierung und Auswertung der Daten im Rahmen eines Prozesses hat die Aufgabe, die Ursachen für Prozessprobleme sauber herauszuarbeiten. Letztlich ermöglicht es die Datenanalyse auch, nach dem Ausschlussprinzip Indikatoren auszuschließen, die *keinen* Einfluss auf das unbefriedigende Prozessergebnis haben. Das erleichtert die nachfolgende Verbesserung enorm und minimiert den Aufwand des Tuns, weil bei den praktischen Verbesserungen nicht „im Nebel gestochert", nach dem Trial-and-Error-Prinzip oder adhoc mittels „Firefighting" vorgegangen werden muss, sondern *punktgenau* an den erkannten Schwachstellen angesetzt werden kann. *Proper prior planning prevents poor performance,* wie ein englisches Sprichwort sagt.
>
> Nicht immer müssen Datenerhebungen aufwendig sein. Es gilt: Je komplizierter ein Prozess, je mehr Teilschritte und Unterprozesse er umfasst, je mehr Aufgaben oder Mitarbeiter er umschließt, je höher die Qualitätsanforderungen der Kunden sind, desto notwendiger ist die sorgfältige Durchführung der Phasen *Define, Measure* und *Analyze,* bevor es an das Finden und Einführen konkreter Verbesserungen geht.

7.6.3 1. Schritt: Lösungen entwickeln, auswählen und verfeinern

Bis hierher hat das Team das Problem richtig definiert, verstanden, wie Abweichungen das Prozessergebnis beeinflussen und die Hauptursachen identifiziert. Jetzt findet es kreative Lösungsideen. Die Lösungsfindung sollte ebenfalls einem *strukturierten* Ablauf folgen: Zuerst werden so viele Ideen wie möglich gesammelt, anschließend werden die gefundenen Ideen organisiert und strukturiert, und zuletzt werden die zur Anwendung kommenden Ideen verabschiedet. Populär ausgedrückt, geschieht dies im Zusammenspiel zwischen der rechten, kreativen und der linken, analytischen Gehirnhälfte.

Innovative Lösungen zu definieren heißt, gefundene Ideen in umsetzbare, anwendbare Lösungen zu transformieren, die zur Optimierung des Prozesses führen.

Eine große Gefahr in dieser Phase besteht darin, der kreativen Lösungsfindung nicht genügend Zeit einzuräumen. Nach dem Aufwand, den die vorausgegangenen Phasen mit sich brachten, könnte es an Geduld fehlen, sich nunmehr intensiv und strukturiert der Lösungsfindung zuzuwenden, weil man die Lösung vermeintlich schon zu kennen glaubt oder sich inzwischen andere, „dringendere" Aufgaben vorschieben. Doch damit würden alle Bemühungen der vorangegangenen Phasen zunichte gemacht! Schlimmer noch: Die konkrete Verbesserung des Prozesses bliebe entweder ganz aus oder wäre suboptimal. Deshalb ist es entscheidend, in dieser Phase nicht in den Bemühungen nachzulassen, sondern durchzuhalten, bis die optimale Lösung gefunden, getestet und implementiert ist. Dazu ist es erforderlich, dass die Teammitglieder weiterhin motiviert sind und die notwendige Bereitschaft zur Veränderung mitbringen.

Empfehlenswert ist es, Aspekte des Lean Managements in die Lösungsfindung miteinzubeziehen. (Das setzt voraus, dass zuvor in der *Define*- und der *Measure*-Phase die für eine Lean-Lösung relevanten Informationen und Daten aufgenommen worden sind.) Während Six Sigma die qualitätsorientierten Komponenten einer Lösung ansprechen, zielen Lean-Lösungen auf die zeitliche Komponente ab. Somit können sowohl Zeit als auch Qualität optimiert werden, und Six Sigma wird zu „Lean Six Sigma".

Nach den im Unternehmen vereinbarten Notationsrichtlinien wird der Soll-Prozess zuletzt dokumentiert. Welche Werkzeuge und Modellierungsarten verwendet werden, hängt davon ab, welche Anforderungen das Unternehmen an die Dokumentation hat. Der dokumentierte Prozess ist Grundlage für die Control-Phase.

Die FMEA kann dazu verwendet werden, das verbleibende Risiko nach der Umsetzung der gefundenen Lösung abzuschätzen. Sie kann ebenfalls für eine erneute Risikobetrachtung herangezogen werden.

7.6.4   2. Schritt: Einen Pilotversuch durchführen

Um sicherzugehen, dass eine vorgeschlagene und vom Team vereinbarte Lösung im vollen Umfang funktioniert, ist es sinnvoll, diese in einem eingeschränkten Rahmen zu testen. So kann festgestellt werden, ob die vorgesehene Lösung noch angepasst werden muss.

In die Testphase sollte außer dem für die Prozessoptimierung verantwortlichen Projektteam jetzt auch bereits die Fachabteilung einbezogen werden, in deren Bereich das zu lösende Problem besteht. Es ist sinnvoll, aus Mitgliedern des Projektteams und der Fachabteilung ein „Implementierungsteam" zu bilden. Die gemeinsame Suche nach den richtigen Umsetzungsschritten und das gemeinsame Anpacken hilft der Fachabteilung, die vom Optimierungsteam definierte Lösung auch zu der ihren zu machen. Zudem hat das gemeinsame Vorgehen für beide Lerncharakter. Die Leitung des Implementierungsteams übernimmt der Projektleiter, der die Zusammenarbeit moderiert, aber keine bestimmte Lösung vorgeben sollte.

Durch das Testen der Lösung kann deren Akzeptanz gesteigert werden. Durch die ergänzende Anwendung einer FMEA kann das Fehlerrisiko der Lösung verringert werden. Die Daten des Tests werden aufgenommen, um zu überprüfen, ob die Kundenanforderungen tatsächlich abgedeckt werden können und ob das in der Projekt-Charta vereinbarte Projektziel tatsächlich erreicht wird. Ich empfehle, das Ergebnis statistisch mittels eines Hypothesentests zu prüfen, um zu sehen, ob es tatsächlich einen signifikanten Unterschied zwischen der Ausgangslage und der Lösungsumsetzung gibt.

> **Geglückter Test an drei Pilotstandorten**
>
> In einem Schweizer Transportunternehmen wurden im Rahmen einer Six-Sigma-Implementierung die Prozesse der Lagerbewirtschaftung optimiert. In Abstimmung mit dem Projektsponsor einigte sich das Projektteam darauf, die optimierten Prozesse an den drei Standorten Sargans, Lausanne und Bern zu pilotieren (= testen).
>
> Das Projektteam stellte an jedem Standort ein eigenes Umsetzungsteam auf, bestehend aus zwei Mitgliedern und unterstützenden Lager-Verantwortlichen. Der jeweilige Lagerleiter wurde als der Verantwortliche für das Ergebnis des Standort-Piloten definiert. Oberstes Ziel war die Sicherstellung des Betriebs nach Einführung des neuen Prozessablaufes. Dies hatte darum eine hohe Bedeutung, da jeder Lagerstandort dafür verantwortlich war, dass bei Pannen im Schienennetz sofort Reparaturen durchgeführt werden konnten; das musste auch während der Durchführung des Tests hundertprozentig gewährleistet sein. Die Einführung wurde durch umfassende Hilfsmittel begleitet.
>
> Nach Durchführung der an den drei Standorten parallel ablaufenden Tests wurde ein Resümee gezogen und aus den Ergebnissen gelernt. Anschließend war die nahezu reibungslose Implementierung der optimierten Lagerbewirtschaftsprozesse in der gesamten Schweiz möglich.

▶ Der Durchführung von Testläufen, ob die vom Team gefundene Lösung funktioniert, kommt eine hohe Bedeutung zu. Tests verringern einerseits das Risiko, eine ungeeignete Lösung zu implementieren, und helfen andererseits, eine gefundene Lösung noch weiter zu verbessern, bevor sie im gesamten Fachbereich umgesetzt wird.

7.6.5 3. Schritt: Die Lösung implementieren

Ist die beste Lösung gefunden, gegebenenfalls optimiert und ein Feldversuch erfolgreich durchgeführt worden, so ist die Implementierung nicht mehr schwierig, zumal wenn das Implementierungsteam tatkräftig mithilft. Die Implementierung sollte von der

Fachabteilung, in der der betreffende Prozess verändert wird, eigenverantwortlich durchgeführt werden. Das Projektteam unterstützt diese Aufgabe, indem es einen Umsetzungsplan mit folgenden Elementen erstellt:

1. Darstellung der Analyse des zu beseitigenden Problems: Dazu gehören neben dem Optimierungsziel gegebenenfalls auch Analyseergebnisse, Prozesserkenntnisse, Meilensteinpräsentationen usw.
2. Erstellen von Standards und Anweisungen: Es werden ordentliche Verfahren und Standardanweisungen beschrieben, damit der Prozess weiterhin kontrollierbar ist. Wichtig ist, dass alle Hierarchieebenen von der Führungskraft bis zum Sachbearbeiter jeweils das notwendige Verständnis und Wissen für die Verbesserungen erhalten; dazu können beispielsweise Checklisten, Messgrößen, Flussdiagramme und Arbeitsanweisungen gehören.
3. Sicherstellung des Implementierungsplans: Dieser enthält Meilensteine, Projektplan und Verantwortlichkeiten.

Die Frage ist nun, auf welche Weise sich die Lösung am besten im betreffenden Fachbereich implementieren lässt. Grundsätzlich kommen zwei Verfahren in Frage: eine Schritt-für-Schritt-Umsetzung, die sich über einen längeren Zeitraum hinzieht, oder eine Big-Bang-Umsetzung, die schlagartig den neuen Prozess einführt und den alten parallel dazu „absterben" lässt.

Vor der Implementierung schrecken viele Manager aus persönlichen Gründen zurück: Aus einer „Transparenzangst" heraus befürchten sie, dass Unzulänglichkeiten im eigenen Arbeitsbereich sichtbar werden könnten (vgl. Abschn. 11.3). Oftmals werden dann Vorwände gebracht, man habe nicht genug Zeit, man könne es sich nicht leisten, die Arbeit längere Zeit liegen zu lassen, um etwas Neues einzuführen usw. Doch wenn man auf die Umstellung verzichtet, bedeutet dies nichts anderes, als dass alle vorangegangenen Arbeiten – die Phasen D, M, A und der Anfang von I – vergeblich unternommen worden sind. Ich möchte in diesem Zusammenhang noch einmal an das Beispiel der Säge erinnern: Der Waldarbeiter glaubte, keine Zeit zu haben, seine Säge zu schärfen, während er gleichzeitig mit der stumpfen Säge weiterarbeitete und immer schlechtere Resultate erzielte (vgl. Abschn. 2.5).

Meist stellen sich Führungskräfte die Implementierung viel schlimmer vor, als sie tatsächlich ist. Die exzellente Vorbereitung in den vorangegangenen Phasen bis hin zur Durchführung von einem oder mehreren Pilotversuchen sorgen dafür, dass die Umsetzung in den weitaus meisten Fällen fast reibungslos verläuft – viel reibungsloser als die „Firefighting"-Aktionen (vgl. Abschn. 2.5), die in vielen Unternehmen an der Tagesordnung sind und strukturierte Lösungen verhindern. Die Umsetzung ist mit den typischen Merkmalen eines Change- bzw. Transformationsprozesses behaftet (vgl. Abschn. 2.4 und Abschn. 11.2) und funktioniert dann am besten, wenn eine entsprechende Kultur im Unternehmen geschaffen wurde, die Veränderungen begünstigt.

> **Umstellung von alt auf neu – „Operation am offenen Herzen"**

In einem Versicherungsunternehmen waren täglich ca. 350 Kundenanträge zu bearbeiten. Es wurde der „Big-Bang"-Weg gewählt, um innerhalb von drei Tagen die Lean-Lösungen, die im Rahmen des Six-Sigma-Projektes erarbeitet worden sind, in allen Facetten zu implementieren. Dazu wurde die betreffende Abteilung in verschiedene Bereiche unterteilt, Arbeitsplätze wurden verschoben und Teams neu zusammengestellt. Auch Schnittstellen zwischen verschiedenen Bereichen wurden optimiert und das Archivierungssystem für die Kundenanträge angepasst.

Dem für das Archiv zuständigen Mitarbeiter wurde die neue Lösung genauestens erklärt, so dass er anschließend in der Lage war, das Archiv eigenverantwortlich neu zu gestalten. Der Mitarbeiter erklärte wiederum seinen Kollegen den Sinn der neuen Struktur. Alle Mitarbeiter informierten und schulten sich gegenseitig darin, wie die neuen Abläufe auszusehen hatten.

In dieser Phase wurde mit dem Team immer wieder ein Test-Kundenantrag durch den neuen Soll-Prozess befördert, um auf alle Details einzugehen. Dies geschah so lange, bis alle Mitarbeiter in ihrem jeweiligen Bereich den Prozess fehlerfrei und eigenverantwortlich durchführen konnten.

Logischerweise waren am Ende des zweiten Tages bereits 700 Kundenanträge unbearbeitet geblieben; es hatte sich also schon ein gewaltiger „Stau" gebildet, der dann am dritten Tag auf rund 1000 Anträge anschwoll. Das Team war sich von Anfang an bewusst, dass die Prozessgeschwindigkeit durch die Umstellung von alt auf neu zunächst extrem langsam sein würde. Doch wuchsen die Zuversicht und das Vertrauen in die neue Lösung stetig an. Selbst am dritten Tag kam trotz des Riesenbergs unerledigter Arbeiten keine Unruhe im Team auf.

Als man am Ende des vierten Tages schließlich erkannte, dass 450 Kundenanträge bearbeitet worden waren, wurde der wahre Wert der neuen optimierten Lösung offensichtlich. Das Team bestätigte nach der Implementierung, dass die neue Vorgehensweise trotz anfänglicher Skepsis das einzig richtige Vorgehen war.

▶ Wurden die vorangegangenen Phasen und Schritte mit der gebotenen Sorgfalt und Präzision vorbereitet, so gestaltet sich die Implementierung der neuen Lösung im Unternehmen meist sehr viel reibungsloser als vielfach vermutet. Empfehlenswert ist eine Big-Bang-Umsetzung, die innerhalb weniger Tage den neuen Prozess einführt und dabei vorübergehende Engpässe in Kauf nimmt.

7.6.6 Wesentliche Ergebnisse der Improve-Phase

- Die Lösungsideen sind gelistet und gruppiert.
- Wirkungsvolle Lösungen sind identifiziert, evaluiert und ausgewählt.
- Die Konsequenzen der Implementierung für die Organisation sind bekannt.

- Der Organisation steht ein neuer dokumentierter Prozess zur Verfügung.
- Der Implementierungsplan mit einer Übersicht über Meilensteine und eine Risikobewertung sind vorhanden.
- Es sind einer oder gegebenenfalls mehrere Tests zur Einführung der Lösung durchgeführt worden.
- Die neue Lösung ist im Fachbereich implementiert.
- Die Kosten-Nutzen-Berechnung ist abgeschlossen.
- Der finanzielle Nutzen ist berechnet.

Checkliste: Fragen, die Sie als Mitglied des Steuerungsausschusses dem Projektteam stellen sollten

- Welche Maßnahmen zur Optimierung der Prozessleistung hat das Projektteam vereinbart?
- Warum hat sich das Implementierungsteam darauf geeinigt, genau die vorgeschlagenen und keine anderen Lösungen zu implementieren?
- Welche Kriterien standen dafür zur Auswahl und kamen zur Anwendung?
- Wurde dabei an die Finanzierung gedacht?
- Wie groß ist der exakte finanzielle Nutzen?
- Warum hat sich das Projektteam für einen Pilotversuch bzw. Testlauf entschieden?
- Wie ist die Ausprägung dieses Pilotversuchs?
- Was sind die möglichen Konsequenzen, wenn die Lösung realisiert wird?
- Was sind die wesentlichen Erkenntnisse und die höchsten Risiken aus der durchgeführten FMEA?
- Was plant das Projektteam, um diesen Risiken entgegenzutreten?
- Ist der Soll-Prozess in einer Art dokumentiert, dass die betroffenen Mitarbeiter unmissverständlich danach arbeiten können?
- Wer hat außer dem Projektteam an der Lösungsfindung noch mitgewirkt?
- Wurden andere, ebenso vielversprechende Lösungen verworfen? Wenn ja, welche?
- Welche Kosten sind für die geplante Lösung zu veranschlagen?
- In welchem Rahmen erhöhen sich die Fixkosten im Prozess?
- Wie lange dauert die gesamte Umsetzung der Lösung?
- Wie wird das Tagesgeschäft während der Umsetzung betroffen sein?
- Mit welchen Risiken ist während der Implementierung zu rechnen?

7.7 Die *Control*-Phase

Aufgabe der *Control*-Phase ist es, ein Prozess-Controlling zu implementieren. Damit soll sichergestellt werden, dass das in den vorangegangenen Phasen Erarbeitete im Unternehmen seine Wirkung entfaltet und nachhaltig verankert wird. Das Projektteam erarbeitet ein Übergabedokument, das wesentliche Erkenntnisse darlegt und zudem die notwendigen Informationen, damit die zuständige Fachabteilung, in deren Bereich der Prozess abläuft, selbständig die Überwachung und Leitung des Prozesses durchführen kann. Es muss eine eindeutige *Übergabe* der Aufgaben an die Fachabteilung geschehen, denn das Projektteam wird nach Beendigung des Projektes aus dem Geschehen ausscheiden und ist dann nicht mehr zuständig.

7.7.1 Wesentliche Aufgaben des Projektleiters

Der Projektleiter sollte in dieser Phase

- Standardisierungen und Replikationen identifizieren,
- wenn möglich, die nächsten Schritte und Pläne für zusätzliche Verbesserungsmöglichkeiten aufstellen,
- die nächsten Schritte und Pläne für zusätzliche Gelegenheiten aufstellen,
- die Implementierung vorbereiten,
- einen Prozess-Controlling-Plan (PCP) erarbeiten, der Fachabteilung übergeben und die Prozessleistung überwachen,
- Unterstützung anbieten, um kleinere Prozessanpassungen in den täglichen Arbeitsalltag zu integrieren,
- die Projektergebnisse statistisch überprüfen,
- gelernte Lektionen notieren,
- den finanziellen Nutzen verifizieren,
- das Projekt ordnungsgemäß abschließen,
- die Projektarbeit würdigen.

7.7.2 Erarbeitung und Übergabe eines Prozess-Controlling-Plans (PCP)

Das Projektteam erarbeitet einen Prozess-Controlling-Plan, der das im Rahmen des DMAIC-Prozesses entstandene Prozesswissen lückenlos dokumentiert und an die Fachabteilung bzw. dessen Prozesseigner übergeben wird. Der PCP ist ein Leitfaden für den Fachbereich, um den Prozess in Zukunft eigenverantwortlich managen zu können. Er enthält folgende Elemente:

- die Prozessbeschreibung,
- den Prozesszweck,
- die Sollwerte,
- die Eingabe-, Prozess- und Ausgabeindikatoren,
- die statistischen Werkzeuge, die der Fachbereich anwenden muss, um die Prozessstabilität laufend zu überprüfen,
- die oberen und unteren Eingriffsgrenzen, damit der Fachbereich weiß, wann in den Prozess eingegriffen werden muss, weil er instabil zu werden droht.

Im Rahmen eines Übergabegespräches sollte der PCP an den Prozesseigner übergeben werden, wobei sicherzustellen ist, dass die darin enthaltenen Elemente vom Projektsponsor und Prozesseigner verstanden werden. An der Übergabe sollten außer dem Projektteam, dem Prozesseigner und dem Projektsponsor auch der Controller und relevante Stakeholder teilnehmen. Der Prozesseigner sollte dem Projektleiter mitteilen, in welchen Bereichen er bis wann eine ergänzende Unterstützung benötigt. Unabhängig davon legt der Projektleiter Kontrollperioden fest: Nach 6 bis 12 Monaten sollte er gemeinsam mit dem Prozesseigner, dem Projektsponsor und dem Controller kontrollieren, ob die geplanten Verbesserungen auch tatsächlich eingetreten und die Lösungen im vorgesehenen Sinne nachhaltig umgesetzt worden sind. In den ersten 3 Monaten sollte der Projektleiter sich vom Prozesseigner den finanziellen Nutzen attestieren lassen.

Nicht zu vergessen: Der Erfolg des Optimierungsprojektes sollte nach der offiziellen Übergabe entsprechend gefeiert werden: Durch die konsequente Anwendung des Effizienz- und Prozessmanagements mittels DMAIC ist Freiraum geschaffen worden, und das sollte schon aus Motivationsgründen gefeiert werden. Auch sollte der Erfolg nicht nur im kleinen Rahmen Anerkennung finden, sondern durch konventionelle oder auch unkonventionelle Maßnahmen im Unternehmen kommuniziert werden. Dies hilft, die Sensibilität für das Prozessmanagement im Unternehmen zu erhöhen (vgl. Abschn. 11.3 und 11.4).

▶ Der Prozess-Controlling-Plan, der vom Projektteam an den Prozesseigner übergeben wird, sorgt dafür, dass der Prozess in Zukunft vom betreffenden Fachbereich eigenverantwortlich gemanagt werden kann. Unterstützend wirken dabei regelmäßige Kontrollen.

7.7.3 Replikations- und Standardisierungsmöglichkeiten identifizieren und entwickeln

Die Identifikation von Lösungen im Rahmen von DMAIC hat einigen Aufwand erfordert, darum ist es sinnvoll festzustellen, ob sich die gefundenen Lösungen möglicherweise auch bei anderen Prozessen oder Geschäftseinheiten anwenden lassen. Diese Erweiterung wird als „Replikation" und „Standardisierung" bezeichnet. Eine Replikation ist die Ausdehnung einer erfolgreichen Lösung über eine größere Anzahl von Standorten mit ähnlichen Prozessen.

Ist eine Replikation identifiziert worden, so lässt sie sich jedoch nicht einfach blind kopieren und an einem anderen Standort einpflanzen. In diesem Falle hilft ein beschleunigtes DMAIC-Verfahren zu hinterfragen, welche Elemente sich seriöserweise replizieren lassen und welche nicht.

Im Rahmen einer lernenden Organisation müssen sich die Verantwortlichen zudem fragen, welche Lösungen zu einem Standard werden könnten.

7.7.4 Wesentliche Ergebnisse der Control-Phase

- Der Prozess und die Werkzeuge für eine kontinuierliche Prozessoptimierung sind dem Prozesseigner und der Fachabteilung übergeben worden.
- Die Übergabe des PCP an den Prozesseigentümer ist abgeschlossen und dokumentiert.
- Ein Prozess-Controlling-Instrument ist ausgearbeitet worden und wird von der Fachabteilung angewandt.
- Die Mitarbeiter sind im neuen Prozess geschult, und der Schulungsbedarf ist in einem Ausbildungsplan abgebildet.
- Die entsprechenden Verantwortlichkeiten sind definiert, und die Fachabteilung hat sich dazu verpflichtet.
- Die Ergebnisse sind statistisch überprüft.
- Die Möglichkeiten zur Standardisierung und Replikation sind beschrieben.
- Das Projekt ist von Seiten der Projektleitung abgeschlossen und ordnungsgemäß dokumentiert.
- Die Erfolgsstory ist geschrieben.

Checkliste: Fragen, die Sie als Mitglied des Steuerungsausschusses dem Projektteam stellen sollten

- Wie ist der neue Ablauf dokumentiert worden? Haben alle Zugriff?
- Welche Daten werden für die Sicherstellung der Prozessleistung in Zukunft verwendet?
- Wie stellt das Projektteam sicher, dass eine laufende Überwachung der Prozessleistung gewährleistet ist?
- Wie stellt das Projektteam sicher, dass die neuen Verantwortlichen in der Fachabteilung das Wissen über die laufende Überwachung der Prozessleistung tatsächlich regelmäßig anwenden?
- Welche Prozessindikatoren werden laufend verfolgt, um die Prozessleistung kontinuierlich zu evaluieren und zu kontrolllieren?
- Wer ist in Zukunft für das Zur-Verfügung-Stellen von Daten verantwortlich?
- Wie stellt das Projektteam sicher, dass die Prozessverantwortlichen wissen, was zu tun ist, wenn die Prozessleistung sich ins Negative verändert?
- Was hat das Projektteam aus dem Projekt gelernt?
- Wie stellt das Projektteam sicher, dass die Learnings der Organisation in Zukunft zur Verfügung stehen?
- Was hat das Projektteam unternommen, um sicher zu sein, dass die Lösung wirklich in ihrem Sinne implementiert ist?
- Wie wird das Projektergebnis im Unternehmen kommuniziert?
- In welcher Art lässt sich das Projektergebnis vervielfältigen?
- Welche Maßnahmen werden im Rahmen des Veränderungsmanagements konkret in den nächsten 4 Wochen geplant?

- Welche Unterstützung kann der Prozesseigner vom Projektteam in der Kontrollphase erhalten?
- Wann ist die nächste Fortschrittskontrolle?

DMAIC ist ein Zyklus. Das bedeutet: Ist ein Prozess in der *Control*-Phase, so wird er nicht „für alle Zeiten" auf die einmal optimierte Weise laufen können und dürfen. Kundenanforderungen, Unternehmensstrategien, Markterfordernisse usw. können sich ändern. In diesem Falle ist es nötig, auch einen bereits optimierten Prozess im Sinne einer kontinuierlichen Verbesserung (KVP) nach einer gewissen Zeit erforderlichenfalls erneut aufzurollen und wieder mit der *Define*-Phase zu beginnen (vgl. auch Abschn. 8.2). Nicht zuletzt dafür ist es gut, wenn der gesamte Prozess, die Prozessleistung und die Optimierung umfassend dokumentiert worden sind. Das erleichtert den Neueinstieg, weil brauchbare Vergleichswerte zugrunde liegen und grundlegende Daten nicht mehr erhoben zu werden brauchen.

Literatur

Gassmann, René. 2012. *Six Sigma und BPM: Integriertes Prozessmanagement*. Hamburg: Diplomica Verlag.

Weitere Methoden 8

In diesem Kapitel werden weitere Methoden für ein systematisches Vorgehen im Prozessmanagement vorgestellt. Im Prinzip folgen sämtliche Methoden dem üblichen „Dreiklang":

- Analyse des Ist-Zustandes: Welche Merkmale weist der Prozess derzeit auf?
- Erarbeitung eines Soll-Zustandes: Wie sollte der ideale Prozess gestaltet sein?
- Entwicklung von Prozess, Umsetzungsplan und Umsetzung: Wie lässt sich der Weg zum idealen Prozess gehen? Wie sieht der Umsetzungsplan aus? Wie funktioniert die Umsetzung?

Der DMAIC-Zyklus schlüsselt diese Phasen am detailliertesten auf. Allein die Analyse des Ist-Zustandes beansprucht die drei Phasen *Define, Measure* und *Analyse*. DMAIC setzt jedoch voraus, dass umfangreiche Datenerhebungen sowohl erforderlich als auch durchführbar sind. Das ist längst nicht immer der Fall. Die im Folgenden vorgestellten Methoden eignen sich teilweise auch, wenn die statistische Datengenerierung nicht möglich oder nicht erforderlich ist. Die Durchführung gestaltet sich daher oft schneller.

8.1 Design for Six Sigma (DfSS) – Wettbewerbsvorteile von Anfang an

Während mit Hilfe von DMAIC Fehlerursachen in Prozessen aufgespürt und beseitigt, also vorhandene Prozesse verbessert werden, setzt *Design for Six Sigma* (DfSS) einen Schritt früher an, nämlich im Produktentstehungsprozess. Das bedeutet, DfSS ist anwendbar, wenn ein Unternehmen ein *neues* Produkt oder eine *neue* Dienstleistung einführen und dafür erst einmal einen *neuen* Prozess (oder mehrere) von Grund auf gestalten möchte. DfSS kann ebenso eingesetzt werden, um einen *neuen* Prozess für eine *bestehende* Dienstleistung oder ein *bestehendes* Produkt zu entwickeln. In diesem Falle wird der bisherige Prozess nicht optimiert, sondern komplett verworfen.

Am besten ist es bekanntlich, Fehler in den Prozessen von vornherein zu vermeiden, bevor sie entstehen. Die Basis für rund drei Viertel aller Fehler wird bereits in der Entwicklungsphase eines Produkts gelegt (vgl. Gassmann 2012, S. 96). DfSS sorgt von Anfang an für robuste, also fehlerfreie Produkte und Prozesse, die so aufgesetzt und etabliert werden, dass sie den Kundenanforderungen genügen.

Bei DfSS gibt es keinen einheitlichen Standard wie beim DMAIC-Zyklus. Es haben sich verschiedene Vorgehensmodelle etabliert. Bekannt ist neben DMEDI und DMADV beispielsweise der IDOV-Zyklus, den ich stellvertretend aufzeigen möchte:

- *I = Identify:* Es werden Ziele gesetzt, und die Kundenanforderungen werden in qualitätskritische Merkmale (CTQ) übersetzt.
- *D = Design:* Das Design des Prozesses wird festgelegt, indem die qualitätskritischen Merkmale in Bedürfnisse und alternative Lösungen übersetzt werden. Ein Auswahlprozess selektiert die Lösungen so weit, bis die beste gefunden ist.
- *O = Optimize:* Das Design wird optimiert, indem die Leistung vorausgesagt oder -berechnet wird. Es wird ein Protoyp erstellt.
- *V = Verify:* Das Design wird getestet und bei Erfolg etabliert. Es wird sichergestellt, dass es den CTQ genügt.

> ▶ Design for Six Sigma eignet sich vor allem für die Einführung von Produkt- oder Dienstleistungsinnovationen. Plant man mit den neuen Produkten oder Dienstleistungen zugleich die Prozessgestaltung mit, so hat dies zwei Vorteile:
>
> 1. Die Prozesse sind von Anfang an fehlerfrei und müssen nicht kurz nach der Einführung wieder optimiert werden.
> 2. Über die Gestaltung der (Kern-)Prozesse kann das Unternehmen einen USP gegenüber Wettbewerbern aufbauen, der beispielsweise in größerer Zuverlässigkeit, kürzerer Durchlaufzeit oder anderen Merkmalen besteht.

Neugründung einer Bank

In einem saudiarabischen Land wurde die Neugründung eines Bankinstituts „auf der grünen Wiese" geplant. Mit Hilfe eines externen Beraters für Prozessmanagement und eines größeren Teams wurde ein Konzept für die Bankdienstleistungen entwickelt. Von Anfang an, noch vor dem Start des Bankbetriebs, wurden alle erforderlichen Prozesse auf einer übergeordneten Ebene konzeptionell geplant, um die Bank effizient aufzustellen. So wurde zum Beispiel festgelegt, welche Prozesse standardisiert und welche individualisiert ablaufen sollten.

8.2 Der PDCA-Kreislauf – vielfache Anwendungsmöglichkeiten

Der PDCA-Zyklus, auch als „Deming-Rad" bekannt, ist eine allgemein anwendbare, systematische Problemlösungsmethode. Sie stellt den Ursprung von Six Sigma dar und ist in gewisser Weise der Vorläufer des DMAIC-Zyklus. Ziel des PDCA-Kreislaufs ist es, stabil laufende Prozesse zu gestalten, während die Null-Fehler-Philosophie des DMAIC-Zyklus erst später entwickelt wurde.

Der Vorteil von PDCA besteht darin, dass es heute auf Probleme aller Art anwendbar ist, und zwar auch dann, wenn keine statistischen Datenerhebungen durchführbar oder notwendig sind.

Die vier Phasen des Zyklus im Rahmen der Prozessoptimierung stehen für:

- *P = Plan:* Der Prozess wird geplant, indem Verbesserungspotenziale erkannt, der Ist-Zustand analysiert und ein neues Konzept entwickelt wird.
- *D = Do:* Das Konzept wird mit einfachen Mitteln getestet und praktisch verbessert.
- *C = Check:* Der Prozess wird im Kleinen erprobt und erforderlichenfalls optimiert. Bei Erfolg wird er als Standard etabliert.
- *A = Act:* Der neue Standard wird auf breiter Basis im Unternehmen eingeführt und seine Einhaltung überprüft. Das kann mit einem hohen organisatorischen Aufwand einhergehen.

Im Sinne eines Zyklus-Denkens beginnt auch der PDCA-Kreislauf von Neuem, wenn der eingeführte Standard wiederum verbessert werden muss. PDCA stellt vor allem die Mitarbeiter eines Prozesses mit ihrer genauen Kenntnis der Arbeitsplatzsituation in den Vordergrund. Der Ablauf selbst wird wiederum von einem Projekt- bzw. Prozessteam gesteuert.

8.3 Makigami – für Verwaltung und Dienstleistung

Makigami ist eine Methode, mit deren Hilfe sich rasch und mit wenigen ausgewählten Werkzeugen Veränderungen in den Prozessen bewerkstelligen lassen. Sie eignet sich vor allem für Verwaltungen und Dienstleistungsunternehmen und wird für unterschiedliche Prozessverbesserungen hinsichtlich Schnittstellen, Informationsfluss und Wertschöpfung eingesetzt.

Ziele der Makigami-Methode sind

- das Verstehen des Prozesses,
- die Identifikation der Unterprozesse,

- das Erkennen und Optimieren jedes Unterprozesses,
- das Gestalten eines effizienten Prozesses durch Transparenz gewachsener Abläufe sowie Identifizierung und Eliminierung der aufgedeckten Verschwendungen (vgl. Wagner und Lindner 2013, S. 60).

Makigami unterstützt das systemische Denken und Arbeiten. Denn in den meisten Fällen ist das den Prozess umgebende Umfeld mitverantwortlich für schlechte Prozessleistung. Durch die Visualisierung ist es möglich, innerhalb kürzester Zeit komplexe Prozesssituationen bereichsübergreifend zu verstehen und zu optimieren.

Den Ist-Zustand in der Verwaltung bzw. in einem Dienstleistungsunternehmen zu ermitteln, ist etwas anderes als in der Produktion, da hier nicht-physische Produkte im Vordergrund stehen. Ein wichtiger Schwerpunkt liegt zum Beispiel auf Dokumenten und Informationen. Kernfragen sind unter anderem: Wer erstellt welche Informationen? Auf welchen Trägern werden die Informationen bereitgestellt, und wie werden sie genutzt?

Ähnlich wie beim PDCA-Zyklus werden auch bei Makigami die beteiligten Mitarbeiter des Prozesses in die Optimierung aktiv miteinbezogen. Die Festlegung des Ist- und des Soll-Zustandes sowie der Prozessschritte erfolgt ähnlich wie bereits bei den anderen Methoden beschrieben. Für jeden Prozessschritt werden folgende Kenngrößen ermittelt: Einsatzdauer bzw. Aktionszeit, Wertschöpfungszeit, Verluste, Probleme und verwendete Daten- bzw. Informationsträger. Wichtig ist ebenfalls die Anzahl der Informationsweitergaben an eine andere Person oder Abteilung.

8.4 Übersicht über die vorgestellten Methoden

Tab. 8.1 Übersicht über die vorgestellten Methoden

Methode	Bevorzugte Anwendungsgebiete	Merkmale
DMAIC	– Produktion – Dienstleistung – in allen Unternehmensbereichen einsetzbar – Optimierung bestehender Prozesse – Abteilungs- und bereichsübergreifende Prozessoptimierung – Ursachen für schlechte Prozessleistung ist zu ergründen – Komplexe, vielschichtige oder undurchsichtige Prozessmängel	– Gründliche Methode – strukturiert im Vorgehen – Bündel an vorgegebenen Werkzeugen – Aufbau von Methodenwissen notwendig – Statistische Datenerhebung erforderlich – Null-Fehler-Philosophie – Eignet sich für operatives und intelligentes Prozessmanagement – Schwerpunkt: *Operational Excellence*

(Fortsetzung)

Tab. 8.1 (Fortsetzung)

Methode	Bevorzugte Anwendungsgebiete	Merkmale
DfSS	– Produktion – Dienstleistung – Neu-Einführung von Produkten und Dienstleistungen – Für Entwicklungsprojekte – Für neue Prozesse	– Gründliche Methode – strukturiert im Vorgehen – Bündel an vorgegebenen Werkzeugen – Aufbau von Methodenwissen notwendig – Hohe Bedeutung der Statistik – Unterschiedliche Phasenmodelle in Abhängigkeit der Branche – Ziel: Six-Sigma-Design – Schwerpunkt: Wettbewerbsvorteil
PDCA	– Produktion – Dienstleistung – in allen Unternehmensbereichen anwendbar – für alle Hierarchien geeignet – Operative Aufgaben im Rahmen kontinuierlicher Verbesserung – Managementaufgaben zur Umsetzung strategischer Ziele – Ist ein Managementsystem	– Einfach, zeitsparend – Statistische Datenerhebung nicht erforderlich – Allgemein verständlich – Eignet sich für operatives und strategisches Prozessmanagement – Iterativer Problemlösungszyklus – Führungsregelkreis, d. h. ist ein stetiger Prozess, ohne Ende und Anfang
Makigami	– Dienstleistung – Verwaltung – Zur Prozessoptimierung – Abteilungs- und bereichsübergreifende Prozessveränderungen	– Rasche Prozessoptimierung – Kurze Umsetzungsdauer – Wenige Werkzeuge – Ist selber eine Methode – Anwendung im Rahmen eines Workshops

Literatur

Gassmann, René. 2012. *Six Sigma und BPM: Integriertes Prozessmanagement*. Diplomica Verlag: Hamburg.

Wagner, Karl Werner, und Alexandra Lindner 2013. WPM - Wertstromorientiertes Prozessmanagement - Effizienz steigern, Verschwendungen eliminieren, Abläufe optimieren, München: Hanser.

Teil 3

Die hohe Kunst der Führung – vom einzelnen Prozess zum intelligenten Prozessmanagement

> *„Changeability ist nicht nur eine Fata Morgana in der Landschaft der Management-Bestseller, sondern brennt vielen unternehmerischen Entscheidern beim Blick auf ihre zunehmend veränderungsresistente Organisation unter den Nägeln."*
>
> (Cap Gemini 2010, S. 41)

Der Königsweg ist das intelligente Prozessmanagement, das sämtliche Prozesse im Unternehmen miteinbezieht, kontinuierlich die Betriebsoptimierung fortführt und Prozessmanagement zur Unternehmensphilosophie mit langfristiger Wirkung macht.

Dieser Teil des Buches
- führt in das intelligente Prozessmanagement ein,
- zeigt, wie der Umsetzungserfolg unter Einbeziehung der harten und der weichen Faktoren wie der Unternehmenskultur gelingt,
- stellt ein Unternehmen vor, dass intelligentes Prozessmanagement erfolgreich eingeführt und damit sogar einen Turnaround erreicht hat und
- beschreibt abschließend das Reifegradmodell EFANEX® mit seinen Anwendungsmöglichkeiten.

Der Königsweg des Prozessmanagements 9

9.1 Vom einzelnen Prozess zum gesamtheitlichen Programm

Im zweiten Teil des Buches haben Sie verschiedene Werkzeuge und Methoden des Prozessmanagements kennen gelernt. Sie haben anhand zahlreicher Beispiele gesehen, welche betrieblichen Verbesserungen mit Hilfe von GPM möglich sind, wie sich Prozessmängel und -fehler beseitigen und sogar Vorsprünge vor der Konkurrenz auf der Basis besser beherrschter Kernprozesse aufbauen lassen. Sie haben ebenfalls gesehen, dass selbst die Optimierung einzelner Prozesse hohe Einsparungspotenziale in sich birgt und oftmals klassischen Kostensenkungsprogrammen in der Wirkung überlegen ist. Anhand der Beschreibungen und zahlreicher Fallbeispiele haben Sie möglicherweise selbst in Ihrem Unternehmen bereits einige Prozessprobleme aufgespürt und idealerweise beseitigt.

Bei der Vorstellung der Werkzeuge und Methoden bin ich bisher wie selbstverständlich davon ausgegangen, dass es sich immer nur um einzelne und räumlich-zeitlich getrennt voneinander zu bearbeitende Prozesse handelt, die optimiert werden. Dies ist in der Tat häufig der Fall, und ich möchte hier sagen: leider. Denn Prozessmanagement vermag noch weit mehr, als „isolierte" Prozesse zu verbessern. Dass im Topmanagement oftmals Vorbehalte gegen Prozessmanagement geäußert werden, liegt nicht zuletzt daran, dass man den Blick nur auf einzelne Verbesserungen richtet und den größeren Zusammenhang nicht erkennt. Das mag auch an der Erfahrung vieler Führungskräfte liegen, die ein „umfassenderes" Prozessmanagement in ihrer eigenen beruflichen Praxis nicht kennen gelernt haben und sich der herausragenden positiven Effekte nicht bewusst sind.

In diesem Kapitel möchte ich den „Königsweg" aufzeigen, der schrittweise vom einzelnen Prozess zu einem *intelligenten* Prozessmanagement im gesamten Unternehmen führt und damit einen weit höheren Nutzen bringt als die Optimierung einzelner Prozesse. Die nachfolgenden Kapitel des dritten Teils befassen sich mit den Voraussetzungen und

Zielen des intelligenten Prozessmanagements und veranschaulichen sie wiederum anhand zahlreicher Fallbeispiele.

9.2 Isoliertes Prozessmanagement

Häufig wird im Unternehmen so vorgegangen, dass dann, wenn in einem Bereich ein hoher Leidensdruck besteht, einmalig ein einzelner Prozess verbessert wird. Man macht sich weder Gedanken über die Verknüpfung mit weiteren angrenzenden Prozessen in der Wertschöpfungskette noch über eine Verbindung mit der Unternehmensstrategie, noch darüber, wie Prozessmanagement fortlaufend zur Betriebsoptimierung beitragen könnte.

Diese Form des einmaligen oder „starren" Prozessmanagements ist unter dem Strich nicht nur die am wenigsten effiziente Lösung, sondern verschenkt auch erhebliches Verbesserungspotenzial, das zum Beispiel in einem Ausbau von Marktanteilen, in der Qualitätssteigerung, in der Kosteneinsparung und im Abbau von Firefighting, Hektik und Stress liegt. Die Effekte, die von einem einzelnen verbessert gemanagten Prozess ins gesamte Unternehmen ausstrahlen könnten, werden nicht genutzt, wenn es bei einer einmaligen Veränderung bleibt und die Prozesse nicht dauerhaft weiterentwickelt werden.

Dieses Vorgehen wird häufig angewandt, wenn die Initiative für eine Prozessoptimierung vom mittleren Management ausgeht, aber die oberste Führungsebene des Unternehmens nicht erreicht oder von ihr nicht mitgetragen wird.

> **Wenn die Unternehmensleitung nicht dahinter steht**
> Bei einem Anlagenbauer hatte eine in Prozessmanagement geschulte Führungskraft als Projektleiter eigenständig einen Teilprozess mit Hilfe des DMAIC-Zyklus (vgl. Abschn. 7.2) zu verbessern. Die Dauer des übergeordneten Prozesses war mit 16 Monaten, die für die Fertigung von fünf Anlagen benötigt wurden, viel zu lang. Optimiert werden sollte jener Teil des Prozesses, bei dem die Änderungswünsche des Kunden in die Produktion einflossen. Fachbereichsübergreifend wurde u. a. mit dem Verkauf, mit der Produktionsplanung und der Produktion zusammengearbeitet.
>
> Obwohl der Erfolg einer Reduzierung des Fertigungsprozesses um mehrere Monate vielversprechend gewesen wäre, hatte der Projektleiter keine Gelegenheit, über Meilensteine seines Projektes im Unternehmen zu berichten, denn von Seiten der Geschäftsleitung fehlte die Unterstützung. Der Geschäftsführer hatte bereits den nächsten Karriereschritt im Sinn, wollte bald das Unternehmen verlassen und nur noch einen „guten Betriebsabschluss" hinbekommen. Aufgrund der fehlenden Kommunikation blieb eine mögliche Signalwirkung in das Unternehmen aus, die die Optimierung weiterer Prozesse oder gar ein intelligentes Prozessmanagement ermöglicht hätte. Zwar konnte der Prozess optimiert werden, doch es blieb bei der einmaligen Verbesserung.

9.3 Operatives Prozessmanagement

Das operative Prozessmanagement hat drei Ziele:

1. Es soll sicherstellen, dass die Prozessleistung aus der Sicht des (Prozess-)Kunden exzellent ist und gegengesteuert wird, falls es nicht der Fall sein sollte.
2. Sofern es mit dem strategischen Prozessmanagement verbunden ist, soll es dessen Vorgaben kontinuierlich umsetzen.
3. Es soll die anhaltende Operationalisierung bzw. Durchführung des operativen Prozessmanagements im Sinne der kontinuierlichen Aufrechterhaltung der Leistungsoptimierung gewährleisten.

Operatives Prozessmanagement ist somit das tägliche Bemühen, die exzellente Leistung betriebsinterner Abläufe auf der Basis von Zahlen sicherzustellen.

Daraus ergeben sich Aufgaben, die dem operativen Prozessmanagement zugeordnet werden können:

– Messen, Steuern und Transparent-Machen der Prozessleistung
– Analysieren und Bewerten der Prozessleistung
– Erarbeitung und Vereinbarung (angepasster) Soll-Prozesse
– Planung und Abstimmung der Prozessumsetzung
– Einführen und Operationalisieren der Prozesse
– Ausführen und Anwenden der Prozesse

Isoliertes Prozessmanagement, das bei einem einzelnen Prozess stehen bleibt, ist immer operativ, doch operatives Prozessmanagement muss nicht unbedingt „isoliert" stattfinden. Zum Beispiel lassen sich operativ auch *mehrere Prozesse simultan oder nacheinander* verbessern; idealerweise wird in diesem Fall eine ganze Prozesskette, am besten auch unter Einbezug der Strategie, in den Blick genommen, wobei ebenso die Schnittstellen zwischen den verschiedenen Prozessen optimiert werden. Zudem kann operatives Prozessmanagement wiederholt oder kontinuierlich stattfinden.

9.3.1 Ziel 1: Prozessleistung sicherstellen – das KANO-Modell

Damit die Prozessleistungen aus der Sicht der Kunden (und ggf. auch aus der Sicht der Strategie) gegeben sind, müssen die Kundenbedürfnisse immer wieder hinterfragt werden. Hilfreich ist dabei das KANO-Modell, das die unterschiedlichen Kundenanforderungen kategorisiert:

- *Basisanforderungen* werden von den Kunden als selbstverständlich vorausgesetzt und sind unverzichtbar. Werden diese Anforderungen erfüllt, so signalisieren die Kunden *keine* Zufriedenheit; werden sie jedoch nicht erfüllt, sind die Kunden unzufrieden.
- *Leistungsanforderungen* werden von den Kunden explizit gefordert. Ihr Erfüllungsgrad bestimmt den Grad der Kundenzufriedenheit.
- *Begeisterungsfaktoren* werden von den Kunden nicht erwartet. Deren Erfüllung löst jedoch bei den Kunden Begeisterung aus und erhöht damit die Kundenbindung. Erfüllt das Unternehmen Begeisterungsmerkmale, so hat es womöglich einen echten Wettbewerbsvorteil identifiziert und somit ein Unterscheidungsmerkmal (USP) gegenüber der Konkurrenz aufgebaut. Damit können Marktanteile gewonnen werden.

Alle drei Faktoren bzw. Merkmale sind bei sämtlichen Produkten und Dienstleistungen vorhanden. Da sich die Kundenzufriedenheit aus zwei der drei Faktoren zusammensetzt, wird klar, dass Prozesse derart zu gestalten sind, dass sie auch tatsächlich erfüllt werden können.

Häufig ist zu beobachten, dass Unternehmen diese drei Anforderungen nicht klar genug voneinander unterscheiden und damit bei den Kunden „gemischte Gefühle" hinterlassen. Manche Unternehmen investieren auf der einen Seite stark in Begeisterungsfaktoren, vernachlässigen jedoch die Basis- oder die Leistungsanforderungen, so dass die Kunden wechselwillig sind und die Kundenbindung nicht von Dauer ist. Es nützt nichts, in Begeisterungsfaktoren zu investieren, solange die Basis- und Leistungsanforderungen nicht erfüllt sind.

Kunden(un)zufriedenheit nach dem KANO-Modell

Ein Hotelzimmer weist eine beachtliche Anzahl von Kopfkissen zur freien Auswahl auf (= Begeisterungsfaktor vorhanden), damit die Gäste beim Schlaf nicht unter Nackenverspannungen leiden. Doch die Matratzen sind „durchgelegen" und alt (= Basisanforderung nicht erfüllt). Die Auswahl beim Frühstück wiederum ist ausreichend und gut (= Leistungsanforderung erfüllt).

Ein neues Laptop-Modell auf dem Markt verfügt über das aktuellste Betriebssystem, einen schnellen Prozessor und einen großen Arbeitsspeicher (= Leistungsanforderungen erfüllt). Doch die Akku-Laufzeit ist viel zu kurz, und außerdem geht das Gerät innerhalb eines Jahres kaputt (= Basisanforderung nicht erfüllt). Bei vielen technischen Geräten, wie z. B. auch bei Computerdruckern, wird der von Herstellern eingebaute „kalkulierte Verschleiß", der oftmals direkt nach Ablauf der Garantiezeit zu Defekten führt, zum Ärgernis. Selbst wenn das Gerät die Leistungsanforderungen erfüllt, sehen Kunden hier die Basisanforderungen als nicht erfüllt an und schauen sich beim nächsten Kauf nach Alternativen um.

Ein Telekom-Unternehmen verkauft den Kunden Mobilfunktelefone und die entsprechenden Tarife dazu im Shop (= Basisanforderungen erfüllt). Die Tarife sind im Vergleich zur Konkurrenz ausgesprochen günstig (= Begeisterungsfaktor vorhanden), doch die Hotline des Anbieters lässt zu wünschen übrig: Die Kunden hängen minutenlang in einer Warteschleife, bevor sie ihr Anliegen telefonisch vorbringen können, außerdem werden die Kundenwünsche nur schleppend bearbeitet (= Leistungsanforderung nicht erfüllt).

Die Beispiele zeigen, dass die gesamte Wertschöpfungskette berücksichtigt werden sollte, um wirklich Prozesse zu erstellen, die bei Kunden Begeisterung wecken. Viel zu oft werden nur „Ausschnitte" aus dieser Kette ins Visier genommen, so dass die Kundenzufriedenheit nicht auf der ganzen Linie der Prozesse sichergestellt ist.

Zu berücksichtigen ist weiterhin, dass sich die Anforderungen der Kunden an Produkte und Dienstleistungen im Laufe der Jahre verändern. So kann es vorkommen, dass sich Kunden an gewisse Begeisterungsfaktoren mit der Zeit derart gewöhnen, dass sie sich schließlich in bloße Leistungs- oder Basisanforderungen verwandeln. In den 1980er-Jahren beispielsweise löste das Vorhandensein einer Klimaanlage in einem Fahrzeug als besonderes Extra Begeisterung aus, doch heute wird von jedem Modell, sogar von einem Kleinwagen, eine Klimaanlage erwartet.

9.3.2 Ziel 2: Vorgaben aus dem strategischen Prozessmanagement kontinuierlich umsetzen

Die strategischen Vorgaben müssen in operative Vorgaben auf- bzw. unterteilt werden. Die Sprache spielt dabei eine wesentliche Rolle, denn die strategischen Komponenten müssen in verständliche Teile übersetzt werden. Außerdem muss die für die Umsetzung der Strategie notwendigen Prozesse, die einer Veränderung bedürfen, bestimmt werden. Daraus entwickelt sich der Ressourcenbedarf für die Durchführung von Prozessoptimierungsprojekten und für die Implementierung der daraus definierten Umsetzungsmaßnahmen.

9.3.3 Ziel 3: Anhaltende Operationalisierung gewährleisten

Operatives Prozessmanagement kann einmalig oder kontinuierlich durchgeführt werden. Wie bereits ausgeführt, empfiehlt sich grundsätzlich *Kontinuität*, weil sie die höchsten Verbesserungspotenziale verspricht und langfristig wirkt. Aber auch dann, wenn sich die Strategie nicht verändert, wandeln sich die Bedürfnisse und Anforderungen von Kunden. Prozesse können dann im Laufe der Zeit die vorgegebene Leistung nicht mehr erbringen. Aus diesen Gründen ist eine fortlaufende Prozessoptimierung sinnvoll. Sie ist unter anderem auch ein wichtiges Kriterium des *intelligenten* Prozessmanagements (vgl. dazu Abschn. 9.5). Die folgende Abbildung (Abb. 9.1) zeigt in der Übersicht die Elemente, die für eine kontinuierliche Prozessoptimierung erforderlich sind.

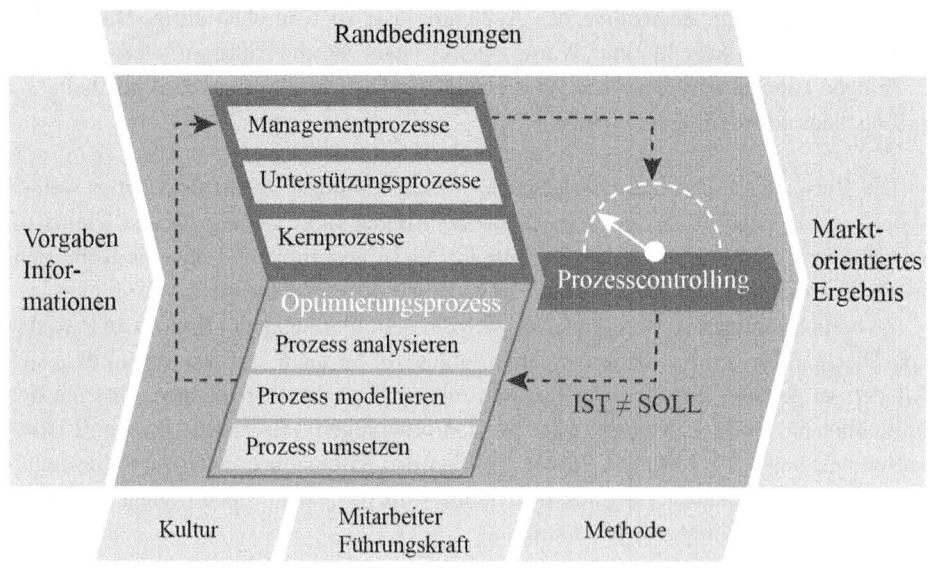

Abb. 9.1 Modell des operativen Prozessmanagements

- Ausgangslage für das operative Prozessmanagement ist die Abweichungsanalyse im Rahmen des Prozesscontrollings. Weicht der vorab definierte Wert einer Prozessleistung vom tatsächlichen Wert ab, so wird im Rahmen eines Optimierungsprozesses der Prozess verändert, so dass die Leistungslücke geschlossen wird.
- Der *Input* sind Vorgaben und Informationen über Prozessleistungskennzahlen, die idealerweise in Form eines Dashboards vorliegen sollten, also einer prägnanten Übersicht über alle für den betreffenden Prozess relevanten Prozesskenngrößen. Daraus ist der so wichtige Überblick über die Abhängigkeiten der Kenngrößen voneinander ablesbar.
- Der *Output* sind marktorientierte Ergebnisse, wie beispielsweise die Kundenzufriedenheit und eine verbesserte Prozessleistung.
- Verträge in Form von *Service Level Agreements* (*SLA*), rechtliche Vorgaben usw. fließen als Randbedingungen in die Optimierung eines Prozesses ein.
- *Leitwerte* in Form von Kundenbedürfnissen und -vorgaben fließen ebenfalls in die Vorgaben ein.
- Festzulegen ist außerdem, nach welcher *Methode* die Prozessoptimierung durchgeführt werden soll, z. B. nach den Six-Sigma-Verfahren DMAIC oder PDCA (vgl. Abschn. 7.2 und 8.2).
- Weitere Faktoren sind *Mitarbeiter, Führungskräfte, Methoden* und die *Kultur*.

▸ Ein kontinuierliches Prozessmanagement ist wichtig, um neuen markt- oder kundengetriebenen Anforderungen schnell gerecht werden zu können. Die Prozessstruktur kann anderenfalls in ihrer Qualität nicht mithalten, wenn sie nicht fortlaufend angepasst wird. Durch Kontinuität erübrigen sich Firefighting, Reparaturdienstverhalten und Aktionismus, denn kleine und stetige Anpassungen verlangen weniger Einsatz und werden von Mitarbeitern auch nicht als bedrohlich wahrgenommen.

9.4 Strategisches Prozessmanagement

In vielen Besprechungen mit Geschäftsleitungsmitgliedern höre ich immer wieder:

- „Wir beschäftigen uns mit Prozessmanagement, weil wir laufend unsere Prozesse dokumentieren."
- „Wir leben Prozessmanagement, weil wir kontinuierlich Prozesse optimieren."
- „Wir leben Prozessmanagement, weil wir einen Prozessverantwortlichen im Betrieb haben."

Das alles sind zwar Schritte in die richtige Richtung, doch „echtes" Prozessmanagement geht weit über diese Merkmale hinaus, die sich im Grunde auf das *operative* Prozessmanagement beschränken. Es fehlt dabei die Brücke zur Unternehmensstrategie, wie sie das *strategische* Prozessmanagement schlägt. Dass die positive Wirkungsweise von Geschäftsprozessmanagement (GPM) in den Unternehmen so oft in Frage gestellt wird, liegt vielfach daran, dass man vergisst, die so wichtige Brücke zur Unternehmensstrategie zu schlagen. Wie bereits im ersten Teil ausgeführt (vgl. S. Abschn. 2.4), besteht eine große Kluft zwischen Strategie und Prozessen. Nur 7 Prozent der Unternehmen haben diese Brücke gebaut und kontinuierliche Verbesserungen im Sinne der Strategie etabliert (vgl. Minnone 2012, S. 43).

Das strategische Prozessmanagement hat die langfristige Ausrichtung der Geschäftsprozesse auf die Unternehmensstrategie zum Ziel. Während durch das operative GPM *Operational Excellence* erreicht wird, lassen sich durch die strategische Ausrichtung nachhaltige Wettbewerbsvorteile erzielen. Man könnte es auch so formulieren: Während das strategische Prozessmanagement auf *langfristige* Erfolgspotenziale ausgerichtet ist, konzentriert sich das operative auf die *aktuellen* Erfolgspotenziale in konkreten Prozessen.

Das strategische Prozessmanagement beinhaltet

- die strategiekonforme Ausrichtung der Prozesse,
- die Etablierung eines Prozessmanagements,
- die Erarbeitung und Pflege des strategischen Prozessmodells auf Basis des vorliegenden Geschäftsmodells,

- die Ableitung strategischer Prozesspotenziale,
- die strategische Steuerung des Prozessmodells,
- die Ableitung strategischer Prozessziele,
- das Aufzeigen strategischer Prozessoptionen,
- die Etablierung der Eigenverantwortung für das Prozessmanagement in der Unternehmenskultur.

Wir befassen uns im Folgenden mit der strategiekonformen Ausrichtung der Prozesse, während die Etablierung des Prozessmanagements in Kapitel 10 (Kap. 10) und die Einführung einer Prozesskultur in Kapitel 11 (Kap. 11) behandelt wird.

▶ Es ist zwischen *operativem* und *strategischem* Prozessmanagement zu unterscheiden. Während sich das operative Prozessmanagement auf das Managen einzelner Prozesse und deren Optimierung konzentriert, orientiert sich das strategische Prozessmanagement konsequent an der Unternehmensstrategie und den Geschäftszielen; es konzentriert sich auf das Managen des Prozessmanagements.

Zielsetzung des strategischen Geschäftsprozessmanagements ist die Sicherstellung der Wettbewerbsfähigkeit und die dadurch verbundene Substanzerhaltung der Unternehmensressourcen durch den Aufbau und Ausbau der Kernkompetenzen.

Wie die Komponenten des strategischen Prozessmanagements funktionieren, veranschaulicht das folgende Modell (vgl. Abb. 9.2): Im Mittelpunkt steht die Unternehmensstrategie, die die fünf Komponenten Geschäftsmodell, Kernkompetenzen, Prozessmodell, Prozessvision und Projektauswahl steuert.

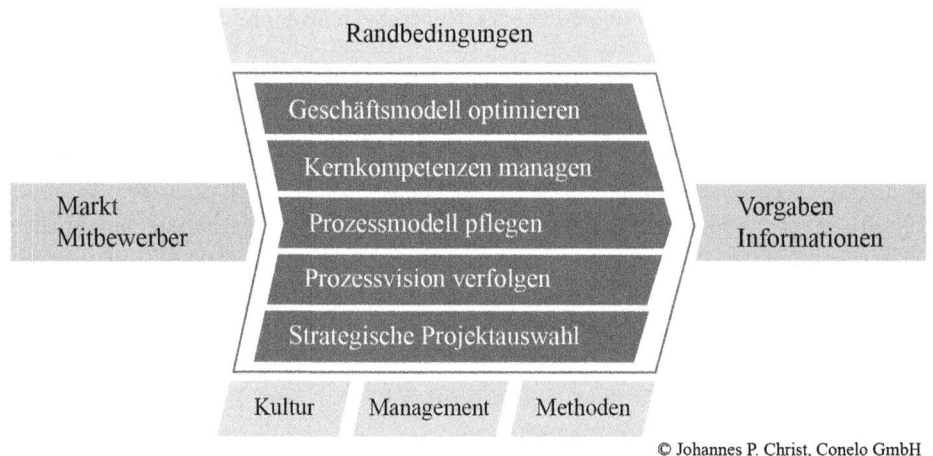

© Johannes P. Christ, Conelo GmbH

Abb. 9.2 Modell des strategischen Prozessmanagements

9.4.1 Das Geschäftsmodell

Wie die Kernkompetenzen, so unterliegen auch Geschäftsmodelle einem gewissen Lebenszyklus und haben damit ein „Verfallsdatum" – heute mehr denn je. Viele Unternehmen stehen heute vor der großen Herausforderung, aufgrund der gesättigten Märkte ihre Geschäftsmodelle grundlegend verändern und anpassen zu müssen – ein aufwendiges Unterfangen, das das Topmanagement häufig zögern lässt. Gerne wird an veralteten Geschäftsmodellen zu lange festgehalten, und zwar darum, weil man die damit verbundene Anpassung der Geschäftsprozesse und häufig auch der Unternehmensstruktur bzw. -funktionsbereiche sowie das gesamte Change Management scheut. Zudem müssen oft neue Kernkompetenzen erst aufgebaut werden. Wird das Geschäftsmodell geändert, so ist der Wandel so gravierend, als ob sich das Unternehmen „neu erfinden" würde. Wird eine erforderliche Änderung des Geschäftsmodells zu lange hinausgezögert, kann sich dies existenzbedrohend auswirken.

> **Warum Anpassungen des Geschäftsmodells notwendig sein können – einige Beispiele**
> Gesättigte Konsumgütermärkte und ein verändertes Verbraucherverhalten verlangen in den kommenden Jahren von vielen Unternehmen flexible Anpassungen der Geschäftsmodelle. Verbraucher sind immer weniger bereit, noch mehr materielle Güter zu erwerben. Nach mehr als 65 Jahren Wohlstandsgesellschaft haben sich die Prioritäten der Menschen verändert: Im Hinblick auf die begrenzten Ressourcen unseres Planeten sowie sinkender Einkommen und ansteigender Arbeitsplatzunsicherheit tritt mehr und mehr eine *Share Economy* in den Vordergrund. Das heißt, Konsumenten wollen Gebrauchsgüter, anstatt sie neu zu kaufen, lieber mieten, leasen, leihen oder gebraucht über Tauschgeschäfte erwerben. Das Internet bietet bereits heute zahlreiche Möglichkeiten dafür.
> Prototyp dieses Trends ist das *Car Sharing:* Empirische Untersuchungen zeigen, dass immer weniger Menschen Wert auf den Besitz eines eigenen Autos legen, stattdessen aber Fahrzeuge flexibel und kurzfristig mieten möchten. Langsam entwickelt sich ein Car-Sharing-Markt, in dem jedoch die großen Autohersteller noch keine bedeutende Rolle spielen. Die Autoindustrie versteht sich noch immer als „produzierendes Gewerbe", müsste sich jedoch in Anbetracht der veränderten Käuferbedürfnisse und der Überproduktion an Fahrzeugen weltweit zum „Dienstleister für Car-Sharing" wandeln. Doch der Wandel vom Hersteller zum Dienstleister ist ein „Kraftakt" in der Veränderung des Geschäftsmodells und verlangt neue Kernkompetenzen, über die die meisten Autohersteller derzeit noch nicht verfügen. Es würde eine Vielzahl bisheriger Prozesse wegfallen, während andererseits neue Prozesse zur Pflege und Wartung von Fahrzeugen und zur Erfüllung der Kundenbedürfnisse der Autonutzer neu aufgebaut werden müssten; auch das Netz der Händler und Werkstätten wäre von der Veränderung des Geschäftsmodells stark betroffen.
> Die bereits mehrfach erwähnte Bankenbranche (vgl. Abschn. 2.3 und 5.3) steht ebenfalls vor grundlegenden Veränderungen ihrer Geschäftsmodelle. Wegweisende

Strukturveränderungen und Umwälzungen wie der Regulierungsdruck, die neue Rolle der EZB, die Niedrigzinsentwicklung, die Vertrauenskrise der Bankkunden und die vielfach zu geringe Profitabilität zwingen die Geldinstitute, sich über nachhaltige neue Geschäftsmodelle Gedanken zu machen. Dazu trägt auch die Konkurrenz branchenfremder „Eindringlinge" aus dem IT-Bereich bei: Neue Zahlungssysteme im Internet stellen das Geschäftsmodell der personalintensiven Filialbanken mehr und mehr in Frage.

> ▶ Änderungen des Geschäftsmodells verlangen stets nach gravierenden Anpassungen und Neustrukturierung der Geschäftsprozesse, damit neue Kernkompetenzen auf- und ausgebaut werden können. Ohne Prozessmanagement ist die effektive Neugestaltung von Geschäftsmodellen nicht möglich – das Prozessmanagement trägt in diesem Falle zum Aufbau von Wettbewerbsvorteilen aktiv bei.

9.4.2 Kernkompetenzen

Die Unternehmensstrategie legt die mittel- und langfristigen Unternehmensziele fest, die auf der Basis der speziellen Kernkompetenzen erreicht werden sollen. Die Kernkompetenzen bilden das *Rückgrat der Wettbewerbsfähigkeit* und begründen idealerweise ein Alleinstellungsmerkmal, welches das Unternehmen von Wettbewerbern unterscheidet. Die Kernkompetenzen sind die Basis für die Stiftung des Kundennutzens, basieren auf speziellen Fähigkeiten und Kenntnissen des Unternehmens, sind meist schwer kopierbar, schaffen einen Mehrwert gegenüber Konkurrenzprodukten und tragen zur Erschließung neuer Märkte bei.

Kernkompetenzen bleiben erfahrungsgemäß mittel- bis langfristig konstant, manchmal über Jahrzehnte hinweg. Dennoch kann es erforderlich sein, sie infolge neuer Herausforderungen anzupassen oder zu erweitern. Es ist Aufgabe der Geschäftsleitung, für Kernkompetenzen und ihre erforderliche Ausprägung zu sorgen und ihren Lebenszyklus zu steuern. Die Kernkompetenzen spiegeln sich in den Kernprozessen des Unternehmens (vgl. S. Abschn. 5.3) wider.

9.4.3 Das Prozessmodell

Das Prozessmodell ist für das Prozessmanagement das, was das Geschäftsmodell für das Unternehmen ist. Es enthält eine Übersicht, wie die Prozesse in den einzelnen Geschäftseinheiten definiert und strukturiert werden sollen, wobei es sich daran orientiert, wie sich die Kernkompetenzen in den Prozessen widerspiegeln sollen.

Das Prozessmodell, manchmal auch als „Prozesslandkarte" bezeichnet, ist das Ergebnis einer strategischen Prozessanalyse, der Bewertung verschiedener Gestaltungsmöglichkeiten von Prozessen und der strategischen Entscheidung im Kontext der strategischen Zielfestlegung. Das Prozessmodell stellt alle Prozesse dar, die für die Umsetzung der Unternehmensstrategie und die damit in Verbindung stehenden kundenorientierten Aufgaben notwendig sind. Es gilt der Grundsatz: „Process follows strategy".

Drei Aspekte sind wichtig, die leider oftmals vernachlässigt werden:

1. Es gibt einen eindeutigen Zusammenhang zwischen der Unternehmensstrategie und dem Unternehmensprozessmodell. Häufig wird zwischen beiden keine Verbindung hergestellt, doch muss die Strategie in das Prozessmodell einwirken. Das übergeordnete Modell, das die Strategie mit dem Prozessmodell verbindet, bezeichne ich als „strategisches Prozessmodell".
2. Jeder Mitarbeiter im Unternehmen muss sich im strategischen Prozessmodell wiederfinden, damit er für seinen Bereich die erforderliche Verantwortung übernehmen kann. Unternehmensprozesse alleine ohne Anbindung an die Strategie bleiben häufig zu grob und abstrakt, als dass die Mitarbeiter sich mit ihrem Kompetenzbereich dort zuordnen könnten.
3. Das strategische Prozessmodell sollte innerhalb des Unternehmens „zielgruppengerecht" kommuniziert werden. Das heißt, je nach Hierarchieebene und Abteilung müssen die Mitarbeiter und Führungskräfte unterschiedlich angesprochen und informiert werden. Damit wird etwas ganz Wesentliches erreicht, nämlich ein unternehmensübergreifendes Verständnis aller, wie sich das Unternehmen auf der Prozessebene organisiert. Damit wird die Basis geschaffen, um Prozessmanagement im Betrieb zu implementieren (vgl. dazu Abschn. 11.3 und 11.4).

9.4.4 Die Prozessvision

Die Prozessvision beantwortet die Frage, was das Unternehmen mit dem Geschäftsprozessmanagement erreichen möchte, gibt also die Marschrichtung vor und vermittelt auch den Mitarbeitern eine Orientierung sowie eine Motivation für ihr Handeln. Prozessvisionen können beispielsweise folgende Formulierungen haben:

- „Unsere Absatzmärkte zeugen von hoher Kundenzufriedenheit durch exzellente Performance."
- „Unsere Partnerorganisationen und Lieferanten sind über ein agiles, leistungsfähiges Prozessmanagement verbunden."
- „Alle unsere Lieferanten betreiben das gleiche Prozessmanagement wie wir."
- „Mit Prozessmanagement sind wir ein Weltklasse-Unternehmen."

- „Unsere Kunden empfehlen uns nicht nur wegen der außerordentlichen Produktfunktionalität, sondern auch wegen unserer Prozessexzellenz."
- „Jeder Mitarbeiter ist Teil unseres gelebten Prozessmanagements."
- „Wir leben den Geist des gewonnenen Prozessexzellenz-Preises."

9.4.5 Strategische Projektauswahl

Der Auswahl von Projekten kommt eine hohe Bedeutung zu. Es gibt unterschiedliche Quellen für die Generierung von Projektvorschlägen. Möglich ist dabei sowohl ein markt- als auch ein ressourcengetriebenes Vorgehen. Das marktorientierte Verfahren geht „von außen nach innen" vor: Basis sind die Anforderungen, die die externen Kunden an das Unternehmen stellen. Von dort aus werden die Prozesse bewertet und optimiert. Das ressourcenorientierte Vorgehen „von innen nach außen" geht demgegenüber von der Gesamtheit der internen Prozesse und ihrer Optimierung aus (vgl. Gassmann 2012, S. 77).

Manche Projektvorschläge ergeben sich aus dem operativen Tagesgeschäft. Hervorragende Quellen sind z. B. das Reklamationsmanagement, die Rückmeldungen von Kunden (Kundenbefragungen sind in vielen Fällen nicht prozessorientiert) oder auch Beobachtungen aus den Reihen der eigenen Mitarbeiter und Führungskräfte. Diese sind besonders wertvoll, da sie Mitarbeiter motivieren, Prozesse zu optimieren. Weiterhin können sich Projektvorschläge aus der Auswertung einer Balanced Scorecard ergeben.

Projektvorschläge können sich ebenfalls aus der Unternehmensstrategie ergeben, weil aus ihr die strategischen Felder für Prozessveränderungen ableitbar sind. Aus den strategischen Feldern wiederum lassen sich die entscheidenden Prozesse und deren strategische Prozessziele festlegen, um die Strategie zu realisieren. Die Auswahl der Prozesse veranlasst die Bereitstellung der notwendigen Ressourcen zur Durchführung. Nach der Durchführung der Prozessoptimierungen beginnt der gesamte Kreislauf wieder von vorn (mehr dazu in den beiden nachfolgenden Kapiteln Kap. 10 und 11).

Optimierungswürdige Projekte sind generell zwei Kategorien zuzuordnen:

- Projekte, die zur Kostenreduzierung beitragen und
- Projekte, die zur Erhöhung des Umsatzes oder Erlöses beitragen.

Viel zu häufig wird der Fokus auf Kosteneinsparungen gelegt, doch es braucht ein ausgewogenes Verhältnis zwischen beiden Projektarten. Projekte zur Erhöhung von Umsätzen sind zukunftsorientiert wie auch vorausschauend – und sie sichern die Marktposition des Unternehmens. Zudem ist es so, dass möglicherweise erhöhte Kosten nicht so gravierend und kritisch sind, wenn die Umsätze oder Erlöse hoch genug sind bzw. gesteigert werden.

Über die finanziellen Aspekt hinaus muss es natürlich auch Projekte mit anderen Zielsetzungen geben, z. B. die Erhöhung der Mitarbeiterzufriedenheit.

▶ Sind die drei zentralen Elemente Kernkompetenzen, Prozessmodell und Projektauswahl von der Unternehmensleitung etabliert worden, so existiert eine solide Verankerung des Geschäftsprozessmanagements im Unternehmen. Damit ist eine ideale Verbindung zwischen dem operativen und dem strategischen Prozessmanagement geschaffen worden. Es ist eine Basis gelegt worden, die ein strukturiertes Vorgehen ermöglicht. Voraussetzung für ein strategisch orientiertes Geschäftsprozessmanagement ist die Überzeugung der Geschäftsleitung, dass es nicht nur für die externen Kunden von Nutzen ist, sondern auch dem Unternehmen hilft, sich effizienter und effektiver aufzustellen.

Checkliste: Strategische Ausrichtung Ihres Geschäftsprozessmanagements

- Welche Kernkompetenzen hat Ihr Unternehmen?
- Welche Ihrer Geschäftsprozesse stellen Kernkompetenzen dar?
- Welche Ihrer Kernkompetenzen müssten verbessert werden, um die strategischen Prozessziele zu erreichen?
- Ist die Notwendigkeit einer Veränderung des Geschäftsmodells in Ihrem Unternehmen absehbar?
- Welche Kernkompetenzen müssten Sie dazu ergänzend aufbauen?
- Haben Sie eine lückenlose Kommunikation des Prozessmodells ermöglicht?
- Spiegelt sich im Prozessmodell das Unternehmen wider?
- Kann jeder das Prozessmodell verstehen?
- Sind die genannten Projektideen nach Wertigkeit priorisiert?
- Welche Kriterien für die Priorisierung sind in der Geschäftsleitung besprochen und vereinbart worden?
- Ist man sich sicher, dass für die am höchsten priorisierten Ideen eine Prozessveränderung tatsächlich die Lösung ist oder kann es auch ohne Prozessveränderungen gehen?
- Welche Projektideen stiften beim Kunden einen direkten Nutzen?
- Haben Sie den Mut, zu unnötig komplizierte Projektideen entweder zu verwerfen oder zu filtern?
- Verfügen Sie über eine Prozessvision?

9.5 Intelligentes Prozessmanagement

Noch eine Stufe weiter als das strategische ist das intelligente Prozessmanagement, das für einen geschlossenen Prozesskreislauf auf allen Ebenen des Prozessmanagements und somit auch in allen horizontalen wie vertikalen Ebenen des Unternehmens und für dessen langfristige Wirksamkeit sorgt. Dafür ist ein „Prozessmanagement des Prozessmanagements" erforderlich, das heißt, es ist nicht nur das operative und das strategische Prozessmanagement durchzuführen, sondern die Prozesse zur nachhaltigen Aufrechterhaltung aller für das Prozessmanagement notwendigen Betätigungsfelder müssen auf einer übergeordneten Ebene etabliert und gemanagt werden.

Sind im Rahmen des strategischen Prozessmanagements sehr viele Prozesse zu optimieren – in größeren Betrieben können es weit über 100 sein – so muss die Optimierung all dieser Prozesse wiederum auf einer höheren Ebene koordiniert bzw. integriert werden, um zeitsparend und effektiv abzulaufen. Ansonsten müssten alle Prozesse losgelöst von den übrigen Prozessen einzeln oder nacheinander optimiert werden, was unter Umständen, z. B. an den Schnittstellen zwischen Prozessen, zu einem regelrechten Chaos und zu einer Überlastung der gesamten Organisation führen oder viel zu lange dauern würde. Außerdem ist es wichtig, im Rahmen eines groß angelegten Programmes die Rollen, die Aufgaben und die Reihenfolge des Vorgehens sehr genau festzulegen.

Für das intelligente Prozessmanagement müssen in der Aufbauorganisation singuläre Prozesse etabliert werden, die eine prozessuale Verbindung zu den beiden Ebenen des strategischen und operativen Prozessmanagements haben.

Um die Operationalisierung zu gewährleisten, muss eine Struktur aufgebaut werden. Die definierten Strukturen müssen den Mitarbeitern im operativen Bereich bekannt gemacht werden, damit sie die einzelnen Strukturelemente korrekt durchführen können. Als Beispiele für Strukturelemente seien die folgenden genannt:

- Mitarbeiter müssen verstehen, wie der kontinuierliche Verbesserungsprozess (KVP) funktioniert, wie, in welcher Weise und bei wem sie Vorschläge zur Veränderung einbringen können.
- Ein Prozessverantwortlicher muss wissen, wie und zum Beispiel mit welchen visuellen Schaubildern sich Erkenntnisse über die Prozessleistung gewinnen und darstellen lassen.
- Ein Mitarbeiter, der Interesse hat, sich neben seiner fachlichen Aufgabe als Experte für Prozessoptimierung ausbilden zu lassen, muss wissen, welche Wege einzuhalten sind.

Bei diesen Beispielen handelt es sich um Prozesse des Prozessmanagements, die operativ gelebt werden.

Auch wenn die Vorgehensweise perfekt auf die Strategie abgestimmt ist, sind überall Menschen am Werk. Und überall, wo es Menschen gibt, „menschelt" es, das heißt, es sind Fehler möglich. Der Erfolg eines nachhaltigen GPM ist nur dann gegeben, wenn an den Schlüsselstellen Mitarbeiter eingesetzt werden, die nicht nur die fachliche Kompetenz mitbringen, sondern auch den Grundgedanken des GPM in sich tragen, und zwar nicht nur als Lippenbekenntnis. Außerdem sollten sie die Fähigkeit besitzen, überzeugend und ehrlich zu motivieren.

Ziel des intelligenten Prozessmanagements ist es, GPM im Unternehmen nach und nach zum „Selbstläufer" zu machen. Das heißt, dass alle Führungskräfte und Mitarbeiter

9.5 Intelligentes Prozessmanagement

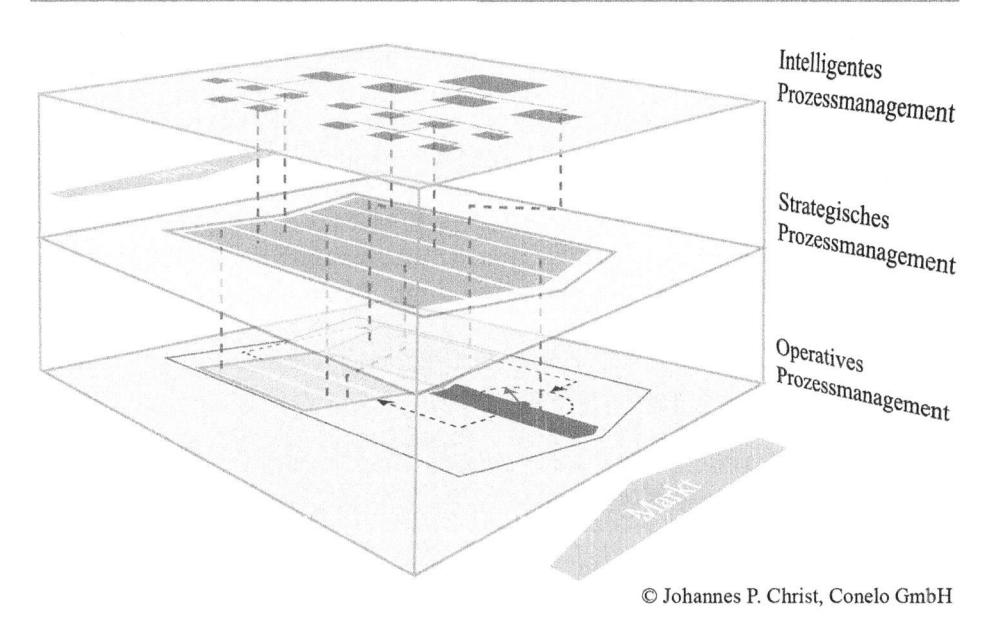

Abb. 9.3 Modell des intelligenten Prozessmanagements

© Johannes P. Christ, Conelo GmbH

in der Lage sind, langfristig und kontinuierlich die Prozesse im Unternehmen zu optimieren. Prozessmanagement wird also zur „Unternehmensphilosophie" und beeinflusst maßgeblich das Denken und das Handeln aller. Ein Unternehmen, das Prozessmanagement auf diese Weise aktiv lebt und damit große Erfolge erzielt hat, ist *Profectis* (vgl. Kap. 12).

> Intelligentes Prozessmanagement ist der Königsweg zum Unternehmenserfolg. Es bedeutet, Prozessmanagement langfristig im Unternehmen zu managen und zu regeln mit dem Ziel, die gesamte Organisation langfristig transparent zu führen und auf der Basis von Prozesskennzahlen zu steuern, also letztlich Wettbewerbsvorteile zu halten und auszubauen (vgl. Abb. 9.3). Mit intelligentem Prozessmanagement, das von der Geschäftsleitung, allen Führungskräften und Mitarbeitern aktiv mitgetragen und gelebt wird, haben Unternehmen markt-, kunden-, strategie- oder organisationsgetriebene Veränderungen kontinuierlich „auf dem Radar" in einer 360-Grad-Rundumsicht. Geordnete, strukturierte und permanent an den Kundenbedürfnissen ausgerichtete Prozesse verhindern einen Rückfall in Firefighting und Adhocismus und sorgen damit für ein weitgehend konfliktfreies und stressfreies Arbeiten.

9.6 Einführung über Top-down- oder Bottom-up-Vorgehen

Empirische Untersuchungen zeigen, dass die Mehrheit der Unternehmen sich nur mit einzelnen Prozessen beschäftigt, GPM demnach als Projekte mit dem Ziel einer einmaligen Verbesserung der Ist-Situation ansieht, jedoch den Schritt zum strategischen Prozessmanagement noch nicht vollzogen hat (vgl. BPM & Co 2011, S. 17 und PwC 2011, S. 26). Dementsprechend verwundert es nicht, dass Prozesskennzahlen bei vielen Unternehmen eine untergeordnete Rolle spielen und nur bei Bedarf ausgewertet werden (vgl. PwC 2011, S. 22).

Grundsätzlich gibt es zwei Möglichkeiten, intelligentes Prozessmanagement im Unternehmen einzuführen: entweder bottum-up oder top-down.

9.6.1 Das Bottum-up-Vorgehen

Beim Bottom-up-Vorgehen wird operativ zunächst mit einem oder einigen dysfunktionalen Prozessen begonnen, deren Mängel ins Auge springen, und erst anschließend orientiert man sich bei der Optimierung weiterer Prozesse an der Strategie. Dieses Verfahren wird oft angewandt, wenn die Initiative für das GPM zunächst von einzelnen Abteilungen, Mitarbeitern oder Führungskräften ausgeht und schließlich die Geschäftsleitung, sobald sie den Nutzen erkennt, eine Ausweitung des Prozessmanagements im gesamten Unternehmen befürwortet.

Bottom-up wird üblicherweise mit einigen wenigen „Enthusiasten" in einem Fachbereich gestartet. Das kann eine Qualitätsabteilung oder ein anderer Geschäftsbereich sein. Die Beteiligten stimmen sich ab und entwickeln eine gemeinsame Begeisterung, etwas Neues im Rahmen eines Arbeitsprozesses zu entwickeln. Sie starten das Projekt, schließen sich mit anderen Befürwortern zusammen und führen das Prozessmanagement oftmals in Ergänzung zu ihrer eigentlichen Arbeit durch.

Häufig gelingt es den Beteiligten leider nicht, eine „starke Stimme" im Unternehmen aufzubauen und sich Gehör zu verschaffen, obwohl ihnen vielfach zu Beginn Unterstützung zugesagt wird. Aber selbst dann, wenn die Unterstützung ausbleibt, zeigt die Erfahrung, dass ein erfolgreich durchgeführtes Projekt die Motivation im Unternehmen weckt. Eigentlich kein Wunder, denn bessere Prozesse, die die Arbeit erleichtern, Stress und Konflikte verringern oder abbauen und zu Zeiteinsparungen beitragen, tragen an sich schon ein Begeisterungspotenzial in sich, das auf andere Fachbereiche „ansteckend" wirken kann. Manchmal bilden sich auf diese Weise informelle Communities heraus, die untereinander die neuen Best-Practices teilen. Die optimierten Prozesse ziehen Kreise wie ins Wasser geworfene Steine. Die Mitarbeiter versuchen dann in Eigenorganisation, weitere Prozesse zu optimieren.

Idealerweise gelingt es den Beteiligten, irgendwann die Führungskräfte oder das Topmanagement für die Vorteile des Prozessmanagements zu begeistern. Meist bedarf es dazu einer „kritischen Masse" an verbesserten Prozessen oder an begeisterten Mitarbeitern, damit der Funke überspringt und Prozessmanagement eine strategische Bedeutung gewinnt. Grundsätzlich ist dies jedoch eine Frage der Einstellung der Führungskräfte und des oberen Managements, und diese ist wiederum eine Frage der Kultur (vgl. dazu Kap. 11). Meist genügt es, eine eingeschränkte Anzahl an Führungskräften vom Nutzen des Prozessmanagements zu überzeugen, damit es strategisch angesiedelt wird.

▶ Der Nachteil von bottom-up identifizierten verbesserungswürdigen Prozessen besteht darin, dass sie nicht unbedingt eine Verbindung zu Kunden, Geschäftsstrategie und Kernkompetenzen herstellen sowie Abteilungs- und Organisationsgrenzen nicht überwinden. Ein weiterer Nachteil ist es, dass mittleres und oberes Management auf diesem Wege oft nur schwer für Prozessmanagement gewonnen werden können. Wenn dies der Fall ist, fehlen dazu die notwendigen Treiber.
Ein wesentlicher Vorteil ist jedoch die Begeisterung und die damit einhergehende Veränderungsbereitschaft auf der Mitarbeiter-Ebene: Viele wollen schon darum mitmachen, weil sie die Verbesserungen in ihrem eigenen Arbeitsbereich unmittelbar spüren. Insgesamt gilt das Bottum-up-Verfahren für die Etablierung des Prozessmanagements als der schwierigere Weg.

9.6.2 Das Top-down-Vorgehen

Beim Top-down-Verfahren werden von Anfang an die zu optimierenden Prozesse an der Unternehmensstrategie ausgerichtet. Auf diese Weise wird vorgegangen, wenn die Initiative für das GPM von der Unternehmensleitung ausgeht. Das Commitment der Geschäftsleitung sichert die Unterstützung im Unternehmen. Dies ist ein wesentlicher Erfolgsfaktor für eine effiziente und offene Umsetzung des Prozessmanagements. Der CEO oder eine andere Führungskraft der Geschäftsleitungsebene sollte dabei als Sponsor auftreten und seine aktive Einbindung in das Programm demonstrieren.

Erforderlich ist dafür die Ausarbeitung eines Konzeptes, das die wichtigsten Ergebnisse und den Nutzen des gesamten Programms dem mittleren Management nahe bringt und es zum Mitmachen verpflichtet. Eine wichtige Rolle spielt dabei wiederum die Kultur im Unternehmen (vgl. Kap. 11).

Während der *Bottom-up*-Ansatz (vom operativen zum strategischen Prozessmanagement) von der bestehenden Aufbauorganisation ausgeht und Probleme innerhalb dieses Rahmens definiert, ist es beim *Top-Down*-Ansatz (vom strategischen zum operativen Prozessmanagement) auch möglich, dass die bestehende Aufbauorganisation mit ihrer Orientierung an Funktions- und Abteilungsstrukturen verändert wird. Denn oberste Priorität hat die Umsetzung der Geschäftsstrategie, die die Substanzerhaltung der Unternehmensressourcen im Fokus hat. Ist es in ihrem Sinne, das Unternehmen umzustrukturieren, so kann das „Aufbrechen" bisheriger Strukturen sinnvoll sein.

▶ Der Vorteil von top-down-getriebenem Prozessmanagement liegt in seiner engen Anbindung an die Unternehmensstrategie. Bei der vom Topmanagement so oft beklagten fehlenden „Umsetzung der Strategie in die Praxis" kann das Prozessmanagement einen wertvollen Beitrag leisten. Der Vorteil liegt außerdem in einem höheren, weil umfassenderen Nutzen im Vergleich zu einem bloß operativen Prozessmanagement. Ein Nachteil kann es sein, wenn das mittlere Management oder die Mitarbeiter nicht überzeugt sind und nicht engagiert mitmachen. Hier kann die Etablierung einer entsprechenden Transformationskultur hilfreich sein. Der Top-down-Ansatz gilt als der erfolgversprechendere zur Etablierung des Prozessmanagements im Unternehmen.

Prozessoptimierungen dauern zu lange – mit dem Latein am Ende

Ein Fachbereichsleiter in einem mittelständischen Unternehmens bekannte in einem Gespräch: „Wir sind in Sachen Prozessmanagement mit unserem Latein am Ende. Wir haben schon einiges versucht, aber wir kommen nicht weiter, weil es uns nicht gelingt, die Unterstützung des Topmanagements zu bekommen." Auf die Frage „Wie lange dauern Ihre Projekte zur Optimierung eines Prozesses?" lautete die Antwort: „12 bis 18 Monate." Aus der Antwort ließ sich ersehen, dass der Zeitaufwand um 75 Prozent überzogen war. Kein Wunder, dass das Management keine Unterstützung beim Prozessmanagement anbot!

In diesem Falle war es möglich, mit Hilfe eines externen Prozessmanagement-Beraters vom Bottom-up- zum Top-down-Verfahren zu wechseln, als die Unternehmensleitung davon überzeugt werden konnte, dass sich bei einem professionelleren Vorgehen viel Zeit einsparen ließ. Mit den Mitgliedern der Geschäftsleitung wurde schließlich eine Workshop-Serie durchgeführt, um ein Top-down-Programm aufzusetzen. So konnte eine organisatorische Basis für die weitere Durchführung geschaffen werden, wobei Aufgaben und Kompetenzen klar festgelegt wurden. Gleichzeitig wurde eine stringente Methode eingeführt, die die Projektlaufzeit auf weniger als 5 Monate reduzierte.

Checkliste: Wo steht Ihr Geschäftsprozessmanagement?

- Steht Ihr Unternehmen auf der Stufe des isolierten, des operativen, des strategischen oder des intelligenten Prozessmanagements?
- Worin sehen Sie momentan den größten Engpass, um die nächsthöhere Stufe zu erklimmen?
- Steht die Unternehmensleitung hinter dem Prozessmanagement?
- Wenn nein, welche Bedenken bestehen konkret von ihrer Seite? Wie lassen sich diese gegebenenfalls ausräumen?

- Stehen das mittlere Management und die Mitarbeiter hinter dem Prozessmanagement und sind sie bereit, es engagiert zu unterstützen?
- Wenn nein, welche Bedenken bestehen und wie lassen sie sich gegebenenfalls ausräumen?
- Inwieweit hat die Geschäftsleitung Kenntnis der unterschiedlichen Ebenen?
- Gibt es „Zellen" von Prozessmanagement-Aktivitäten im Unternehmen, die ohne Management-Unterstützung agieren?
- Wer ist in Ihrem Unternehmen für das strategische und für das operative Prozessmanagement verantwortlich?
- Erhalten Sie regelmäßig Kennzahlen über das intelligente Prozessmanagement?
- Welche Aufgaben nehmen Sie und Ihre Geschäftsleitungsmitglieder in den einzelnen Ebenen wahr?

▷ **Übersicht über die Ebenen des Prozessmanagements** Das *isolierte oder einmalige* Prozessmanagement beschränkt sich auf die Verbesserung eines einzelnen Prozesses im Unternehmen.

Das *operative* Prozessmanagement konzentriert sich auf die operative Verbesserung mehrerer Prozesse und wird gegebenenfalls fortlaufend durchgeführt. Eine Anbindung an die Unternehmensstrategie ist damit nicht unbedingt gegeben. Das Managen der Prozesse steht im Vordergrund.

Das *strategische* Prozessmanagement orientiert sich schwerpunktmäßig an der Geschäftsstrategie und den -zielen. Zu optimierende Prozesse werden danach ausgewählt, inwiefern sie dazu beitragen, die Strategie umzusetzen.

Das *intelligente* Prozessmanagement ist die Meta-Ebene des strategischen Prozessmanagements. Es sorgt für dessen Koordination und etabliert es als kontinuierliche und dauerhafte Unternehmensphilosophie, die von Führungskräften und Mitarbeitern im Unternehmen langfristig mitgetragen und eigenverantwortlich gelebt wird. Es konzentriert sich auf das Managen des Prozessmanagements.

Literatur

BPM & Co, Hrsg. Thilo Knuppertz, Sven Schnägelberger et al. 2011. Umfrage Status quo Prozessmanagement 2010/11. Köln. www.bpmo.de.

Gassmann, René. 2012. *Six Sigma und BPM: Integriertes Prozessmanagement.* Hamburg: Diplomica Verlag.

Minnone, Clemente. 2012. *Die Kluft zwischen Strategie und Prozessen.* io management Jan./Febr. 2012:41–43.

PwC (PricewaterhouseCoopers), Hrsg. 2011. Zukunftsthema Geschäftsprozessmanagement. Eine Studie zum Status quo des Geschäftsprozessmanagements in deutschen und österreichischen Unternehmen. www.pwc.de/de/prozessoptimierung.

Vorgehen nach dem „4 i-Phasenmodell" – den Umsetzungserfolg systematisch planen 10

10.1 Intelligentes Prozessmanagement als Unternehmensphilosophie

Um mit dem intelligenten Prozessmanagement im Unternehmen zu starten und es erfolgreich zu implementieren, ist das Vorgehen auf einer *übergeordneten* Ebene zu organisieren und einzufädeln (vgl. Abb. 9.3). Denn es müssen nicht nur die Prozesse gemanagt und optimiert werden, sondern:

1. Das Prozessmanagement selbst muss gemanagt werden. Das heißt, es muss geplant werden, welche Prozesse notwendig sind, um dem strategischen und operativen Prozessmanagement eine Struktur bzw. ein Rahmenwerk zu geben und dabei so ressourcenschonend wie möglich vorzugehen, damit die Organisation einerseits so wenig wie möglich belastet wird, andererseits aber doch die hoch gesteckten Ziele erreicht werden.
2. Dazu muss die Organisation als Ganzes befähigt werden, verbesserungswürdige Prozesse zu identifizieren, zu optimieren und im Unternehmen zu implementieren.
3. Das setzt wiederum voraus, dass die fachliche Kompetenz aller Mitarbeiter und Führungskräfte entsprechend entwickelt wird, damit jeder Einzelne in seinem Arbeitsbereich – unabhängig von der Hierarchiestufe, auf der er steht – einen „geschulten Blick" dafür bekommt, wann Prozesse verbessert werden müssen, welche Kompetenzen er dafür hat und wie er dabei vorgeht, und zwar in enger Abstimmung mit seinen Kollegen und Vorgesetzten. Jeder Mitarbeiter sollte die Verantwortung für seinen Arbeitsbereich übernehmen können und wollen.
4. Damit das Ganze keine einmalige Sache bleibt, muss Prozessmanagement so aufgestellt werden, dass es langfristig wirkt. Das gelingt nur, wenn es eine Form der „Selbstorganisation" annimmt, bei der auch in Zukunft Geschäftsführung, Führungskräfte und Mitarbeiter die gleich „Denke" haben und zusammenarbeiten.

Zum intelligenten Prozessmanagement gehört also ganz wesentlich, dass es zur tragenden Unternehmensphilosophie wird. Dies ist möglich, wenn die Geschäftsleitung erkannt und verstanden hat, dass es nicht nur um das beliebige oder einmalige Verbessern von dysfunktionalen Abläufen geht, sondern dass Prozessmanagement *langfristig Wettbewerbsvorteile sichert und ausbaut*, wie bereits mehrfach im Buch beschrieben (vgl. Abschn. 5.3). Ein Unternehmen, das dies vorbildlich praktiziert und damit sogar einen Turnaround aus einer existenzbedrohlichen Situation geschafft hat, ist *Profectis* (vgl. Kap. 12).

▶ Hilfreich, um das intelligente Prozessmanagement im Unternehmen zu etablieren, ist das vom Autor entwickelte „4i"-Phasenmodell, das aus folgenden Bausteinen besteht:

- Die *Inkorporation* führt das Thema Prozessmanagement im Gesamtunternehmen ein.
- Die *Initiation* ebnet den Weg für die strategische Ausrichtung des Prozessmanagements.
- Die *Inklusion* befähigt die Mitarbeiter und sorgt für die nachhaltige Erzielung der operationalen Exzellenz.
- Die *Integration* stellt sicher, dass das Prozessmanagement in den Arbeitsbereich eines jeden Mitarbeiters eingebettet wird.

Vereinfacht könnte man sagen, die vier „kleinen i" ergeben zusammen das „große I", nämlich das Intelligente Prozessmanagement. Im Folgenden werden die Phasen der „4 i" vorgestellt, die ein Unternehmen hintereinander durchläuft.

10.2 Inkorporation: So schaffen Sie die Grundlagen im Unternehmen

Die erste Phase der Inkorporation dauert, je nach Unternehmensgröße, etwa zwei bis vier Monate und ist die Vorbereitung zur Durchführung des umfassenden Prozessmanagement-Programms im Unternehmen. Ich spreche hier bewusst von einem „Programm", das sich aus vielen einzelnen „Projekten" zusammensetzt und außerdem das Ziel hat, dass nach der Durchführung der Einzelprojekte Prozessmanagement als „Selbstläufer" im Unternehmen eigenständig von allen mitgetragen und fortgeführt wird.

Diese Vorbereitungsphase mag einigen lang erscheinen, folgt jedoch der Devise: „Proper prior planning prevents poor performance." Bei allen größeren Vorhaben ist es so: Je gründlicher die Vorbereitung, desto schneller und einfacher die Durchführung. Die Zeit, die man bei der strategischen Vorbereitung nicht investieren will, buttert man

10.2 Inkorporation: So schaffen Sie die Grundlagen im Unternehmen

erfahrungsgemäß bei der operationalen Durchführung doppelt und dreifach hinein, denn es kann an vielen Stellen zu Chaos, Kompetenzstreitigkeiten und anderen Reibungsverlusten kommen, die schlimmstenfalls das gesamte Prozessmanagement und damit das Erreichen der Ziele gefährden. Daher ist diese erste Phase als kritisch anzusehen.

> ▶ In der Inkorporationsphase bereitet sich das Unternehmen auf die „große Reise" vor. Wie bei jeder Reise ist es ratsam, den Weg zu planen, zu überlegen, welches Gepäck mitgenommen werden muss, die Teilnehmer zu bestimmen und sich mit dem Reiseziel vertraut zu machen.

Die Phase der Inkorporation schafft eine Verbindung zwischen der vorgegebenen Unternehmensstrategie und dem geplanten Programm. Damit wird eine Strategie für das Prozessmanagement aufgesetzt, und zwar in nachvollziehbarer und im gesamten Unternehmen bis hinunter zum letzten Mitarbeiter kommunizierbarer Weise. Zweckmäßigerweise werden die strategischen Komponenten schrittweise hinterfragt, um die unterschiedlichen Bereiche zu definieren, in denen Prozesse optimiert werden müssen.

10.2.1 Die Teilnehmer des Programms

Teilnehmer in dieser Phase sind

- die Geschäftsleitung, insbesondere der von ihr nominierte Programmsponsor, das ist ein Mitglied des Topmanagements, das das Prozessmanagement aktiv unterstützt,
- die vorgesehenen, wenn auch noch nicht definitiv nominierten Mitglieder des Steuerungsausschusses (zu seiner Aufgabe vgl. Abschn. 7.2),
- ausgewählte Stakeholder, die dem Prozessmanagement positiv gegenüberstehen, und zwar unabhängig von ihrer jeweiligen Hierarchiestufe, sowie
- das Deployment-Team, also das mit der Durchführung des intelligenten Prozessmanagements beauftragte Team.

Der *Programmsponsor* ist eine der tragenden Säulen für das Gelingen des Ganzen. Er ist das Bindeglied zwischen dem Topmanagement und allen in das Geschehen involvierten Führungskräften und Mitarbeitern. Seine Aufgabe kann er allerdings nur dann erfüllen, wenn die Geschäftsleitung hinter ihm steht. Zeigen Mitglieder der Geschäftsleitung eine offene oder verdeckte Ablehnung, sind sie am Programm nicht interessiert und nehmen an den erforderlichen Veranstaltungen gar nicht oder nicht regelmäßig teil, so treten erfahrungsgemäß im Laufe der Zeit nur schwer überwindbare Schwierigkeiten auf. Selbst wenn die Geschäftsleitung nicht gegen Prozessmanagement ist, sondern „nur" Unsicherheit oder Unschlüssigkeit signalisiert, kann sich dies lähmend auf die nachfolgende Prozessarbeit auswirken und den gesamten Erfolg in Frage stellen.

Wenn der Geschäftsführer unsicher ist

In einem Unternehmen mit etwa 1.200 Mitarbeitern wurde mit Hilfe eines externen Beraters gemeinsam mit dem Leiter Controlling und dem für die Implementierung des umfassenden Prozessmanagements Beauftragten erfolgreich ein Konzept für das Programm aufgestellt. Die Methode und das Umsetzungsmodell wurden von Seiten des Topmanagements genehmigt, und umfangreiche Maßnahmen zur Sensibilisierung der Mitarbeiter wurden gestartet. Doch die Unsicherheit, die der Geschäftsführer ausstrahlte, griff wie ein Virus auf alle anderen Mitglieder der Geschäftsleitung über. Obwohl Fakten aufzeigten, dass die Implementierung innerhalb von nur 6 Monaten einen *Return on Investment* bringt, die Prozessleistung sich markant verbessert und Kunden profitieren würden, blieb der Geschäftsführer unsicher. Davon ging eine ungünstige Signalwirkung ins gesamte Unternehmen aus, denn jedermann spürte, dass der Geschäftsführer nicht voll hinter dem Programm stand. So bekamen immer wieder andere Projekte und Aufgaben eine höhere Priorität als das Prozessmanagement.

Unsicherheit entsteht entweder, weil die Geschäftsleitung die Notwendigkeit des Prozessmanagements nicht erkennt, oder aber weil das Vorgehen zur Umsetzung des Programms nicht „scharf" genug erarbeitet wurde. Die Bedenken beziehen sich in diesem Falle darauf, dass dass Prozessmanagement zu viele Ressourcen binden und daher den laufenden Geschäftsbetrieb behindern könnte. Es ist tatsächlich so, dass Ressourcen im Rahmen des Programms falsch eingesetzt oder dass zu viele Ressourcen vom Tagesgeschäft abgezogen werden könnten. Durch eine durchdachte Risikomanagement-Betrachtung kann dieses Risiko vermindert werden. Doch es muss unmissverständlich darauf hingewiesen werden, dass es nicht geht, wenn nicht ausreichend Ressourcen zur Verfügung gestellt werden. Der Spruch „mach eine Faust ohne Finger" bringt es auf den Punkt. Eben darum ist die sorgfältige Planung in der Phase der Inkorporation erforderlich.

In jedem Unternehmen gibt es je nach Wirtschaftszweig, Unternehmensgröße und internen politischen Strukturen etwa 5 bis 10 Prozent der Belegschaft, die einen maßgeblichen Einfluss auf den gesamten Betrieb haben. Das können Inhaber, (Mit-)Gesellschafter, Führungskräfte und andere Personen sein, die keineswegs ausschließlich im Topmanagement sein müssen. Ich bezeichne sie als *Stakeholder*. Es ist wichtig, diese 5 bis 10 Prozent von der Notwendigkeit des Prozessmanagements zu überzeugen. Zusammen mit der Geschäftsleitung, die ebenfalls ohne Wenn und Aber dahinter stehen sollte, ist damit eine „kritische Masse" an Befürwortern im Unternehmen erreicht, die dazu beiträgt, dass das Prozessmanagement in den nachfolgenden Phasen erfolgreich verläuft. In der Tat genügt eine kritische Masse, ein Grenzwert, an Befürwortern; es muss nicht von Anfang an das gesamte Unternehmen vom Prozessmanagement überzeugt sein, damit die Implementierung gelingt.

Das *Deployment-Team* ist das mit der Durchführung des Programms zu betrauende Team, dessen Leiter von der Geschäftsführung benannt werden sollte. Um

10.2 Inkorporation: So schaffen Sie die Grundlagen im Unternehmen

ein Team „zusammenzuschweißen", das nicht nur über die erforderlichen fachlichen Qualifikationen verfügt, sondern auch reibungsfrei, kooperativ und effektiv zusammenarbeitet, bieten sich verschiedene Methoden zur Auswahl der Mitglieder an wie beispielsweise der Myers-Briggs-Typen-Indikator (MBTI). Diese Werkzeuge hier vorzustellen, würde den Rahmen des Buches sprengen; von der Personalabteilung werden oft bereits routinemäßig Methoden angewandt, die auch hier eingesetzt werden sollten.

Auch wenn der Umfang des Teams primär von der Umsetzungsgeschwindigkeit abhängt, ist die *Team-Performance* letztlich für den Erfolg von wesentlicher Bedeutung. Im Einzelfall kann es erforderlich sein, dass Lücken durch gezielte Schulung oder Neueinstellung von Mitarbeitern geschlossen werden müssen, bevor das Team einsatzfähig ist.

Natürlich ist auch das Mitwirken der *Führungskräfte* der verschiedenen Hierarchieebenen für den Erfolg entscheidend. Im ersten Anlauf können die Führungskräfte je nach Kultur des Unternehmens entweder von der Geschäftsleitung bestimmt oder auf freiwilliger Basis zum Mitmachen aufgefordert werden.

Wenn die Unternehmensleitung das Führungsteam zum Umdenken bewegen möchte, eignet sich dafür zum Beispiel das von Oliver Bartels und Sonja Radatz entwickelte „Evolutionäre Relationsmodell". Dieses Modell gibt traditionelle Themen wie Planung und Budgetierung, Kontrolle und Führung auf und ersetzt sie durch Selbstverantwortung, Heterarchie und die Organisation rund um den strategischen Treiber sowie die Orientierung am nächsten Schritt. Silo-Denken, langatmige Change-Prozesse, mühsame Projekte, endlose Meetings und das unablässige Warten auf „Abstimmung", „Entscheidung" und „Korrektur" haben damit ein Ende. Denn der relationale Ansatz konzentriert sich auf die Schaffung einer sinnvollen Zukunft, in der nicht nur Ergebnisse erwirtschaftet werden, sondern auch alle selbstverantwortlich, innovativ, mit Spaß und natürlicher Motivation daran mitarbeiten. Darauf hier näher einzugehen, würde ebenfalls den Rahmen dieses Buches sprengen; interessierte Leser finden in der Literatur (u. a. Radatz 2013) nähere Hinweise zum Vorgehen.

> ▶ In der Inkorporationsphase sollte eine „kritische Masse" an Befürwortern für das Prozessmanagement gewonnen werden. Notwendige Befürworter sind in erster Linie die Geschäftsleitung, ein ausgewählter Teil der Stakeholder und ausgewählte Führungskräfte. Können Unsicherheiten oder Bedenken hinsichtlich des Prozessmanagements in diesen Gruppen nicht beseitigt werden, so werden damit ungünstige Signale in das Unternehmen gesendet, die zum Scheitern des Programms führen können.

10.2.2 Das Vorgehen

1. *Selbstbewertung:* Im Rahmen der Anwendung eines Reifegradmodells wie beispielsweise EFANEX® (vgl. Abschn. 13.2) wird die Ausgangslage ermittelt, durch die man ein gesamtheitliches Bild über den Unternehmenszustand erhält. Das Bild, das auf diese Weise entsteht, wird mit ausgewählten Personen besprochen und ist die Grundlage, um den Soll-Zustand zu bestimmen. Auf dieser Basis kann dann regelmäßig der Fortschritt des Programms bewertet werden.
2. *Interviews:* Eine Reihe von Gesprächen auf Topmanagement-Ebene bringen Klarheit über Erfahrungen mit ähnlich gelagerten Programmen, das Verständnis der derzeitigen Strategie, die Akzeptanz hinsichtlich des Prozessmanagements im Unternehmen, die Managementkultur (vgl. Abschn. 11.3) und den Reifegrad.
3. *Vision:* Die Geschäftsleitung erstellt gemeinsam mit dem Deployment-Team ein Zielbild in Form einer Vision.
4. *Methode:* Es wird eine Methode (vgl. Kap. 7 und 8) ausgewählt bzw. vorgegeben, um die Leistungspotenziale im Unternehmen zu heben. Es muss sichergestellt werden, dass die Methode verstanden und stringent angewendet wird.
5. *Kommunikation:* Es ist ausgesprochen wichtig, das gesamte Programm im Unternehmen zu kommunizieren, gegebenenfalls unter Einbindung der Abteilung Corporate Communications. Nur durch regelmäßige Information über die Gründe für das Vorgehen und die Fortschritte werden Barrieren abgebaut. So stellt sich eine Kultur der Akzeptanz und die Bereitschaft ein, sich der Initiative anzuschließen.

Die weiteren Schritte wie die Entwicklung des Deployment-Plans und der Aufbau einer Infrastruktur sind Gegenstand der nachfolgenden Phasen.

▶ **Die wesentlichen Aufgaben der Inkorporationsphase**

1. Einbindung des Prozessmanagement-Programms in die Unternehmensstrategie
2. Start des Stakeholder Managements
3. Aufstellung und Qualifikation des Deployment-Teams
4. Mobilisierung der Beteiligten und Information im gesamten Unternehmen

Empfehlungen für die Geschäftsleitung

- Zeigen Sie Ernsthaftigkeit und Entschlossenheit, indem Sie eindeutige Ziele für die Führungscrew setzen.
- Demonstrieren und kommunizieren Sie die Bedeutung des Programms für das Unternehmen, den Nutzen und Ihren Glauben an den Erfolg.
- Binden Sie Ihr Führungsteam derart ein, dass eine Eigenmotivation, das Programm zu unterstützen, entsteht. Zeigen Sie den Nutzen für jeden Einzelnen auf.

- Sensibilisieren Sie Ihr Führungsteam, dass die Prozessleistung ab sofort Einfluss auf die individuelle Mitarbeiterbewertung hat.
- Setzen Sie von Anfang an klare Richtlinien, um ein hohes Commitment aller zu erreichen.
- Zeigen Sie, dass Sie sich in diesem und für dieses Programm engagieren und welche Rolle Sie selbst übernehmen werden.
- Formulieren Sie eine sinnstiftende Vision, um den Wandel zu steuern, und präsentieren Sie sie im Unternehmen. Wie soll das Zielbild aussehen?
- Erklären Sie die Vorgehensweise, mit der der Wandel und das Ziel erreicht wird.
- Beziehen Sie in Ihre Kommunikation Kopf und Herz gleichermaßen ein. Gerade am Anfang ist analytisches Denken ebenso wichtig wie Emotionen.
- Scheuen Sie sich auch nicht, über mögliche Hindernisse und Inkonsistenzen zu sprechen und darüber, dass Sie alles daransetzen, sie zu beseitigen.
- Nehmen Sie sich Zeit zu kommunizieren, auch durch Dialoge und persönliche Gespräche. Verbreiten Sie Ihre Botschaft außerdem auf allen möglichen Kommunikationswegen und Medien im Unternehmen. Kommunizieren Sie einfach, also ohne „Prozessmanagement-Fachchinesisch".
- Sagen Sie unmissverständlich, dass alle, die den Weg des Prozessmanagements nicht mitgehen, das Unternehmen verlassen müssen.

10.3 Initiation: So ebnen Sie den Weg für den Roll-out

Die zweite Phase der Initiation dauert ein bis drei Monate, je nach Ausgangssituation des Unternehmens. In dieser Phase geht es um die konzeptionelle Gestaltung des Prozessmanagements, also die Beschreibung des Weges, den ein Unternehmen mit Prozessmanagement zu gehen gewillt ist. Zentral ist die Ausarbeitung des Umsetzungsplans, auch als „Deployment-Plan" oder „Masterplan" bezeichnet.

Je nach Reifegrad des Unternehmens – also je nachdem, wie vertraut das Unternehmen mit dem Prozessmanagement ist – werden die Eckpfeiler des Plans unterschiedlich aufgearbeitet. Bei ausgeprägtem Reifegrad kann schon ein kurzes Gespräch zwischen den Mitgliedern der Geschäftsleitung ausreichen, bei geringem Reifegrad wird es sich um eine längere Erarbeitung in mehreren Etappen handeln, wobei vorab die Vorgehensweise definiert werden sollte.

10.3.1 Der Aufbau einer zuständigen Organisationseinheit

Für viele Unternehmen, insbesondere für größere, ist der Aufbau einer eigenen Organisationseinheit empfehlenswert, die für die Implementierung des intelligenten Prozessmanagements im Unternehmen zuständig ist und sicherstellt, dass die unternehmensweiten

Aufgaben des Effizienz- und Prozessmanagements fortwährend durchgeführt sowie weiterentwickelt werden. Allein schon durch das Vorhandensein einer solchen Abteilung bringt das Topmanagement zum Ausdruck, wie wichtig ihm das umfassende Effizienz- und Prozessmanagement ist. Damit wird ein entsprechendes Signal an alle Mitarbeiter im Unternehmen gesendet.

Diese Organisationseinheit ist nicht als „neues Machtzentrum" gedacht, aber auch nicht als „Abstellgleis für unliebsame oder wenig befähigte Mitarbeiter", sondern sie hat die Aufgabe, den Erfolg des Prozessmanagements nachhaltig zu garantieren. Die Hierarchie in dieser Organisation ergibt sich weniger aus den Funktionen, die der Linienorganisation entsprechen, als aus dem Ausbildungsgrad, den Erfahrungen und dem Wissen in Sachen Prozessmanagement. Die geschaffene Organisationseinheit trägt meist Namen wie „Unternehmensentwicklung", „Prozesse und Effizienzen" oder „Operational Excellence" (diese Bezeichnung wird auch im Buch bevorzugt verwendet).

Grundsätzlich ist zwischen zwei Gruppen zu unterscheiden:

1. Die im konzeptionellen und organisatorischen Aufbau der Infrastruktur Tätigen, also Sponsoren, Champions, Programmleiter und Prozess-Eigentümer (vgl. zur Bezeichnung der Rollen Abschn. 4.2)
2. Die in der Anwendung der Methoden (beispielsweise DMAIC), also in den konkreten Prozessoptimierungen Tätigen

Stab oder Linie – das ist immer wieder die Frage bei der Einrichtung einer entsprechenden Organisationseinheit. Ich empfehle *keine* Stabsstellen, weil der Programmleiter in einer solchen Funktion lediglich Beratungs- und Empfehlungsbefugnisse hätte, aber keine Weisungsrechte.

> ▶ Damit das Prozessmanagement und die dafür Verantwortlichen im Unternehmen die entsprechende Beachtung finden, empfehle ich die Anpassung der Aufbauorganisation und die Installation der zuständigen Organisationseinheit „Operational Excellence" direkt unterhalb der Geschäftsleitung.

10.3.2 Das Prozessmodell und seine Ziele

Zuerst wird ein Prozessmodell erarbeitet, also eine übergeordnete Darstellung sämtlicher Prozesse im Unternehmen. Das Prozessmodell, auch als „Prozess-Landkarte" bezeichnet, ist nicht nur lohnenswert, sondern auch verpflichtend,

– um eine Übersicht über sämtliche Prozesse im Unternehmen zu bekommen, die etwa ein Organigramm nicht zeigt,
– damit sich alle Mitarbeiter in den Prozessen verorten können und sehen, wo und wie sie bzw. ihr Arbeitsbereich involviert sind,

- um Prozesse zu priorisieren, denn nicht alle sind gleich wichtig,
- um anschließend im Deployment-Plan festzulegen, welche Prozesse optimiert werden sollen.

Manchmal wird die Erarbeitung des Prozessmodells vom Topmanagement als notwendiges Übel angesehen, doch ist sie erforderlich, weil sie ein Teil der Ist-Analyse der Ausgangslage darstellt. Ohne Prozessmodell steht der Deployment-Plan auf wackligen Füßen.

Fredmund Malik weist darauf hin, dass Organisation, Struktur und Prozesse von der Strategie beeinflusst werden, weil der Grundsatz gilt, dass die Strukturen der Strategie folgen sollen. Er zeigt auf, dass es essentiell ist, Arbeiten zu erledigen, die eine Wirkung in das Unternehmen haben: Management sei „immer aus der Perspektive von Wirksamkeit und professioneller Kompetenz zu behandeln" (Malik 2007, S. 70). Demnach gibt es also einen eindeutigen Zusammenhang zwischen der Unternehmensstrategie und dem Unternehmensprozessmodell.

> ▶ Die Ziele für das Prozessmodell sind von den Zielen des Unternehmens abzuleiten. Dabei werden die Prozessziele aber sehr viel detaillierter definiert als die Unternehmensziele. Ganz wichtig: Im Rahmen des Prozessmodells werden die Ziele über alle Ebenen und Stufen des Unternehmens kaskadiert, um ihre Auswirkungen in allen Arbeitsbereichen vollständig zu erfassen.

10.3.3 Die Ausarbeitung des Deployment-Plans

Die Ausarbeitung des Deployment-Plans sollte vom Topmanagement des Unternehmens in Zusammenarbeit mit dem Deployment-Team, insbesondere dem Deployment-Leader, erfolgen. Ist das Unternehmen wenig oder gar nicht erfahren im Prozessmanagement, so empfiehlt sich die Hinzuziehung eines Fachmannes, der sich mit dem intelligenten Prozessmanagement auskennt.

Aus zwei Gründen ist es sinnvoll, wenn das Topmanagement den Plan nicht alleine ausarbeitet, sondern das Deployment-Team miteinbezieht:

- Im Rahmen eines Top-down-Vorgehens kann die methodische Unterstützung des Deployment-Teams die zielgruppenorientierte Kommunikation in den einzelnen Führungsebenen sicherstellen. So werden alle Hierarchiestufen erreicht. Die Führungskräfte aller Stufen haben Gelegenheit, ihre Bedenken, ihre Kritik und ihre Anliegen einzubringen, so dass diese ins Programm miteinbezogen werden können.
- Das Deployment-Team positioniert sich bei den unterschiedlichen Führungsebenen im Unternehmen als Verantwortungsträger für die Umsetzung; es wird deutlich sichtbar.

▶ Drei Arbeitspakete charakterisieren den Deployment-Plan:

1. Einbindung und Unterstützung des Managements aller Ebenen
2. Einbindung und Aufbau interner Prozessmanagement-Experten
3. Aufbau einer Infrastruktur

Einbindung und Unterstützung des Managements aller Ebenen: Das Deployment-Team erhält von der Geschäftsleitung das Mandat, die Bedenken und Anliegen der Führungskräfte der verschiedenen Ebenen aufzunehmen und zu sammeln. Widerstände können fachlicher oder persönlicher Natur sein. Erfahrungsgemäß sind von Seiten des Topmanagements eine unklare Kommunikation und unklare Botschaften die Ursachen für mögliche Bedenken (vgl. Abschn. 11.2); dementsprechend können sie auch durch richtige und gute Kommunikation ausgeräumt werden. Der Deployment-Leader kondensiert die Aussagen und erarbeitet individuelle Vorschläge, wie sie zu behandeln sind.

Einbindung und Aufbau hausinterner Experten für Prozessmanagement: Mittel- bis langfristig sollte das Unternehmen in der Lage sein, die Aufgaben des Prozessmanagements und die Tätigkeiten der laufenden Prozessoptimierung eigenverantwortlich – ohne Hinzuziehung externer Berater – durchzuführen. Kurzfristig kann es hingegen erforderlich sein, Berater hinzuziehen oder sich extern schulen bzw. ausbilden zu lassen. In Zusammenarbeit mit der Personalabteilung sollte das Deployment-Team klären, welche Top-Talente in das Programm aufgenommen und geschult werden sollten. Für junge, besonders befähigte Mitarbeiter ergibt sich die Chance, sich weiterzuentwickeln und später Führungsverantwortung zu übernehmen.

Leider ist gelegentlich festzustellen, dass die Geschäftsleitung den Einsatz von besonders befähigten Mitarbeitern im Prozessmanagement nicht zulassen möchte.

Top-Talente für herausragende Aufgaben

In einem Gespräch mit einem Geschäftsführer ließ dieser verlauten, dass die Top-Talente für „hochqualifizierte Aufgaben", nicht jedoch für Prozessmanagement, „reserviert" seien. Stattdessen sollten Mitarbeiter, die für herausragende Aufgaben nicht eingesetzt werden könnten, dem Programm zugeordnet werden. Was glauben Sie, welchen Stellenwert Prozessmanagement in diesem Unternehmen hatte? Wenn die Umsetzung der Unternehmensstrategie – und nichts anderes ist Prozessmanagement – keine „herausragende" Aufgabe ist, die eine hohe Qualifikation erfordert, dann stellt sich die Frage, welche Aufgaben in einem Betrieb denn noch dringender und wichtiger sein könnten.

Experten für das Prozessmanagement werden aufgebaut, indem sie in sämtlichen Modulen einer vorher festgelegten Methode zur Prozessoptimierung – z. B. DMAIC (vgl. Kap. 7 und Kap. 8) – trainiert und zu Methodenexperten ausgebildet werden (vgl. dazu die folgende Phase der Inklusion). Die Ausbildung erfolgt nicht theoretisch, sondern direkt im Rahmen eines konkreten Optimierungsprojektes, das im Unternehmen ansteht und im Deployment-Plan festgelegt wurde. Mit der Geschäftsleitung wird eine Projektdurchlaufzeit vorgegeben, und auf dieser Basis erfolgt die Planung der Ausbildung, die der Deployment-Plan meist über einen Zeitraum von ein bis zwei Jahren kalkuliert.

Einbindung auf Aufbau einer Infrastruktur: Wenn Prozessmanagement langfristig ins Unternehmen integriert werden soll, ist es notwendig, dass das Programm nachhaltig wirkt. Dafür muss das Zusammenspiel der einzelnen involvierten Fachabteilungen geklärt und vereinbart werden; dazu gehört z. B. die Finanz-, die Personal- und die IT-Abteilung. Der Aufbau dieser Infrastruktur gibt Sicherheit in der Einbindung unterschiedlicher unterstützender Fachbereiche und schafft einen breiten Konsens.

▶ Diese Elemente sollte ein Deployment-Plan enthalten:

- Definition der Facetten des Zielbildes
- Definition eines Operational-Excellence-Modells
- Übergeordneter Trainings- und Ausbildungsplan
- Erstellen des Ressourcenplans
- Schrittweises Vorgehensmodell mit klaren Meilensteinen
- Risikoabschätzung
- Termin-, Kosten- und Leistungsplan
- Vereinbarte Arbeitspakete
- Planung der Roll-out-Strategie
- Ausarbeitung eines Kommunikationsplanes

10.3.4 Die Umsetzungsgeschwindigkeit

Der Deployment-Plan erstreckt sich über einen Zeitraum von etwa anderthalb bis zwei Jahren, wobei die ersten drei Monate kritisch für den Gesamterfolg sind. Aus diesem Grund ist es wichtig, die Umsetzungsgeschwindigkeit des Plans vorab festzulegen. Die Geschwindigkeit bezieht sich sowohl auf die Anzahl der parallel durchgeführten Projekte als auch auf die Dauer der Projekte.

In vielen Unternehmen wird die Geschwindigkeit vernachlässigt und nicht wirklich eindeutig festgelegt. Manchmal wird die Geschwindigkeit auch zu hoch oder zu niedrig angesetzt, was ebenfalls negative Folgen haben kann. Mit einer zu hohen Geschwindigkeit wird die Organisation überfordert, insbesondere dann, wenn viele andere zusätzliche Initiativen im Unternehmen gleichzeitig laufen. Die Überforderung führt über kurz oder lang dazu, dass genau das eintritt, was Prozessmanagement eigentlich verhindern und abbauen soll: Hektik, Stress und Frust. Kommt es außerdem zu Reibungen zwischen verschiedenen Abteilungen oder Teams, ist damit das Scheitern des Programms vorprogrammiert.

Auch eine zu niedrige Umsetzungsgeschwindigkeit wirkt sich lähmend aus: Wenn die Mitarbeiter nicht sehen und spüren, dass die Prozessoptimierungen ihnen in ihrem Arbeitsbereich Vorteile bringen, erlahmt die Motivation, und das Programm dauert zu lange.

Generell lässt sich sagen: Je höher der Veränderungsbedarf im Unternehmen, je größer die angestrebte Transformation, desto größer muss die Umsetzungsgeschwindigkeit sein. Das setzt voraus, dass die entsprechenden Ressourcen von der Geschäftsleitung bereitgestellt werden (vgl. dazu das Beispiel *Profectis*, Kap. 12). Ideal ist es, wenn die Umsetzungsgeschwindigkeit so festgelegt wird, dass die Mitarbeiter aller Ebenen in ihren Arbeitsbereichen schnell positive Wirkungen spüren – in Form von Arbeitsentlastung, weniger Reibung, weniger Stress und Firefighting. Dann sind sie umso motivierter, sich zu engagieren. Auch die Geschäftsleitung und die Stakeholder sind motiviert, wenn sie sehen, dass das Unternehmen Schritt für Schritt seinen Zielen näher kommt.

▶ **Die wesentlichen Aufgaben der Initiationsphase**

- Neben der Sicherstellung der Aufgaben aus dem strategischen Prozessmanagement ist ein spezifischer Umsetzungsplan einschließlich der Umsetzungsgeschwindigkeit abgestimmt und liegt vor.
- Die zur Anwendung kommenden Methoden sind darin definiert.
- Die Führungskräfte aller Ebenen sind eingebunden.
- Betriebsinterne Experten für Prozessmanagement sind ausgewählt und für Schulungen vorgesehen.
- Eine Infrastruktur im Unternehmen unter Einbindung der relevanten Fachabteilungen ist aufgebaut.

Empfehlungen für die Geschäftsleitung

- Definieren Sie die 5 bis 7 Kernbotschaften des Programms aus Ihrer Sicht. Kommunizieren Sie diese wiederholt im Unternehmen.
- Gehen Sie bei der Festlegung der Umsetzungsgeschwindigkeit an die Grenzen des Machbaren und die Ausschöpfung aller Ressourcen, hüten Sie sich aber vor einer Überforderung.
- Lassen Sie sich bewusst auf kritische Diskussionen mit den Führungskräften der verschiedenen Ebenen ein, und räumen Sie deren Bedenken aus.
- Sorgen Sie dafür, dass sich alle Management-Ebenen auf das Programm verpflichten.
- Erlauben Sie die Einbindung von Top-Talenten in das Prozessmanagement.
- Erlauben Sie dem Deployment-Team, eine nachhaltige Infrastruktur aufzubauen.
- Sehen Sie die Programminhalte als Teil des zukünftigen Tagesgeschäfts an.

10.4 Inklusion: So entfalten Sie die Wirkung im Unternehmen

Die dritte Phase der Inklusion, die 12 bis 24 Monate dauert, hat die Aufgabe, die Mitarbeiter im Unternehmen im Sinne des Prozessmanagements zu führen, zu entwickeln und auszubilden.

> ▶ Ziel der Inklusionsphase ist es, Schritt für Schritt die für das Prozessmanagement vorgesehenen Mitarbeiter mittels Schulungen zu befähigen, Prozessoptimierungsprojekte professionell und eigenständig durchführen zu können. Die Entwicklung beginnt mit der Fähigkeit, einzelne Projekte zu schultern, und schreitet fort zu der Fähigkeit, nachhaltig und kontinuierlich Prozessmanagement im Unternehmen zu leben. Die Befähigung und Ausbildung der Mitarbeiter ist ein kritischer Erfolgsfaktor für die Akzeptanz des Prozessmanagements im Unternehmen.

Um diese Phase erfolgreich durchzuführen, ist es erforderlich, eine unternehmensweite Struktur auszuarbeiten, die es ermöglicht, je nach Betriebsgröße unter Umständen mehrere hundert Mitarbeiter auszubilden und gleichzeitig Hunderte einzelner Projekte zu optimieren. Das erfordert einiges an Organisation und Koordination. Die Ausbildung der Mitarbeiter mit dem Aufbau der Strukturen zu verbinden, ist eine hohe Kunst, die von vielen Unternehmen aus verständlichen Gründen teilweise nicht beherrscht wird, weshalb die Unterstützung durch einen auf intelligentes Prozessmanagement spezialisierten externen Berater oft sinnvoll ist.

Diese Koordination trägt nicht nur dazu bei, Zeit zu sparen, sondern verhindert auch, dass Chaos, Reibungsverluste oder Überforderung zu Frustration führen und schlimmstenfalls das große Vorhaben scheitern lassen. Damit zeigt sich auch in dieser Phase erneut, dass es erforderlich ist, die „Prozesse des Prozessmanagements" zu managen, also auf einer übergeordneten Ebene zunächst einen Rahmen zu schaffen, damit das intelligente Prozessmanagement Schritt für Schritt im Unternehmen eingeführt werden kann. Ziel ist es letztlich, dass jeder Einzelne im Unternehmen jenen Teil der Verantwortung übernehmen kann, der in dieser Struktur definiert worden ist.

Wie schon in den vorangegangenen zwei Phasen ist es nötig, dass weiterhin im Unternehmen kommuniziert wird, damit jeder erkennt, welcher Beitrag von ihm erwartet wird und welche Konsequenzen sein Handeln hat. Auch hier sollte das Topmanagement – ebenso wie Personal-, Finanz- und Strategieabteilung und andere unterstützende Bereiche – wiederum Flagge zeigen, also demonstrieren, dass es uneingeschränkt hinter dem intelligenten Prozessmanagement steht und der Weg unmissverständlich von allen so zu gehen ist, wie er aufgezeigt ist.

10.4.1 Von der theoretischen Ausbildung zur Praxis

Mitarbeiter im Rahmen des Prozessmanagements auszubilden hat das Ziel, dass die professionelle Anwendung des Prozessmanagements sich in allen Hierarchien, Fachbereichen und Organisationseinheiten manifestiert. Außerdem wird die Fähigkeit der Mitarbeiter stufengerecht erhöht, so dass jeder Eigenverantwortung für die Prozesse in seinem Arbeitsbereich übernehmen kann. So wird die erforderliche Voraussetzung geschaffen, dass die Infrastruktur und die zentrale Organisationseinheit „Operational Excellence" aufgebaut werden können und das Prozessmanagement in Verbindung mit den Zielvorgaben im Unternehmen mehr und mehr zum Selbstläufer wird.

> ▶ Durch die Etablierung des Wissenstransfers über alle Hierarchieebenen hinweg wird das Unternehmen Schritt für Schritt zur *lernenden Organisation*, die sich aus eigener Kraft weiterentwickeln kann – eine wichtige Voraussetzung für intelligentes Prozessmanagement.

Umfangreichen Ausbildungen und Seminaren steht das Topmanagement in vielen Unternehmen generell skeptisch gegenüber, denn sie sind nicht nur teuer und binden Ressourcen, sondern oftmals ist auch zu beobachten, dass sich bei den Mitarbeitern, wenn sie vom Seminar zurückkommen, nichts verändert. Weder sind Verhaltensänderungen noch ein fachlicher Lernzuwachs zu beobachten. Es wird „auf Vorrat" gelernt, doch die Wirkung bleibt aus.

Genau dieser Effekt soll mittels der Inklusionsphase vermieden werden: Wird die Ausbildung der Mitarbeiter optimal geplant und durchgeführt, so wird das theoretisch Erlernte *sofort* in die Praxis umgesetzt. Beispielsweise folgt nach einer Woche Training direkt die Umsetzung eines konkreten Optimierungsprojektes in die Praxis – ein Unterfangen, das jeweils als Meilenstein mit einer entsprechenden Präsentation vor dem Steuerungsausschuss abschließt. So zieht nicht nur das Unternehmen einen sofortigen effektiven Nutzen aus der Ausbildung, sondern der nunmehr fachlich befähigte Mitarbeiter hat auch sein erstes Erfolgserlebnis, dem weitere folgen können. Das ist ein nicht zu unterschätzender Effekt, der dazu beiträgt, dass sich das Prozessmanagement positiv im Unternehmen ausbreitet.

Damit der nahtlose Übergang von der Theorie in die Praxis gelingt, ist es wichtig, dass *geeignetes Trainingsmaterial und geeignete Trainer* zur Verfügung stehen. Was das Trainingsmaterial angeht, so steht leider viel zu häufig die „Vollständigkeit" im Vordergrund, so dass viele Werkzeuge oder Methoden gelehrt werden, die im Unternehmen unter Umständen gar nicht gebraucht werden. Hier gilt: Weniger ist mehr! Besser ist es, mit einem begrenzten Werkzeugkasten zu beginnen und diesen später Schritt für Schritt auf der Basis der praktischen Erfahrungen im Unternehmen zu erweitern, als dass alle möglichen Methoden, die es auf dem Markt gibt, „gepaukt" werden, selbst wenn sie gar

10.4 Inklusion: So entfalten Sie die Wirkung im Unternehmen　　　　　　　　　　　　157

nicht zum Einsatz kommen. Auch hier ist eine pragmatische Lösung mit einem entsprechenden Vorgehen stets ins Kalkül zu ziehen.

Während auf der einen Seite das Lernmaterial oft zu umfangreich ist, fehlt es auf der anderen Seite jedoch auch vielfach an notwendigen Inhalten. Ein auszubildender Projektleiter beispielsweise benötigt nicht nur fachliche Qualifikationen im Prozessmanagement, sondern muss als Führungskraft auch in der Lage sein, die Teammitglieder zu führen und seine Erkenntnisse in Ausschüssen und Veranstaltungen vorzutragen sowie zu verteidigen. Daher gehört auch das Thema „Führung" zur Ausbildung. Weiterhin ist bei den Trainingsunterlagen zu unterscheiden, ob es sich um einen Produktions- oder einen Dienstleistungsbetrieb handelt. In der Produktion spielen statistische Werkzeuge zur Ursachenforschung eine sehr viel größere Rolle als bei Dienstleistungen.

> ▶ Damit der optimale Wissenstransfer von der Theorie in die gelebte Praxis gelingt und keine Zeit mit Lernen von überflüssigem Stoff verschwendet wird, ist es empfehlenswert, die Trainingsunterlagen für das Prozessmanagement *unternehmensindividuell* erstellen zu lassen und damit an die spezifischen Bedürfnisse des Betriebs und der Mitarbeiter anzupassen.

Möglich ist z. B., dass ein externer Berater die Unterlagen ausarbeitet, während die Schulungen selbst von einem internen Trainer durchgeführt werden. Auch ein Train-the-Trainer-Modell ist zu empfehlen, da ein guter Ausbilder ein Garant für den Erfolg der Trainingseinheiten ist. Nur durch wirklich exzellente Trainer kann das inhaltsreiche und intellektuell teilweise anspruchsvolle Training wirkungsvoll ins Unternehmen transportiert werden. Ideal ist es, wenn Beratung und Training in einer Hand liegen, damit beides zusammenpasst. In jedem Fall ist auch hier das oberste Ziel, frei von externer Unterstützung zu werden und allen Mitwirkenden in ihren zugesprochenen Rollen die Verantwortung zu übergeben. Dies ist nur durch optimale Befähigung aller Mitarbeiter über Bereichs- und Hierarchiegrenzen hinweg machbar. So ist das Unternehmen in der Lage, Prozessmanagement nachhaltig und eigenständig zu leben.

10.4.2 Kaskadierung der Ausbildung

Die Ausbildung erfolgt kaskadierend über die verschiedenen Hierarchieebenen hinweg, wobei aber die Kernbotschaften auf allen Ebenen dieselben sind. Mitarbeiter, die eine Ausbildung erhalten, sollten eine ihnen entsprechende Prozessmanagement-Rolle bekommen. Jede Rolle ist mit Kompetenz und Verantwortung ausgestattet. Ob die jeweilige Ausbildungsstufe wie nach Six Sigma als „Belt" bzw. Gürtel (entsprechend einem asiatischen Kampfsport) bezeichnet wird oder anders, sendet ein Signal ins Unternehmen, zeigt also, was – entsprechend der jeweiligen Unternehmenskultur – zum Ausdruck gebracht werden soll.

Im Folgenden werden die Unterschiede anhand der Systematik von Six Sigma erklärt; der Auswahl anderer Rollenbezeichnungen sind aber keine Grenzen gesetzt. Der erste zu erreichende Ausbildungslevel ist der eines *Yellow Belts,* der Grundkenntnisse über Six Sigma erhält mit der Option, sich weiter ausbilden zu lassen oder auf der Basis des erworbenen Wissens einen wertvollen Beitrag in der Organisation zu leisten. Die nächste Stufe wird als *Green Belt* bezeichnet, der eigenständig einfache Projekte durchführen kann, während der *Black Belt* auch komplexere Projekte bearbeiten kann. Meist dauert die Ausbildung für *Black Belts,* die Vollzeit dem Programm zugeordnet sind, länger als für *Green Belts,* doch sollte auch hier eine flexible Anpassung an die Bedürfnisse des Unternehmens und die Fähigkeiten der Mitarbeiter erfolgen. Wie die Ausbildungsdauer im Einzelnen zu gestalten ist, ist wiederum Gegenstand der Planung der Inklusionsphase.

Der *Master Black Belt* leitet im Allgemeinen strategische Projekte, wird aber auf alle Fälle in der Ausbildung der anderen Belts entscheidend mitwirken. Er ist der Methodenexperte, der auch in den Werkzeugen der Statistik profundes Wissen vorweisen kann. Er gilt allgemein als „die" Anlaufstelle für sämtliche methodenorientierten Fragen, die während der Projektphasen aufkommen. Im Speziellen ist er für die ordnungsgemäße – methodische, aber auch fachlich-inhaltliche – Durchführung von Prozessoptimierungsprojekten zuständig. In seiner Rolle ist er der zentralen Einheit Vollzeit zugeordnet. Der *Master Black Belt* ist auch für die (Weiter-)Entwicklung der Trainingsunterlagen und für die Qualität der Belts zuständig. Auch der Erfolg der ihm zugeordneten Belt-Projekte liegt in seinem Verantwortungsbereich, zumindest solange wie die Ausbildung der *Green* und *Black Belts* dauert.

> ▶ Wichtig ist es, ein Ausbildungsmodell zu verabschieden, das alle Mitarbeiter auf allen Ebenen der Organisation sowie alle Fachbereiche anspricht und es ermöglicht, jeden im intelligenten Prozessmanagement zu trainieren.

Neben der Befähigung derjenigen, die die Prozessoptimierungsprojekte durchführen, sollte auch die Befähigung aller übrigen Mitarbeiter vorangetrieben werden, damit sich das Verständnis für intelligentes Prozessmanagement im gesamten Unternehmen ausbreitet. Dies hilft auch den Projektmitarbeitern bei ihrer Arbeit, die meistens fachlich und methodisch eine große Herausforderung darstellt. Je weniger Widerstand in der Organisation vorhanden ist, je mehr Wind in den Segeln ist, desto motivierter und engagierter werden die Projektmitarbeiter und desto besser werden die Prozessergebnisse in den einzelnen Optimierungsphasen sein.

10.4.3 Anwendung der Methoden

Grundsätzlich geht es in der Inklusionsphase darum, die bereits in der Initiationsphase beschlossenen Methode(n) anzuwenden. Es ist sekundär, welchen Namen die Methode trägt; wenn Ihnen ein Name zu abgedroschen oder problematisch erscheint, wählen Sie einen anderen. Berücksichtigen Sie aber, dass stets die geltende Abfolge der methodischen Schritte eingehalten wird.

Wichtig ist es, Methoden nicht „lehrbuchartig" nach den Kriterien „Richtigkeit und Vollständigkeit" anzuwenden, sondern sie jeweils individualisiert an die Bedürfnisse des Unternehmens und seine Ziele anzupassen. Bei der einen oder anderen Methode lässt sich die Vollversion durchaus „abspecken". Andererseits sollten im Rahmen der Unternehmensziele sinnvolle Methoden auch nicht abgelehnt werden, nur weil sie zu kompliziert zu sein scheinen.

▶ Methoden sind nicht dogmatisch, sondern pragmatisch und situationsgerecht anzuwenden und gegebenenfalls im Umfang an die unternehmensindividuellen Ziele anzupassen.

▶ **Die wesentlichen Aufgaben der Inklusionsphase**

- Sicherstellung der Aufgaben des operativen Prozessmanagements
- Detaillierte Ausarbeitung der Struktur zur fachlich-methodischen Ausbildung der Mitarbeiter im Prozessmanagement
- Erarbeitung des Trainingsmaterials für die unterschiedlichen Ausbildungsgrade
- Durchführung der Trainings für unterschiedliche Zielgruppen
- Organisation und Durchführung von ausbildungsbegleitenden Maßnahmen

Empfehlungen für die Geschäftsleitung

- Stellen Sie sicher, dass alle Mitarbeiter in das Trainingsprogramm und die Ausbildung einbezogen werden.
- Nehmen Sie sich Zeit, die Trainingsinhalte mitzubestimmen.
- Sorgen Sie für die Individualisierung dieser Inhalte und nehmen Sie die Bedürfnisse des Unternehmens wie auch die der Mitarbeiter auf.
- Überlegen Sie, welche Rollenbezeichnungen Sie in Ihrem Unternehmen für das Prozessmanagement verwenden wollen.
- Vermeiden Sie einen Wildwuchs von Rollen.
- Leben Sie selbst Prozessmanagement vor, indem Sie sich am Training beteiligen.
- Geben Sie ein pragmatisches Rahmenwerk vor.
- Klären Sie den Bedarf für die Befähigung der Mitarbeiter sorgfältig ab.
- Stellen Sie von Anfang an sicher, dass Sie die Besten der Besten als Trainer einsetzen.

– Ermöglichen Sie es, dass die besten Mitarbeiter in Ihrem Unternehmen die ersten Ausbildungsplätze einnehmen.
– Tragen Sie Sorge, dass die Fachabteilung, die ein zukünftiger Belt verlässt, nicht vernachlässigt wird.
– Vergewissern Sie sich, dass das Training nicht theoretisch bleibt.
– Stellen Sie sicher, dass die Wissensvermittlung im Unternehmen als etwas Positives aufgenommen wird.

10.5 Integration: So verankern Sie Prozessmanagement in den Genen des Unternehmens

Die Integrationsphase, die etwa 2 bis 4 Wochen dauert, hat drei Aufgaben:

1. Dokumentation des in den vorangegangenen Phasen Erarbeiteten,
2. Vergleich der jetzigen Situation mit der Ausgangslage und
3. Übergang des Prozessmanagements vom Programmstatus ins Tagesgeschäft.

Spätestens ab dieser Phase sollten alle Voraussetzungen geschaffen worden sein, dass intelligentes Prozessmanagement ein Selbstläufer im Unternehmen ist. Das heißt, dass es von allen im Unternehmen eigenverantwortlich und nachhaltig gelebt werden kann. Das intelligente Prozessmanagement ist so im Unternehmen integriert, dass seine Bedeutung von niemandem mehr angezweifelt wird, jeder seine Rolle kennt und der Erfolg gegeben ist.

10.5.1 Programmdokumentation und Wissensmanagement

Das im Rahmen des gesamten Programms erarbeitete Wissen sollte in dieser Phase strukturiert sowie gespeichert werden und als Teil der lernenden Organisation zur Verfügung stehen sowie ins Tagesgeschäft eingegliedert werden. Die Dokumentation des Programms (mit „Programm" meine ich die gesamte Initiative zur Einführung des intelligenten Prozessmanagements, die aus vielen Einzelprojekten besteht) sollte alle wesentlichen Elemente beinhalten: von der Ausgangslage, über das Konzept bis zu den wesentlichen Umsetzungselementen. Die Arbeiten, die durchgeführt wurden und werden, sollten so dokumentiert sein, dass sie für jeden nachvollziehbar, handhabbar und zentral für jeden Mitarbeiter sichtbar abgelegt sind. Ein spezielles, nur für das Management vorgesehenes Dokument kann im Hinblick auf Sinn und Zweck sowie finanziellen Nutzen noch mehr ins Detail gehen. Dieses Dokument dient als Leitfaden für das weitere Vorgehen.

Warum ist die Dokumentation wichtig? Wissen als immaterieller Erfolgsfaktor hat in den letzten Jahren an Bedeutung gewonnen: Die Erzeugung und Vermarktung von Produkten und Dienstleistungen erfordert immer mehr Spezialwissen. Wettbewerbsvorteile liegen heute weniger in materiellen Gütern (Maschinen und Anlagen) als im Wissensvorsprung vor der Konkurrenz. Außerdem stellt die Dokumentation sicher, dass auch bei der heute vielfach großen Personalfluktuation das Wissen an neue Mitarbeiter weitergegeben werden kann (mehr zum Thema Wissensmanagement und seiner Organisation unter RKW 2013).

10.5.2 Software-Evaluierung

Um Prozesse zu modellieren und zu dokumentieren, ist es oftmals sinnvoll, Software einzusetzen. Davor warnen möchte ich jedoch ausdrücklich, die Einführung eines Software-Tools bereits mit Prozessmanagement gleichzusetzen (vgl. Abschn. 4.2). Oftmals wird in Unternehmen Software unüberlegt eingekauft, weil man sich die Lösung von Problemen verspricht, die sie gar nicht leisten kann.

Um eine geeignete Software zur Modellierung und Dokumentation von Prozessen zu finden, ist ein strukturiertes Vorgehen in drei Schritten empfehlenswert:

1. Erstellung eines Pflichtenheftes: Wozu wird die Software gebraucht? Welche Kriterien soll sie erfüllen?
2. Evaluation eines IT-Systems einschließlich eines Dokumenten-Managementsystems und einer Wissensdatenbank: Vergleich und Gegenüberstellung verschiedener Software-Tools und schrittweise Auswahl der geeigneten Software. Da der Erfolg sehr wesentlich von der Benutzerakzeptanz abhängt, sollten bei allen Evaluationsschritten die relevanten Abteilungen und Mitarbeiter vertreten sein.
3. Implementierung der Software.

10.5.3 Nochmalige Selbsteinschätzung

Die jetzige Situation wird noch einmal mit der ursprünglichen Ausgangslage, der Zielsetzung und Vorgabe verglichen. Bestehende Lücken werden ermittelt und Maßnahmen festgelegt, um sie zu schließen. Es braucht einen ehrlichen und offenen Ansatz, um Rückschlüsse auf die vergangene Arbeit ziehen zu können. Ehrlich und transparent sollten die wesentlichen Elemente und vor allem die Verbesserungen des Prozessmanagements aufgezeigt werden, wobei weder alles schlecht noch alles schön geredet werden sollte. Diese Selbstreflexion ist wesentlich für die lernende Organisation. Abgeleitete Maßnahmen müssen in einen Maßnahmenplan überführt werden und auf der Agenda der Geschäftsführung stehen. Außerdem gilt es, den nächsten Abschnitt auf dem Weg zur außerordentlichen Leistung zu definieren.

10.5.4 Einführung ins Tagesgeschäft

Bei einer Übergabeveranstaltung sollten die im intelligenten Prozessmanagement erarbeiteten Strukturen ins Tagesgeschäft überführt werden. Bis zur Integrationsphase war es noch „Programm", also die Vorbereitung auf die Operationalisierung des Prozessmanagements. Ab sofort wird es als Teil der Kernkompetenz im Unternehmen gelebt. Möglicherweise führt der für das Programm Verantwortliche dann auch als Linienverantwortlicher die weiteren Agenden des Prozessmanagements fort.

▶ **Die wesentlichen Aufgaben der Integrationsphase**

- Die abschließende Erstellung der Dokumentation des intelligenten Prozessmanagements, so dass sich jeder daran orientieren kann, und die Verankerung im Unternehmen.
- Die Durchführung einer abschließenden Bewertung der Strukturen des intelligenten Prozessmanagements und, wenn notwendig, die Definition von Aktionen und Maßnahmen, um mögliche Lücken zu schließen.
- Die Organisation und Durchführung einer Übergabeveranstaltung, in der das Prozessmanagement den Status als Programm verlässt und ins Tagesgeschäft überführt wird.

Empfehlungen für die Geschäftsleitung

- Stellen Sie eine zielgruppengerechte Dokumentation sicher.
- Erkennen Sie Prozessmanagement als laufende Optimierung an.
- Bereiten Sie sich auf die Phase der Operationalisierung von Prozessmanagement vor.
- Platzieren Sie die für Prozessmanagement zuständige Abteilung gut sichtbar.
- Stellen Sie sicher, dass eine Software als unterstützendes Hilfsinstrument pragmatisch eingesetzt wird und nicht zum Ersatz der aufgebauten Kultur wird.
- Hinterfragen Sie noch einmal, ob wirklich alle Bereiche des Unternehmens und alle Prozesse nun Teil der laufenden Verbesserung sind.
- Überlegen Sie Maßnahmen, wenn dem noch nicht so ist.
- Stellen Sie sicher, dass es in Ihrem Unternehmen einen Statistik-Experten gibt, der für das Prozessmanagement zur Verfügung steht.
- Stellen Sie sicher, dass ein System verankert ist, so dass die Mitarbeiter motiviert sind, sich laufend zu verbessern.
- Kommunizieren Sie breit das Ergebnis des derzeitigen Standes von Prozessmanagement und die Ziele für den nächsten Schritt.
- Informieren Sie auch Ihre Kunden über Ihre Aktivitäten hinsichtlich Prozessmanagement.
- Entwickeln Sie auch Schritte, um Ihre Lieferanten in Ihr Programm aufzunehmen.

- Zeigen und demonstrieren Sie, dass der Weg nicht zu Ende ist, sondern dass es erst der Anfang war.
- Denken Sie bereits heute darüber nach, was Sie hinsichtlich der Qualität noch zu tun gedenken, um auch in drei Jahren noch bei Ihren Kunden erfolgreich zu sein.

▶ Übersicht über die „4i"

- Die Inkorporationsphase dient der Vorbereitung und Einführung des intelligenten Prozessmanagements, insbesondere auf der personellen Ebene durch Mobilisierung und Information im gesamten Unternehmen, Aufstellung eines Deployment-Teams und Start des Stakeholder Managements.
- In der Initiationsphase wird das strategische Prozessmanagement organisatorisch aufgestellt: Der Umsetzungsplan liegt vor, die Methoden sind definiert und die betriebsinternen Prozessmanagement-Experten sind ausgewählt.
- In der Inklusionsphase werden die Mitarbeiter kaskadiert, entsprechend ihrem jeweiligen Verantwortungsbereich, im operativen Prozessmanagement ausgebildet.
- In der Integrationsphase findet der Übergang vom bloßen Programmstatus zum gelebten intelligenten Prozessmanagement im Tagesgeschäft statt.

Literatur

Malik, Fredmund. 2007. *Management. Das A und O des Handwerks*. Frankfurt: Campus.
Radatz, Sonja. 2013. *Das Ende allen Projektmanagements. Erfolg in hybriden Zeiten – mit der projektfreien Relationalen Organisation*. Wien: Verlag Relationales Management. 25. Juni 2013.
RKW Rationalisierungs- und Innovationszentrum der deutschen Wirtschaft. 2013. Leitfaden: Wissen im Unternehmen erhalten und verteilen. Inklusive Werkzeugset: „In 4 Etappen geschäftsrelevantes Wissen sichern." Eschborn. http://www.rkw-kompetenzzentrum.de/fileadmin/media/Dokumente/Publikationen/2013-Leitfaden-Wissen-in-Unternehmen-halten-und-verteilen.pdf.

11 Die Unternehmenskultur – die weichen Faktoren sind entscheidend

11.1 Warum harte Faktoren allein nicht ausreichen

Wie Sie im vorangegangenen Kapitel mehrfach gesehen haben, kommt es für die erfolgreiche Einführung des intelligenten Prozessmanagements nicht nur auf das fachliche Können der Führungskräfte, der Mitarbeiter und des Deployment-Teams an, sondern vor allem auf das *Commitment* im gesamten Unternehmen. Die Zustimmung, das uneingeschränkte Ja, muss, ausgehend von der Geschäftsleitung, das gesamte Unternehmen erreichen. Prozessmanagement funktioniert nur dann, wenn es von allen Führungskräften, Mitarbeitern und von allen Hierarchieebenen aktiv mitgetragen wird. Unsicherheit, Unschlüssigkeit oder Widerstände – egal auf welcher Hierarchiestufe, können sich negativ auf den Erfolg auswirken und ihn schlimmstenfalls vereiteln. Oder auch dazu führen, dass Prozessmanagement wie eine „lahme Ente" im Unternehmen „herumwatschelt" und nicht vorankommt.

▶ Für das Gelingen des intelligenten Prozessmanagements sind nicht nur die „harten Faktoren" entscheidend – also das fachliche Können und die Übergabe der Managementaufgaben an ein spezielles Team oder eine Abteilung –, sondern ganz wesentlich auch auf die „weichen Faktoren", nämlich das Commitment bzw. die Verpflichtung aller, sich nachhaltig und kontinuierlich dafür zu engagieren.

Wenn es am Commitment im Unternehmen fehlt
Ein Telekommunikationsunternehmen wollte auf der Basis von Six Sigma intelligentes Prozessmanagement einführen. Obwohl der Geschäftsführer und der Deployment-Leader *Black Belts* und mit DMAIC bestens vertraut waren, ging das gesamte

Programm im Unternehmen nicht voran. Der Geschäftsführer kümmerte sich nur wenig darum und kommunizierte es auch nicht im Unternehmen. Die für das Prozessmanagement zuständige und speziell eingerichtete Abteilung musste um Verbesserungsprojekte geradezu „betteln", und deren Umsetzung dauerte zu lange. Das fachliche Können war im Unternehmen gut etabliert, doch es fehlte am Commitment, dass sich alle zum Prozessmanagement verpflichteten.

Folgendermaßen wurde Abhilfe geschaffen: Mit Hilfe eines externen Beraters wurde die Vorgehensweise für die nachhaltige Einführung des intelligenten Prozessmanagements definiert. Zu Beginn wurde ein Stakeholder-Management installiert, um eine breitere Unterstützung im Unternehmen herzustellen. Außerdem wurden diejenigen Mitglieder der Geschäftsleitung eingebunden und überzeugt, die mit Prozessmanagement bisher nicht vertraut waren und daher den Nutzen auch nicht akzeptierten.

Es wurde festgelegt, dass die Auswahl der durchzuführenden Optimierungsprojekte mit der Geschäftsleitung abgestimmt werden sollte, so dass eine enge Anbindung der Unternehmensstrategie an die operativen Verbesserungen hergestellt wurde. Weiterhin wurde ein Prozess definiert, wie man derartige Optimierungsprojekte findet, bewertet und über ihre Umsetzung entscheidet. Das ist allein auf der Basis der Kenntnis von DMAIC nicht zu machen, sondern es bedarf hier eines übergeordneten Rasters, das die drei wichtigen Ebenen strategische Ausrichtung, methodisches Vorgehen in den Optimierungsprojekten und Aufbau einer unternehmensweiten Struktur beinhaltet.

Das proaktive Einbinden aller Mitglieder der Geschäftsleitung und die Entscheidung, dass die Auswahl der Projekte nur in Verbindung mit der Unternehmensstrategie sinnvoll war, führte zu einer größeren Unterstützung und zu mehr Rückhalt im Topmanagement, das nun die Vorteile deutlich erkannte.

Auch personell wurde eine größere Klarheit geschaffen: Es wurde festgelegt, welche Mitarbeiter Vollzeit an einzelnen Projekten arbeiten sollten, wer sich um die Berichterstattung kümmerte und wer für die Trainingsplanung, -durchführung und -unterlagen zuständig war. Insgesamt wurden nicht nur die „4i" stringent angewendet, sondern auch eine Verankerung des Prozessmanagements in der Unternehmenskultur geschaffen.

Das Beispiel zeigt, dass die Kenntnis einer Prozessoptimierungsmethode wie DMAIC allein noch nicht ausreicht, um ein intelligentes Prozessmanagement erfolgreich zu implementieren. Der Schritt vom einzelnen Optimierungsprojekt zum intelligenten Prozessmanagement verlangt, dass auch die Prozesse des Prozessmanagements auf einer übergeordneten Ebene gemanagt und dabei weiche Faktoren, die auf der Ebene der Kommunikation und Unternehmenskultur liegen, mitberücksichtigt werden.

Zu den harten Faktoren, die für das Gelingen des intelligenten Prozessmanagements wichtig sind, gehören:

- Das Bereitstellen der Ressoucen (Zeit, Geld, Mitarbeiter) durch die Geschäftsleitung
- Die Befähigung einer Mindestanzahl von Mitarbeitern durch Ausbildung bzw. Schulung im Prozessmanagement
- Die Festlegung der Methode(n), mit der (denen) Prozesse definiert werden sollen (z. B. DMAIC oder PDCA, vgl. Kap. 7 und Abschn. 8.2),
- Die Festlegung und strikte Einhaltung bzw. Verfolgung der Ziele, die erreicht werden sollen
- Das permanente Managen des Prozessmanagements
- Die permanente Ausrichtung auf die Unternehmensstrategie
- Die Bereitschaft, Prozesskennzahlen zu erarbeiten, und damit eine hohe Transparenz in den Prozessen zu schaffen
- Die Verpflichtung, Lösungen für Prozessoptimierungen umzusetzen, die auf der Basis von Zahlen, Daten und Fakten entschieden werden
- Die Erarbeitung von Prozesskennzahlen zur Überprüfung, ob und inwieweit die Ziele erreicht wurden
- Die Etablierung eines Berichtswesens, das Wesentliches wie z. B. den Nutzen dokumentiert
- Die Abbildung der Kundenanforderungen auf Prozesskennzahlen

All diese Faktoren wurden in den vorangegangenen Kapiteln in verschiedenen Zusammenhängen angesprochen und vorgestellt. Doch sie sind auf dem Weg zum Gelingen bestenfalls „die halbe Miete". Viele Manager glauben, es bestünde eine einfache *lineare* Beziehung zwischen dem Einsatz von Ressourcen und dem zu erzielenden Ergebnis, schätzen damit jedoch den Transformationscharakter einer Einführung des intelligenten Prozessmanagements falsch ein. Denn neben der rationalen Ebene der Planung und Durchführung ist auch die *emotionale* Ebene wichtig, um das Commitment aller im Unternehmen zu bekommen. Im Folgenden werden die weichen Faktoren, die den Erfolg des Prozessmanagements maßgeblich mitbeeinflussen, näher erläutert.

11.2 Transformationsmanagement – mehr als nur Change

Im Unternehmen ein intelligentes Prozessmanagement einzuführen, kann als ein höchst ambitioniertes Transformationsmanagement-Programm angesehen werden. Merkmal von Transformationsmanagement ist stets, dass es sich um einen *gravierenden Paradigmenwechsel* handelt, nicht nur um „ein paar" Veränderungen hier und da. Immerhin kann das intelligente Prozessmanagement gravierende Einschnitte hervorbringen:

- Die Organisation ändert sich dergestalt, dass Abteilungsgrenzen verschoben oder aufgelöst werden, um stattdessen Geschäftsprozesse in den Mittelpunkt zu stellen.
- Positionen, Verantwortungsbereiche, Befugnisse und Spielregeln ändern sich, wenn nicht mehr Funktions-, sondern Prozessverantwortliche das Geschäft tragen.
- Der Fokus verschiebt sich radikal in Richtung Kundenorientierung. Alle bisherigen Perspektiven und Sichtweisen auf den eigenen Arbeitsbereich werden damit hinfällig.
- Führungskräfte und Mitarbeiter wachsen in eine Eigenverantwortlichkeit hinein, die sie möglicherweise vorher niemals gekannt haben.
- Der Umgang mit Unternehmenszielen, Kennzahlen und dem Controlling ändert sich grundlegend.

Das sind insgesamt sehr tiefe Eingriffe in die „angestammten Hoheitsgebiete" aller Fachbereiche, die gut vorbereitet sein wollen. Denn Veränderungen solch großen Ausmaßes machen Angst und rufen daher Widerstände auf den Plan, die das Vorhaben aushebeln können, wenn sie ignoriert werden. Die Neuorientierung stellt jede Organisation vor große Herausforderungen.

Transformationsmanagement geht mit seinen tiefen Einschnitten im Grunde sehr viel weiter als Change-Management. Bei der Transformation ist jeder einzelne Mitarbeiter betroffen, da sich die Art und Weise der Zusammenarbeit untereinander wie auch im Umgang mit externen Kunden mit der Verankerung des Prozessmanagements im Unternehmen grundlegend verändert.

Doch schon beim einfacheren und weniger tiefgreifenden Change Management scheitern die meisten Unternehmen, wie empirische Untersuchungen immer wieder belegen, und das gilt auch für Projekte erheblich kleineren Ausmaßes, als es das intelligente Prozessmanagement darstellt:

- Rund 70 Prozent aller Veränderungsinitiativen bleiben erfolglos (vgl. Baumgärtner et al. 2013, S. 54), und nur 10 Prozent sind erfolgreich.
- Nach einer anderen Untersuchung führen 80 Prozent der Geschäftsprozessveränderungen zu keinen Kosteneinsparungen, und nur etwa 33 Prozent gelingt eine neue strategische Ausrichtung (vgl. Zimmermann et al. 2013, S. 130).

Die Gründe für das Misslingen liegen niemals auf der finanziellen Ebene, sondern auf der personellen (vgl. Baumgärtner et al. 2013, S. 57) – und damit bei den weichen und nicht bei den harten Faktoren.

11.2.1 Was erfolgreiche Unternehmen besser machen

Interessant ist es anzuschauen, was die 10 Prozent Unternehmen, denen Change Management gelingt, „anders" machen als die 70 bis 80 Prozent erfolglosen. Auch darauf geben die Untersuchungen Antworten: Erfolgreiche Unternehmen

- verfügen über mehr Kompetenz, das Denken in Silos aufzubrechen und „heilige Kühe" zu schlachten,
- versetzen Führungskräfte, wenn sie einer prozessorientierten Arbeitsweise im Wege stehen,
- besetzen Positionen generell mehr unter Berücksichtigung von Kompetenz und Motivation statt nach Verfügbarkeit von Personen,
- investieren stärker in teambildende Maßnahmen, und zwar bereits zu Beginn von Projekten,
- legen mehr Wert auf Lerneffekte und Fokussierung als darauf, Methoden perfekt nach Plan anzuwenden,
- fördern eine Führungskultur, die Freiräume zur Gestaltung lässt,
- fördern die Eigenverantwortlichkeit der Teams, wobei die Geschäftsführung eine entscheidende, beratende und unterstützende Funktion wahrnimmt (vgl. Baumgärtner et al. 2013, S. 56, 58).

Was für das Change Management gilt, gilt für das umfassendere Transformationsmanagement erst recht.

11.2.2 Die Bedeutung des Topmanagements für den Erfolg

Wie bereits mehrfach im Buch hervorgehoben (vgl. Abschn. 5.3, 9.2 und 10.2), ist die Einstellung des Topmanagements zum Prozessmanagement entscheidend für den Erfolg. Die Geschäftsleitung muss als Vorbild der gesamten Organisation vorangehen und sichtbar zum Ausdruck bringen, dass sie uneingeschränkt dahinter steht und diesen Weg nicht nur befürwortet, sondern zur Bedingung für alle macht. Führung kann, wie Schmelzer und Sesselmann treffend bemerken (2013, S. 520), „nur durch Authentizität und Glaubwürdigkeit überzeugen, nicht durch Macht und Taktik. Vorbildlich ist eine Führungskraft, wenn Worte und Taten übereinstimmen, authentisch, wenn sie sich so gibt, wie sie tatsächlich ist, und glaubwürdig, wenn sie Vertrauen schafft und Akzeptanz für geplante Veränderungen erreicht".

Auch dies ist wiederum über empirische Untersuchungen belegt. Zu den Faktoren, die den Erfolg des Geschäftsprozessmanagements verhindern, gehören folgende:

- Das oberste Management ist nicht daran interessiert (37 Prozent).
- Es hat andere zeitliche Prioritäten als die Einführung des Prozessmanagements (22 Prozent).
- Es hat unrealistische Erwartungen an den erreichbaren *Return on Investment* (23 Prozent).
- Erfolglose Projekte der Vergangenheit lassen Zweifel aufkommen und belasten das Vertrauen (12 Prozent) (vgl. Schmelzer und Sesselmann 2013, S. 521 f.).

Wenn die Geschäftsleitung nur „so tut, als ob" sie das Prozessmanagement mitträgt, es aber nicht wirklich der Fall ist, erreicht sie die Führungskräfte und Mitarbeiter bestenfalls kurzfristig. Über kurz oder lang kann sich niemand verstellen. Die Belegschaft spürt, wie ernst es der Geschäftsleitung ist. Steht das Topmanagement nicht dahinter, so haben Mitarbeiter und Führungskräfte den Eindruck, beim intelligenten Prozessmanagement handele es sich nur um ein „nice to have", um „die nächste Sau, die durchs Dorf getrieben wird" oder um „das 128. Projekt, das wir jetzt auch noch abarbeiten müssen". So kann es nicht gelingen!

Nimmt das Topmanagement seine Führungsrolle bei der Einführung des intelligenten Prozessmanagements jedoch wahr, so signalisiert es seine strategische und operative Bedeutung, fördert die Akzeptanz bei Stakeholdern, Führungskräften sowie Mitarbeitern und lässt erwarten, dass es als Managementinstrument genutzt wird.

Hat die Geschäftsleitung das Prozessmanagement ins Leben gerufen, so muss sie uneingeschränkte Unterstützung geben und kann sich nicht einfach wieder ins Tagesgeschäft zurückziehen. Uneingeschränkt heißt: Die gesamte Steuerung des Programms ist im Topmanagement angesiedelt, und die Mitglieder der Geschäftsführung übernehmen sichtbare Rollen bzw. Aufgaben darin. Der Geschäftsführer – idealerweise der Programmsponsor der Initiative – übergibt folgende Informationen an seine Führungsmannschaft:

- Die Vision des Prozessmanagements im Unternehmen: Was genau ist das Zielbild?
- Der unmissverständliche Ausdruck, dass es für das Unternehmen wichtig und richtig ist, das Programm durchzuführen
- Die Abstimmung von Unternehmenszielen, Fachbereichszielen und Prozessmanagementzielen
- Die Potenziale, die das Unternehmen durch das Prozessmanagement erschließt und welche Auswirkungen dies auf die zukünftige Geschäftsentwicklung hat
- Die kritischen Erfolgsfaktoren der Initiative, das stetige Messen und Fokussieren auf sie
- Welche Bereiche im Unternehmen wann betroffen sein werden
- Wer im Rahmen der Organisation eingebunden wird
- Wie der Weg aussehen wird, um das Ziel zu erreichen
- Wer im Deployment-Team mitwirkt, um eine nachhaltige Umsetzung zu garantieren; wer aus dem mittleren Management, von den Arbeitnehmervertretern und aus den einzelnen Abteilungen dem Programm zugeordnet sein wird.

> ▶ „Die individuelle Veränderungsbereitschaft des Topmanagements entspricht ziemlich genau der Veränderungsbereitschaft der Organisation" (Schmelzer/Sesselmann 2013, S. 522). Manchmal kann bei Mitgliedern der Geschäftsleitung die Innovations- und Veränderungsbereitschaft auch signifikant höher als bei den Mitarbeitern sein (vgl. Lötscher 2006, S. 61), was unter Umständen zu deren Überforderung führt.

Als Geschäftsleitung sollten Sie Ihre unternehmensindividuelle Situation kennen und verstehen. Prüfen Sie darum, ob und inwieweit Sie wirklich hinter dem intelligenten Prozessmanagement stehen. Sind Sie vom Erfolg überzeugt? Wenn nein, lassen sich die Bedenken ausräumen? Ist das nicht der Fall, dann schenken Sie sich das gesamte Vorhaben. Die Devise kann nur lauten: „ganz oder gar nicht". Alles Übrige sind verschwendete Ressourcen, weil das Prozessmanagement über kurz oder lang im Sande verlaufen wird.

11.2.3 Gute Vorbereitung ist alles

Doch auch vom Erfolg überzeugte Geschäftsführer müssen zuerst einmal die Organisation hinter sich bringen und alle zum Mitmachen bewegen. Vielfach wird der Fehler begangen, dass die Geschäftsleitung versucht, intelligentes Prozessmanagement mittels „Big-Bang-Implementierung" einzuführen, so als ob das Prozessmanagement wie nach einem Urknall einfach da sein müsste. Doch mit der simplen Aussage „Ab heute machen wir alle Prozessmanagement" wird bei der Belegschaft nichts bewirkt. Eine solche Aussage kommt in ihrer tiefgreifenden Bedeutung bei den Mitarbeitern nicht an; vor allem durchdringt sie eine Organisation mit einer großen Belegschaft nicht ohne entsprechende Vorbereitung. Denn jeder Einzelne muss verstehen, was das für ihn und seinen Arbeitsbereich bedeutet und welche Konsequenzen im Denken und Handeln es nach sich zieht. Und er muss auch verstehen, was es heißt, wenn er nicht mitzieht.

Die Durchdringung kann nur dann optimal gelingen, wenn bereits *vor* der Einführung des Prozessmanagements die Mitarbeiter dafür sensibilisiert und alle Weichen richtig gestellt werden. Gegebenenfalls muss z.B. auch entschieden werden, welche Projekte mit anderem Inhalt entbehrlich sind oder aufgeschoben werden können, weil das Prozessmanagement eine höhere Priorität hat.

> ▶ Je größer ein Unternehmen, je mehr Mitarbeiter es hat, desto wichtiger ist es, in der *Vorbereitungsphase* vor der Einführung des Prozessmanagements ein detailliertes Konzept zu erarbeiten, das die Belegschaft vom Prozessmanagement überzeugt und zur Mitwirkung verpflichtet.
>
> Die Geschäftsleitung muss auch die Einführungs- und Umsetzungsgeschwindigkeit wählen, und zwar auch unter dem Aspekt, dass die Organisation mit allen sonstigen Projekten und Programmen nicht überfordert wird. Es heißt, Prioritäten zu setzen.

11.3 Stakeholder und Führungskräfte einbinden

Zur Vorbereitungsphase gehört es, die Stakeholder und die Führungskräfte für das intelligente Prozessmanagement zu gewinnen. In einem großen Unternehmen ist es nicht möglich, von Anfang an *alle* Stakeholder und Führungskräfte zu begeistern. Dieses Vorhaben wäre vermessen und personaltechnisch zu aufwendig. Doch hilft es, einen gewissen Anteil von ihnen zu begeistern – eine Menge, die ich als „kritische Masse" bezeichne. Dieser Anteil an Führungskräften schafft das Fundament, auf dem das Prozessmanagement aufsetzen kann. Ist eine kritische Masse erreicht, die ich mit etwa 5 bis 10 Prozent der Belegschaft ansetze, ist der Wendepunkt – auch als „Tipping Point" bezeichnet – erreicht, ab dem ein Veränderungsprozess „automatisch" zu laufen beginnt. Es ist, als ob man einen Stein ins Wasser wirft, der nun von allein immer größere Kreise zieht, so dass eine wachsende Anzahl von Leuten im Unternehmen mit der Zustimmung zum Prozessmanagement „angesteckt" wird. Die Ansteckung geht umso schneller, je offensichtlicher die ersten Erfolge optimierter Prozesse im Unternehmen sind und je deutlicher diese kommuniziert werden.

11.3.1 Stakeholder

Bei den Stakeholdern ist zwischen internen und externen zu unterscheiden. Zu den externen Stakeholdern gehören die externen Kunden, externe Lieferanten, Partner, eventuell auch Eigentümer, Investoren und Verbände, Behörden, Politik, Medien und Regulatoren. Zu den internen gehören Prozessverantwortliche, Prozessmitarbeiter, interne Kunden und interne Lieferanten, Sponsoren, Führungskräfte, Fachexperten und Mitarbeiter der zentralen Abteilung für Prozessmanagement.

Die Stakeholder-Analyse hilft zu klären, wer die maßgeblichen Stakeholder sind und vor allem, welche notwendigen Maßnahmen für jeden einzelnen Stakeholder definiert und umgesetzt werden sollten. Bewährt hat sich das folgende vierschrittige Vorgehen und die Beantwortung der Leitfragen:

1. *Sammeln und Identifizieren der Stakeholder:* Wer hat Interesse am Prozessmanagement? Wer hat Erwartungen oder Forderungen daran? Auf wen ist umgekehrt das Unternehmen angewiesen, um das Prozessmanagement durchzuführen?
2. *Feststellen der konkreten Erwartungen und Forderungen der Stakeholder:* Welche Vor- und Nachteile bzw. Chancen und Risiken verbinden die Stakeholder mit dem geplanten Prozessmanagement? Welche Forderungen und Erwartungen haben sie, und wie sind diese zu gewichten? Wie stark sind sie vom Prozessmanagement betroffen?
3. *Bewertung der Stakeholder:* Welche Einstellung haben die Stakeholder zum Prozessmanagement (positiv, neutral, negativ)? Welche Einflussmöglichkeiten haben die Stakeholder auf das Prozessmanagement und wie stark sind diese? Die gesamte Bandbreite der Interessen und auch ihre Bedenken festzuhalten, ist ein wesentlicher

Input für eine detaillierte Programmplanung. Die Bewertung der Stakeholder als „Unterstützer" oder „Gegner" sollte vertraulich behandelt werden. Die Konzentration liegt in der Anfangsphase natürlich besonders auf den Befürwortern, die dazu beitragen, die kritische Masse zu erreichen.

Gegner unter den Stakeholdern sind typischerweise an Killerphrasen wie den folgenden zu erkennen:

- „Wir optimieren laufend auch ohne umfangreiche Ausbildung und komplizierte Methode."
- „Es können keine Ressourcen zur Verfügung gestellt werden."
- „Wir haben in der Vergangenheit immer wieder Änderungen durchführen wollen und damit keinen Erfolg gehabt."
- „Unsere Branche ist zu schnelllebig, daher ist eine langwierige Ausbildung von Mitarbeitern unmöglich bzw. nicht sinnvoll."
- „Eine zu genaue Struktur im Unternehmen behindert unsere Flexibilität."
- „Es ist nicht erforderlich, dass alle Mitarbeiter umfassend ausgebildet bzw. befähigt werden."

4. *Maßnahmen zum Umgang mit den Stakeholdern:* Wie stellen wir sicher, dass derzeitige Befürworter weiterhin Befürworter bleiben? Was benötigen sie noch zusätzlich? Wie können die Gegner gewonnen werden? Insbesondere für den Umgang mit den Gegnern muss eine Kommunikationsstrategie entwickelt werden, um ihren negativen Einfluss zu begrenzen. Sonst könnten unrealistische Erwartungen oder Widerstände gegen die Veränderungen auftreten. Bei mangelnder Information könnte auch die „Gerüchteküche" zur Informationsquelle werden.

Selbstverständlich sollten die Ergebnisse der vier Phasen dokumentiert werden. Auch sollte die Stakeholder-Situation im Laufe der Initiative in regelmäßigen Abständen überprüft werden. Die regelmäßige Durchführung des Stakeholder-Managements macht es zu einem „Prozess des Prozessmanagements" und garantiert eine kontinuierliche Anbindung der Endergebnisse aus den Prozessoptimierungen an die Erwartungen der Stakeholder.

11.3.2 Führungskräfte

Führungskräfte aller Ebenen sind ebenfalls eine kritische Gruppe, die gewonnen werden will. Empirische Untersuchungen zeigen, dass insbesondere das mittlere Management häufig eine niedrige Wandlungsbereitschaft mitbringt, was sicher auch an seiner schwierigen „Sandwichposition" in der Mitte sowie dem von oben wie von unten in der Hierarchie ausgeübten Druck liegt. Hauptgründe für die mangelnde Veränderungsbereitschaft des mittleren Managements sind:

- mangelnde Einsicht in notwendige Veränderungen (47 Prozent),
- Angst vor Entscheidungen (45 Prozent),
- Verlust an Einfluss (44 Prozent),
- Angst vor Statusverlust (33 Prozent),
- mangelnde Flexibilität (32 Prozent),
- sowie weitere Gründe, z.B. fehlende Kompetenzen oder Egoismus (vgl. Schmelzer und Sesselmann 2013, S. 524).

Viele Führungskräfte haben eine ausgeprägte *Transparenzangst*. Das heißt, sie wollen niemandem Einblick in ihren Fachbereich gewähren aus Angst, es könnten Unzulänglichkeiten, Dysfunktionalitäten oder Fehler ans Licht kommen. In der Tat lässt sich das nicht verhindern, denn die Daten und Prozesskennzahlen sprechen eine eindeutige Sprache. Die Transparenzangst kommt meiner Erfahrung nach in folgenden Verhaltensweisen zum Ausdruck:

- Wichtige Sachverhalte werden nicht mitgeteilt bzw. Informationen vorenthalten.
- Man verschließt sich, die Unterstützung des Deployment-Teams bzw. der für das Prozessmanagement zuständigen Abteilung in Anspruch zu nehmen.
- Ressourcen werden für eine gemeinschaftliche Optimierung nicht zur Verfügung gestellt.
- Es wird behauptet, im eigenen Fachbereich gäbe es kein Optimierungspotenzial.
- Man möchte die eigenen Fähigkeiten nicht erweitern.
- Das methodische Vorgehen wird harsch kritisiert.
- Das Programm wird abqualifiziert und die Geschäftsführer werden kritisiert.

Mit anderen Worten: Es können sich *Widerstände* auftun, die zu einer aktiven oder passiven Ablehnung von Veränderungen führen. Hilfreich ist an dieser Stelle die Erkenntnis: *Es gibt keine Veränderungen ohne Widerstand!* Der Widerstand als solcher ist also nicht negativ zu bewerten, sondern ein „normales" Phänomen. Es ist nur die Frage, wie damit umgegangen wird.

In der Vorbereitungsphase ist es wichtig, solche Widerstände zu erkennen und ähnlich wie beim Stakeholder-Management vorzugehen. Widerstände lassen sich zum einen ausräumen, indem gewisse Erwartungen und Forderungen der Führungskräfte im Deployment-Plan berücksichtigt werden. Zum anderen können Bedenken beseitigt werden, indem der Nutzen des Prozessmanagements für den Einzelnen aufgezeigt wird, weil damit die elementare Frage „Was habe ich davon?" beantwortet wird. Erkennt der Einzelne die Vorteile, die für ihn damit verbunden sind, so ist er auch geneigt mitzuziehen.

11.3 Stakeholder und Führungskräfte einbinden

▶ Für die oberen Managementebenen besteht der Nutzen des Prozessmanagements in folgenden Gewinnen:

- Aufbau langfristiger Wettbewerbsvorteile,
- klare Verantwortlichkeiten und klare Strukturen in der Organisation,
- Steigerung der Effizienz und Effektivität,
- Förderung des Unternehmenswachstums,
- bessere finanzielle Performance,
- höhere Transparenz in der Organisation,
- höhere Umsätze/Gewinne,
- Einsparung von Kosten,
- Sicherung von Marktanteilen,
- präzisere Steuerung des Unternehmens über Prozesskennzahlen,
- Schließen der Lücke zwischen der Unternehmensstrategie und ihrer operativen Umsetzung,
- Steigerung der Mitarbeiterzufriedenheit.

Die unteren Managementebenen bis hinunter zu den Mitarbeitern haben folgenden Nutzen:

- Abbau von Hektik, Unruhe und Stress,
- kürzere Durchlaufzeiten,
- höhere Produktqualität,
- bessere fachbereichsübergreifende Zusammenarbeit,
- Erhöhung der Prozessqualität,
- mehr Zufriedenheit am Arbeitsplatz und Abbau von gesundheitlichen Risikofaktoren (Burnout),
- Abbau von Konflikten und Streitigkeiten mit Kollegen und anderen Abteilungen,
- klarere Arbeitsaufgaben und klarere Abgrenzung von Kompetenzen,
- Zeitgewinn,
- mehr Spaß und Motivation durch Entlastung von überflüssigen Tätigkeiten, die dank effizienterer Abläufe abgeschafft werden,
- Sicherheit der Arbeitsplätze.

Das mittlere Management gewinnen

Eine Schweizer Bank stand nach der Finanzkrise unter hohem Kostendruck und führte ein intelligentes Prozessmanagement ein. Insbesondere das mittlere Management war skeptisch eingestellt, da es von Prozessmanagement bisher noch nichts gehört hatte und sich die Wirkungen nicht vorstellen konnte.

Um eine hohe Akzeptanz zu erreichen, ging man im Laufe des Programms folgendermaßen vor:

- Die positiven Resultate jeder Prozessoptimierung wurden im gesamten Unternehmen kommuniziert. Anhand der „Show Cases" konnte jeder den Nutzen erkennen.
- Das mittlere Management in den Filialen wurde ausgebildet, um selbst Prozesse eigenverantwortlich zu optimieren. Auf diese Weise konnte auch das Optimierungspotenzial in den Zweigstellen erschlossen werden, das für die Zentrale nicht sichtbar war.

Selbst für langjährige Banker war der Erfolg, der aus der Operierung mit Prozesskennzahlen resultierte, erstaunlich. Dies förderte das Prozessverständnis und lockte das mittlere Management aus der Reserve. Nach und nach entwickelte sich eine Offenheit. Das mittlere Management entwickelte einen Blick für typische Verschwendungen, die es vorher nicht gesehen hatte, so dass immer mehr dysfunktionale Prozesse verbessert werden konnten.

11.3.3 Incentivierung der Mitarbeiter und Führungskräfte?

Oftmals stellt sich das Topmanagement die Frage, wie sich Führungskräfte und Mitarbeiter für das Prozessmanagement in ausreichendem Maße zum Mitmachen „motivieren" lassen. Naheliegenderweise kommt dann die Idee auf, Bonuszahlungen und Incentives einzuführen. Was ist davon zu halten?

Nach meinem Dafürhalten sind Incentives und Bonuszahlungen abzulehnen, denn sie fördern ausschließlich die extrinsische Motivation. Das heißt, Führungskräfte und Mitarbeiter machen nur mit, weil es finanzielle Anreize gibt, nicht aber, weil sie von der Sache bzw. vom Nutzen des Prozessmanagements wirklich überzeugt sind. Sie haben also den Nutzen, der aus optimierten Prozessen in ihrem eigenen Fachbereich erwachsen könnte, nicht wirklich verstanden und verinnerlicht. Und sie werden auch nur so lange engagiert mitmachen, wie Boni und Incentives weiter gezahlt werden. Schlimmstenfalls kann es auch zu Neid kommen, wenn einige finanzielle Belohnungen erhalten, andere hingegen nicht.

Ein weiterer Nachteil ist, dass Prozessmanagement nicht in der Kultur bzw. „in den Genen" des Unternehmens verankert werden kann, wenn es nur auf materiellen Anreizen beruht. Denn in diesem Falle ist es nicht in den Herzen und Köpfen der Menschen verankert und hat damit auch keinen Einfluss auf das tägliche Handeln.

Incentive-Systeme werden üblicherweise in Verkauf und Vertrieb eingesetzt, wo sie auch ihre Berechtigung haben mögen, doch auf Prozessmanagement sind sie nicht übertragbar.

Falsche Anreize

In einem Unternehmen konnten keine Mitarbeiter gefunden werden, die sich „freiwillig" zu *Black Belts* ausbilden ließen, um Verantwortung im Prozessmanagement zu übernehmen. So kam der Programmleiter auf die Idee, als Anreiz iPads in Aussicht zu stellen für diejenigen, die sich zur Ausbildung bereit erklärten und sie erfolgreich absolvierten. Nach Beendigung der Ausbildung anderthalb Jahre später hatte das Management jedoch das Geschenk „vergessen". Niemand erhielt das versprochene iPad, und die Enttäuschung war entsprechend groß.

Hier wurden völlig falsche Anreize gesetzt:

1. Die Geschäftsleitung hätte einfach entsprechend qualifizierte Mitarbeiter zur Ausbildung überzeugen können und sollen. Die Ausbildung ist Teil der regulären Arbeit der Betreffenden, die diese per Arbeitsvertrag zu leisten haben, und muss darum auch nicht incentiviert werden.
2. Die Geschäftsleitung hatte es versäumt, vorab durch Kommunikation der Vorteile und des Nutzens des Prozessmanagements geeignete Mitarbeiter zu finden. Wer vom Prozessmanagement überzeugt ist, meldet sich gerne und muss nicht mit finanziellen Anreizen geködert werden.
3. Wenn jedoch Incentives von Seiten der Programmleitung versprochen werden, dann müssen sie auch wirklich ausgegeben und dürfen nicht „vergessen" werden. Das hat eine katastrophale Signalwirkung, und zwar sowohl im Hinblick auf die Wertschätzung für die Arbeit der einzelnen Mitarbeiter als auch für das Prozessmanagement und seine Bedeutung im Unternehmen.

Viel nachhaltiger und besser als Boni und Incentives wirkt eine Kultur des Lobes und der Wertschätzung. Ein Umgang mit Mitarbeitern, der der Devise folgt „nicht getadelt ist schon gelobt genug" erfüllt diese Voraussetzung nicht. Wenn hingegen die Leistungsverbesserungen und Erfolge von Einzelnen wie auch von Teams öffentlich anerkannt, gefeiert und zelebriert werden, so ist das sichtbares Lob, das ankommt. Die andere Seite der Medaille einer Kultur des Lobes ist eine konstruktive Fehlerkultur.

> ▶ Für eine dauerhafte Einführung und kontinuierliche Fortführung des intelligenten Prozessmanagements im Unternehmen sind solche monetären Anreize kontraproduktiv, weil sie nur eine äußerliche bzw. materielle Motivation schaffen, aber nicht dazu beitragen, dass die innere Grundhaltung bzw. Philosophie, die mit Prozessmanagement verbunden ist, im Unternehmen verankert wird.

11.3.4 Konstruktive Fehlerkultur

Stehen die Führungskräfte dem Prozessmanagement ablehnend gegenüber, so kann das seine Ursache auch in einer unzulänglichen Fehlerkultur haben. War es bisher in einem Unternehmen üblich, dass Fehler entweder ignoriert und gar nicht besprochen oder sogar disziplinarisch abgestraft wurden (vgl. Abschn. 2.1), so ist die Transparenzangst der Führungskräfte natürlich verständlich. Die Einführung des Prozessmanagements ist eine gute Gelegenheit, auch mit dem bisherigen Umgang mit Fehlern aufzuräumen und im Rahmen des Paradigmenwechsels eine neue Vertrauenskultur einzuführen. Das Topmanagement sollte den Führungskräften deutlich signalisieren, dass Fehler und Unzulänglichkeiten in ihren Bereichen, die durch das Prozessmanagement ans Tageslicht kommen, nicht sanktioniert bzw. disziplinarisch geahndet werden. Das fördert Sicherheit und Vertrauen in die anstehenden Maßnahmen. Eine Vertrauenskultur ist getragen von Offenheit, Kooperationsfähigkeit, Eigenverantwortlichkeit und der Belohnung von Engagement.

Empirische Studien belegen, dass sich eine konstruktive Fehlerkultur positiv auf das Gelingen von Change-Management auswirkt: Wenn Mitarbeitern Vertrauen geschenkt wird und sie aus Fehlern lernen dürfen, so ist das ein wertvoller Beitrag zur lernenden Organisation. Vor allem Führungskräfte sollten auf den Umgang mit Fehlern achten. Sie sollten Mitarbeiter nicht für Fehler tadeln, sondern Feedback und Lernprozesse ermöglichen (Mutaree GmbH 2015).

Es manifestiert sich in der Unternehmenskultur, wenn man versucht, auch aus einer schlechten Leistung etwas Positives zu finden, und die Menschen, die damit in Zusammenhang stehen, gewürdigt bzw. gewertschätzt werden. Das gilt selbstverständlich auch für die Projektarbeit im Rahmen des Prozessmanagements.

Prozessoptimierung ist immer mit dem Gedanken verbunden, etwas Schlechtes, Dysfunktionales zu eliminieren. Gerade weil man in einigen Projektphasen mit Negativem konfrontiert ist, ist es sinnvoll und förderlich, auch das Positive daran zu sehen, selbst wenn es nicht auf Anhieb erkennbar ist. Dadurch kann sich eine Kultur entwickeln, die von einem positiven Fehlerumgang geprägt ist.

Früher getroffene Entscheidungen, die zur derzeitigen negativen Prozesssituation geführt haben, sind mitzuberücksichtigen. Und man kann davon ausgehen, dass damals unter den seinerzeitigen Bedingungen die richtige Entscheidung getroffen und umgesetzt worden ist, selbst wenn sie unter heutigen Kriterien nicht mehr richtig ist.

> ▶ Ein konstruktiver Umgang mit Fehlern, der sie als Lernchance begreift und nicht sanktioniert, trägt zum Gelingen des Transformationsmanagements wesentlich bei. Das betrifft nicht nur die Vorbereitungsphase vor Einführung des Prozessmanagements, sondern auch dieses selbst.

11.4 Die Kommunikationspolitik im Unternehmen

Viele Veränderungsinitiativen versagen, weil sie keine Akzeptanz in der Organisation finden. Die Akzeptanz eines Programmes zur Einführung von intelligentem Prozessmanagement beginnt mit der Entwicklung einer soliden Kommunikationsstrategie. Zwar lassen sich durch Einsatz von Methoden im Prozessmanagement große Erfolge erzielen, doch scheitern oft die bestvorbereiteten Pläne, wenn man sich ausschließlich auf technische Umsetzung des Programms konzentriert und die kulturellen sowie kommunikativen Aspekte außer Acht lässt.

11.4.1 Der Kommunikationsplan

Da das Programm für die Implementierung eines intelligenten Prozessmanagements meist darauf ausgelegt ist, eine Organisation von Grund auf zu transformieren, ist es unabdingbar, einen gut ausgearbeiteten Kommunikationsplan zu erstellen, der die Bedenken, Anliegen und Sorgen der Mitarbeiter anspricht. Benötigt wird ein kritischer und ehrlicher Dialog mit dem Topmanagement, dem mittleren Management, den Mitarbeitern und den Stakeholdern. Das Programmteam muss frühzeitig und oft kommunizieren und dabei klare Aussagen zur Vision, zur Strategie und zum Nutzen für alle machen. Wird dies vernachlässigt, so kann das alle Bemühungen untergraben oder zunichte machen. Auf jeden Fall ist dann reichlich Raum für Gerüchte, Spekulationen oder Zynismus unter den Mitarbeitern gegeben.

Im Kommunikationsplan werden Art, Umfang, Detaillierungsgrad, Häufigkeit und Verteiler von Programmdokumenten und Berichten sowie Eskalationswege beschrieben. Um die Kommunikation auch abteilungsübergreifend aufrecht zu erhalten, werden Programmmeetings institutionalisiert, in denen ausgewählte Programmmitarbeiter in definierten Zeitabständen zusammenkommen. In diesen Meetings werden der aktuelle Fortschritt, aktuelle Herausforderungen, mögliche Problemstellungen und Schwierigkeiten sowie Lösungsansätze besprochen. Dadurch sind alle Projektmitarbeiter auf dem gleichen Informationsstand und haben die Möglichkeit der gegenseitigen Unterstützung bei aktuellen Problemstellungen.

> Ziele des Kommunikationsplanes sind:
>
> - der geregelte Austausch von Informationen,
> - die Optimierung des Informations- und Kommunikationsflusses,
> - die Schaffung von Transparenz und Klarheit im Programm,
> - die Förderung und Steuerung der Kommunikation durch regelmäßige Meetings,
> - die Planung von Kommunikationsstrukturen: Welche Meetings, Workshops usw. gibt es? Wer nimmt daran teil? Wann und wie oft finden sie statt? Was wird dabei besprochen?

11.4.2 Kommunikationswege und Medien

Die Kommunikation – ich spreche gerne auch von „Kommunikationspolitik" oder „Prozessmanagement-Marketing" – ist natürlich nicht nur in der Vorbereitungsphase vor Einführung des Prozessmanagements von Bedeutung, sondern während der gesamten Durchführung. Dazu sind nicht zuletzt Einrichtungen wie der Steuerungsausschuss (vgl. Abschn. 7.2) sowie regelmäßige Präsentationen von Meilensteinen in gewissen internen Kreisen des Unternehmens wichtig. Neben der formellen Kommunikation sollten auch informelle Kanäle genutzt werden, außerdem Veröffentlichungen in betriebsinternen Medien.

Folgende Kommunikationsmittel können sowohl für die programminterne Kommunikation der Programm- bzw. Projektmitarbeiter untereinander als auch für die programmexterne Kommunikation ins Unternehmen hinein angewendet werden:

– Persönliche Gespräche
– Informationsveranstaltungen für alle Mitarbeiter
– Geschäftsleiter-E-Mails an die Mitarbeiter
– Präsentationen in Mitarbeiter- und Management-Meetings
– Maßgeschneiderte Informationsblätter, die intelligentes Prozessmanagement in einfachen Worten erklären
– Informelle Kamingespräche mit Mitgliedern der Geschäftsleitung
– Best-Practice-Sharing
– Intranet-Auftritte mit regelmäßigen Updates
– Regelmäßige Kolumnen in der Mitarbeiterzeitung
– Spezieller Prozessmanagement-Newsletter im Intranet
– Telefon-Hotline
– Gemeinsame elektronische Ordner im Intranet, die für alle zugänglich sind
– Veranstaltungen zur Anerkennung erfolgreicher Meilensteine
– Instanz (eine Person oder ein Briefkasten) zum Einbringen von Verbesserungsvorschlägen und Fragen
– Feedback / Rückmeldungen von Mitarbeitern einholen
– Posterkampagnen.

Kommunikativ vorbildlich verhalten hat sich *Profectis*, wo der Geschäftsführer keine Mühen gescheut hat, um die Führungskräfte in Dutzenden persönlicher Gespräche vom Prozessmanagement zu überzeugen. Stand auf der einen Seite der Nutzen für jeden Einzelnen – in Form von Leistungszulagen auch finanzieller Art – im Vordergrund, so war auf der anderen Seite die klare Ansage: Wer das Prozessmanagement nicht aktiv unterstützt, muss das Unternehmen verlassen (vgl. Abschn. 12.2).

Der Erfolg, der durch einzelne optimierte Prozesse offen kommuniziert wird, motiviert und mobilisiert nach und nach alle im Unternehmen, weil jeder sich für seinen

Arbeitsbereich konkrete Verbesserungen und die Ausschaltung lange schon existierender Mängel verspricht. Die wachsende Fürsprache unterstützt das Unternehmen auf seinem Weg zum intelligenten Prozessmanagement, das mehr und mehr zum Selbstläufer wird. Seine Gegner sterben entweder aus, wandeln sich vom Saulus zum Paulus oder verlassen das Unternehmen. So hält der Geist des intelligenten Prozessmanagement mehr und mehr Einzug.

> ▶ Gemäß dem bekannten Ausspruch des Kommunikationsforschers Paul Watzlawick kann man „nicht nicht kommunizieren". Das heißt, man kommuniziert auch dann, wenn man nichts sagt bzw. schweigt. Wird das Prozessmanagement im Unternehmen nicht kommuniziert, so signalisiert dies, dass es keine Bedeutung hat. Dementsprechend ist seine Akzeptanz gefährdet. Um eine breite Zustimmung aller Führungskräfte und Mitarbeiter im Unternehmen zu erreichen, sollten sämtliche Kommunikationsmittel genutzt werden, und zwar sowohl programmintern als auch -extern.

> ▶ **Fazit** Für die erfolgreiche Einführung des intelligenten Prozessmanagements sind neben den harten Faktoren die weichen mindestens genauso entscheidend, nämlich die Schaffung einer auf Vertrauen basierenden Unternehmenskultur, die dazu beiträgt, dass Stakeholder, Führungskräfte und Mitarbeiter engagiert mitmachen.
> Zuerst muss das Topmanagement uneingeschränkt hinter dem Prozessmanagement und seinem Nutzen stehen. In einer Vorbereitungsphase sollten anschließend die Menschen im Unternehmen zum Mitmachen gewonnen werden. Zu Anfang genügt eine „Keimzelle" von Befürwortern, deren Zustimmung und Begeisterung auf die anderen im Unternehmen übergreift, sobald Erfolge sichtbar werden.
> Vor und während der gesamten Durchführung sollten immer wieder kommunikative Anlässe geschaffen und genutzt werden, um alle auf dem Laufenden zu halten und über Meilensteine und Erfolge der Prozessoptimierungen im Unternehmen zu berichten.

Literatur

Baumgärtner, Stefanie, Claudia Horz, und Uwe Klein. 2013. Transformationsmanagement. Rennstrategien für erfolgreiche Veränderungen. *zfo* 82(1):54–60.
Lötscher, Fredy. 2006. *Wie steht es um die Innovations- und Veränderungsbereitschaft?* Zürich: Jahrespublikation vsms Verband Schweizer Markt- und Sozialforschung, 60–62.

Mutaree GmbH. 2015. *Konstruktive Fehlerkultur katapultiert Change Management zu erhöhten Erfolgsraten.* http://www.it-daily.net/it-strategie/aktuelles/10668-konstruktive-fehlerkultur. Zugegriffen am 10.02.2015.

Schmelzer, Herrmann J., und Wolfgang Sesselmann. 2013. Geschäftsprozessmanagement in der Praxis. Kunden zufrieden stellen, Produktivität steigern, Wert erhöhen, 8. Aufl. München: Hanser.

Zimmermann, Alexander, Gilbert Probst, und Albert Angehrn. 2013. Wandel planbar machen. Dank nicht linearer Planungs- und Steuerungssysteme. *zfo* 82(02):130–136.

Profectis – Ein Beispiel für gelungenes Prozessmanagement

12

12.1 Die Einführung des intelligenten Prozessmanagements

Die *Profectis Technischer Kundendienst GmbH & Co. KG* wurde 1969 von Gustav Schickedanz als „Quelle Technischer Kundendienst" gegründet. Seit 1999 der Zusammenschluss mit dem Kundendienst von *Neckermann* und *Karstadt* erfolgte, ist *Profectis* ein selbständiges Unternehmen. 2010 wurde der Betrieb von *RTS Elektronik Systeme GmbH* übernommen. *Profectis* ist auf die Reparatur von Elektrogroßgeräten spezialisiert. Neben einem flächendeckenden Techniker-Netzwerk über ganz Deutschland bietet das Unternehmen auch einen Werkskundendienst für führende Markenhersteller, ist also sowohl im Endkunden- als auch im B-to-B-Geschäft zu Hause. Über 400.000 Einsätze pro Jahr und über 400 Techniker im Außendienst, dazu eine Vielzahl von Elektrogeräten (Waschmaschinen, Geschirrspüler, Herde, Kühl- und Gefriergeräte, Unterhaltungselektronik usw.) von mehr als 30 unterschiedlichen Herstellern erfordern eine umfassende Organisation von Prozessen.

Herbert Ohlott, einer der ehemaligen Geschäftsführer, ist vom Prozessmanagement überzeugt. Er implementierte für insgesamt 1.500 Mitarbeiter vom Verkauf, über die Auftragsannahme, die Logistik und den Außendienst ein intelligentes Prozessmanagement auf der Basis von Six Sigma. Gemeinsam mit einem externen Berater wurde ein Deployment-Plan aufgestellt. Darin wurden die strategischen Ziele aufgenommen und das Prozessmanagement inhaltlich so aufgestellt, dass die Strategie erfüllt werden konnte.

Von Anfang an wurde systematisch nach den „4 i" (vgl. Kap. 10) vorgegangen. Es wurde festgelegt, wie viele Mitarbeiter nach DMAIC ausgebildet werden müssen, um einen nachhaltigen Effekt zu erzielen, damit das Prozessmanagement mittelfristig zum „Selbstläufer" im Unternehmen wird. Mit dem Finanzchef wurde zu Beginn definiert, wie der monetäre Nutzen des Prozessmanagements berechnet werden sollte. Weiterhin wurden der Personalleiter und der Betriebsrat mit ins Boot geholt, um eine breite Unterstützung zu gewährleisten.

Die umfangreichen DMAIC-Schulungen wurden als *Training on the job* durchgeführt: Jede Ausbildung wurde von einem Projekt im Unternehmen begleitet, damit das Gelernte sofort in die Praxis umgesetzt werden konnte. Ein „Lernen auf Halde" wurde auf diese Weise vermieden.

Die Projektleiter der Prozessoptimierungsprojekte sollten Vollzeit für das Prozessmanagement zur Verfügung stehen. Doch die Geschäftsführung wollte zunächst, dass die Projektleiter nur die Hälfte ihrer Arbeitszeit in die Prozessoptimierung investierten. Da jedoch der Deployment-Plan über die Umsetzungsgeschwindigkeit und das gemeinsame Ziel zeitlich wie auch finanziell definiert war, wurde der Geschäftsführung nach zwei bis drei Monaten klar, dass mit nur 50-prozentigem Einsatz die Ziele nicht zu erreichen waren. Andererseits brachte auch der 50-prozentige Einsatz der Projektleiter in ihrem angestammten Arbeitsbereich keine befriedigenden Resultate hervor. Die Lösung konnte nur lauten: „Ganz oder gar nicht". So entschied man sich, die Projektleiter aus ihren Linienfunktionen komplett herauszulösen, damit sie dem Prozessmanagement vollständig zur Verfügung standen.

Den Geschäftsführern wurde klar: Prozessmanagement funktioniert nur, wenn man alle „4i" adressiert. Lässt man einen oder zwei Aspekte weg, tauchen über kurz oder lang Probleme auf. Schenkt man sich beispielsweise die finanzielle Bewertung, gehen irgendwann im Unternehmen die Argumente aus, dass es sich um eine gute Sache handelt, so dass die Motivation erlahmt. Verzichtet man auf eine einheitliche Methode und lässt unterschiedliche Methoden zu, so sind die Prozessoptimierungen nicht aufeinander abgestimmt. Um ein intelligentes Prozessmanagement erfolgreich im Unternehmen zu implementieren, muss konsequent ein gewisser Aufwand betrieben werden. Wenn man das Bergkreuz anfassen möchte, reicht es nicht, auf halber Höhe stehen zu bleiben und dem Kreuz zuzuwinken.

Durchgeführt wurde das Prozessmanagement auf Betreiben von Herbert Ohlott, einem der seinerzeitigen Geschäftsführer von *Profectis,* der für das folgende Interview zur Verfügung stand.

12.2 Interview mit dem ehemaligen Geschäftsführer Herbert Ohlott

Frage: Herr Ohlott, was hat Sie seinerzeit bewogen, intelligentes Prozessmanagement bei *Profectis* einzuführen?

Ohlott: *Profectis* war tief in den roten Zahlen und zudem komplett unstrukturiert. Ich hatte die Aufgabe und den Anspruch, ein profitables Unternehmen daraus zu machen, das nachhaltig schwarze Zahlen schreibt. Dazu war es erforderlich, sich in alle Prozesse hineinzudenken, alte Zöpfe abzuschneiden, die Geschwindigkeit und die Qualität zu verbessern, um wieder profitabel zu werden, und zwar schrittweise in mehreren Durchläufen. Es dauerte einige Zeit, bis wir wieder im rentablen Bereich waren und die Gewinne Jahr für Jahr stiegen.

12.2.1 Das Vorgehen

Frage: Welches Ziel hatten Sie?
Ohlott: Unser Ziel war es, die operativen Kosten innerhalb von anderthalb Jahren um 10 Prozent zu senken. Tatsächlich schafften wir es sogar, 14 Prozent der Kosten einzusparen – und das bereits nach 10 Monaten. Wir haben mit dem „klassischen" Ansatz begonnen, nämlich Kosten einzusparen, indem man Prozesse verändert. Doch bald wurde klar: Das konnte nur der erste Schritt sein, denn Kostensenkung alleine steht auf tönernen Füßen und funktioniert nicht auf Dauer.

So sind wir darauf gekommen, uns alle Unternehmensprozesse anzuschauen, wirklich alle. Unser Endziel war ein Unternehmen, das nach der Six-Sigma-Philosophie lebt. Als Vorbild diente uns dabei *Caterpillar*, Weltmarktführer im Bereich von Baumaschinen.

Frage: Wie haben Sie das Prozessmanagement finanziert?
Ohlott: Durch die erzielten Kosteneinsparungen.
Frage: Wie sind Sie dabei vorgegangen?
Ohlott: Wir haben uns alle Unternehmensbereiche angeschaut und uns gefragt, welche davon tatsächlich einen Ertrag bringen, welche ihn bringen könnten und welche niemals Ertrag bringen würden. Von Bereichen, mit denen wir „schlechten Umsatz" erzielten, trennten wir uns geschäftlich. So kam es, dass der Umsatz innerhalb von drei Jahren um 20 Prozent sank. Doch gleichzeitig stieg der Ertrag nach EBIT, und das war das Entscheidende.
Frage: Können Sie Beispiele für die Prozessoptimierung nennen?
Ohlott: Das Kernproblem bestand darin, dass *Profectis* damals keine zentrale Führung und auch kein Controlling, also keine wirtschaftliche Datenerfassung, hatte. Ohne wirklich funktionierende IT „wursteten" wir ohne Überblick nur vor uns hin. Wir führten eine andere IT ein, auf der Basis von SAP, und setzten auch noch ein Auftragsmanagement oben drauf. Erst als das geschehen war, erkannten wir die schlechte Performance von *Profectis*. Es war mir natürlich klar, dass ich die hochgesteckten Ziele nicht dadurch erreichen konnte, dass ich den Mitarbeitern „gut zurede", dieses oder jenes in ihren Arbeitsbereichen zu verbessern. Wir brauchten ein System, ein Vehikel, das uns zum Ziel eines profitablen Unternehmens führte, und dafür erschien mir Six Sigma sehr geeignet. Als

Dienstleister sind wir ja auf die Erfüllung von Kundenbedürfnissen ausgerichtet, deshalb erschien es sinnvoll, nach Six Sigma vorzugehen.

Ein spezielles Problem war beispielsweise der Zeitraum zwischen dem Anruf eines Kunden, der eine Reparatur benötigt, und dem Eintreffen des Außendienstes. Aus meiner beruflichen Erfahrung wusste ich, dass er normalerweise 48 Stunden beträgt. Als ich *Profectis* übernahm, lag er im Durchschnitt bei 12,5 Tagen, war also in keinster Weise wettbewerbsfähig. Mit Hilfe des Prozessmanagements stellten wir fest, dass wir lediglich einige wenige Schlüsselkriterien ändern mussten, um ebenfalls auf 48 Stunden zu kommen: Wir mussten die Reaktionsgeschwindigkeit erhöhen und außerdem dafür sorgen, dass die Kunden schnell kompetente Ansprechpartner bekamen, die wirklich helfen konnten. Dafür brauchte es eine entsprechende Organisation im Hintergrund, beispielsweise eine Telefonnummer, bei der die Kunden anrufen können. Das klingt so einfach und selbstverständlich, aber schauen Sie sich nur einmal Telekommunikationsunternehmen in Deutschland an: Bei etlichen können Sie als Kunde nicht einmal anrufen, wenn Sie ein Problem haben, weil es nur eine E-Mail-Adresse gibt – oder Sie werden am Telefon mit irgendeiner Person verbunden, die fachlich nicht geschult ist und keine kompetente Auskunft erteilen kann.

Der nächste Schritt bestand darin, dass wir dafür sorgen mussten, dass die Techniker, die innerhalb von 48 Stunden beim Kunden eintrafen, in mindestens 85 Prozent der Fälle die erforderlichen Reparaturen sofort und vollständig ausführen konnten und nicht etwa eine zweite oder dritte Anfahrt benötigten, weil Ersatzteile nicht vorrätig waren.

12.2.2 Führungskräfte und Mitarbeiter

Frage: Sie haben gesagt, dass die Prozessoptimierungen, die sie über mehrere Jahre eingeführt haben, *Profectis* wirtschaftlich stark geprägt haben. Wie haben die Mitarbeiter dies empfunden?

Ohlott: Als wir ganz am Anfang noch auf reine Kostensenkungen konzentriert waren, um Prozesse zu vereinfachen, da haben alle engagiert mitgemacht. Als aber das Prozessmanagement in das „Hoheitsgebiet" der zweiten Managementebene vordrang, hörte der Spaß auf einmal auf, weil die Führungskräfte um ihren Einflussbereich und um die Offenlegung nicht funktionierender Prozesse fürchteten. Die Lösung bestand darin, die gesamte Führungsriege in Six Sigma zu trainieren, damit wirklich alle das Prinzip verstanden und mittrugen. Die Ausbildung verlief Schritt für Schritt, angefangen von den Regionalleitern bis hinauf zur dritten Managementebene. Es war eine der wichtigsten Entscheidungen, das Management mit ins Boot zu nehmen und ihm konkret zu zeigen, was die Prozessänderung für sie bedeutete. Die Regionalleiter wurden zu *Black Belts* ausgebildet, ihre Stellvertreter und Gruppenleiter zu *Green Belts*. So sprachen alle dieselbe Sprache.

Eine weitere Maßnahme bestand darin, die zweite Managementebene ertragsorientiert zu bezahlen. Wir führten ein Bonussystem ein und verbanden die Boni mit der entsprechend zu erbringenden Qualität im eigenen Arbeitsbereich. Das war entscheidend, um das Ganze ins Rollen zu bringen. Bonusrelevant waren dabei immer nur finanzielle Vorteile für das *gesamte* Unternehmen, so dass ausgeschlossen war, dass sich ein Bereich auf Kosten eines anderen optimierte. Geschah dies, so flog es aufgrund unserer Prozesskennzahlen sehr schnell auf.

Bei der Ausbildung hatten wir durchweg „gemischte" Teams. Da saßen Mitarbeiter aus Ost- und aus Westdeutschland und der Innendienst mit dem Außendienst zusammen, was die Kommunikation untereinander sehr intensivierte. Selbst lange nach Beendigung der Ausbildung gab es zwischen den Teammitgliedern quer durch die Republik immer noch einen regen Austausch, der sich sehr förderlich auswirkte. Wurde beispielsweise ein Projekt im Innendienst durchgeführt, wurde auch der Außendienst in das Finden von Lösungsvorschlägen einbezogen – und umgekehrt. Jedes Team setzte dann eigenverantwortlich die gefundenen Lösungen um und sah damit auch die Auswirkungen im Unternehmen.

Frage: Gab es bei den Regionalleitern nicht große Widerstände, wenn sie ein Jahr lang in der Zentrale ein Training absolvieren und Projektarbeiten zur Optimierung von Prozessen durchführen mussten?

Ohlott: Wir hatten unter den Regionalleitern zwei, die besonders engagiert und begeistert waren und den Kerngedanken im Unternehmen weitertrugen, als sie die Vorteile des Prozessmanagements in ihrem eigenen Arbeitsbereich erkannten und sich selbst wunderten, welches Potenzial über viele Jahre brach gelegen hatte. Die zwei positiv eingestellten Regionalleiter bildeten den Kern und entfachten ein Lauffeuer, durch das sich Prozessmanagement im ganzen Unternehmen verbreitete.

Frage: Wie haben Sie sichergestellt, dass die Regionalleiter nach ihrer Ausbildung und Rückkehr die Philosophie des Prozessmanagements in ihrem Arbeitsbereich etablierten?

Ohlott: Die Regionalleiter wurden entweder zu Paten anderer Prozessoptimierungsprojekte, oder sie haben die Projekte selbst durchgeführt.

Frage: Haben Sie auch die Balanced Scorecard eingesetzt?

Ohlott: Ja, die Balanced Scorecard war wichtig, um eine Balance zwischen harten und weichen Faktoren herzustellen. Denn wenn man nur auf die Kosten achtet, besteht die Gefahr, dass die neu strukturierten Prozesse nicht wirklich gelebt

	werden, sondern alsbald „auseinander fallen", so dass man wieder von vorne beginnen muss.
Frage:	Die drei Faktoren Zeit, Qualität und Kosten müssen ausgewogen sein. Man sollte nicht nur an einer Schraube drehen, wenn man einen gleich bleibenden Qualitätslevel im Auge hat. Wie haben Sie das Problem gelöst?
Ohlott:	Wir hatten seinerzeit ein geflügeltes Wort: „In der Zeit, in der man etwas falsch macht, kann man es auch richtig machen." Wir haben uns also immer gefragt: Für wen ist es gut? Ist es nur für uns intern gut, dann reicht es nicht, denn es muss auch für die Kunden gut sein. Wenn es für die Kunden gut ist, dann erst ist es für uns gut. Diese Denke ins gesamte Unternehmen zu bringen, hat viel Zeit gekostet, hat sich aber letztlich gelohnt.
Frage:	Wie sind Sie mit Führungskräften der mittleren Ebene umgegangen, die Prozessmanagement nicht mittragen wollten?
Ohlott:	Ich habe unmissverständlich klar gemacht, dass wir ausschließlich diesen Weg gehen. Wer ihn nicht mitgehen will, der muss das Unternehmen verlassen. Dies ist auch das Verfahren, das *Caterpillar* anwendet und von Glen Barton vorgelebt wurde. Wer sich nicht an die Spielregeln hält, muss gehen. Denn wenn ein großer Teil der Führungskräfte nicht mitzieht, hat Prozessmanagement keinen Erfolg. Ich selbst habe auch einige Leute entlassen müssen.
Frage:	Sie waren selbst Initiator und oberster Promotor des Prozessmanagements und haben es gelebt. War das wichtig für den Erfolg im Unternehmen?
Ohlott:	Es hätte nicht funktioniert, wenn ich nicht dahinter gestanden hätte. In jedem Unternehmen gibt es nur zwei Führungskräfte, die das machen können: der CFO und der CEO. Alle übrigen Führungskräfte sind in der Wahrnehmung der Mitarbeiter dafür zu niedrig angesiedelt. Der entscheidende Punkt ist: sich vorne hinzustellen und Prozessmanagement als Philosophie glaubwürdig und mit vollem Herzen zu vertreten, also zu verkünden, zu leben und zu kommunizieren. Man kann als CEO nicht sagen, man möchte Prozessmanagement im Unternehmen haben, aber andere sollen sich darum kümmern. Die Aufgabe lässt sich auch nicht einfach an eine Stabsstelle delegieren. Prozessmanagement läuft „von oben nach unten".

12.2.3 Kommunikation im Unternehmen

Frage:	Wie konnten Sie erreichen, dass kundenorientiertes Denken auch Ihre operativ tätigen Mitarbeiter erreichte?
Ohlott:	Wir haben Kennzahlen zur Unternehmenssteuerung entwickelt. Als das Prozessmanagement implementiert war, konnte jede Führungskraft zu jeder Zeit auf dem PC sämtliche relevante Kennzahlen sehen, und zwar bis einschließlich des Vortages. In Besprechungen haben wir uns regelmäßig abgestimmt, welche Kennzahlen Priorität hatten und warum.

Beispiel Ersterledigungsrate im Außendienst: Liegt diese bei 70 Prozent, so machen wir Verluste; erst ab 80 Prozent machen wir Gewinn, und über 85 Prozent verdienen wir richtig gut. 90 Prozent sehen zwar optisch gut aus, erhöhen aber leider die Lagerkosten zu sehr. Also pendelt sich das Optimum um die 85 Prozent ein. Die Kennzahlen haben wir den Mitarbeitern erklärt, und zwar wieder „von oben nach unten", also ausgehend von den Führungskräften zu den Mitarbeitern. Es sind einfache Rechenbeispiele, die aber jeder Mitarbeiter verstehen kann, wenn man sie ihm richtig erklärt.

Hier kommt das Thema „Kommunikation" ins Spiel, die wichtigste Aufgabe eines CEO. Dafür bin ich auch herumgefahren und habe regionale Meetings abgehalten – eine Aufgabe, die ich bewusst nicht delegiert habe. Ich habe allen Mitarbeitern erklärt, warum wir bestimmte Kennzahlen erreichen müssen, und ihnen auch gesagt, dass Manipulationen keine Chance haben, weil wir wissen, wie sich die Zahlen zusammensetzen. Ein oder zwei Mal sind Manipulationen versucht worden, doch sie wurden sehr schnell aufgedeckt.

Wenn ich von Kennzahlen spreche, dann meine ich hier nicht die „üblichen" Kennzahlen der Bilanzen, sondern vor allem Qualitätskennzahlen, und Prozesskennzahlen. Am Ende hatten wir ein regelrechtes Kennzahlenraster. Und damit lässt sich ein Unternehmen führen. Es dauert nur 10 Minuten täglich, und man weiß, wo man steht. Zugriff auf die Kennzahlen hatten alle Führungskräfte bis hinunter zum Gruppenleiter.

12.2.4 Fehlerkultur

Frage: Wie gehen Sie generell mit Fehlern um?
Ohlott: Fehler sind der Weg des Lernens. Schlimm ist es nicht, einen Fehler zu machen, allerdings sollte er sich nicht wiederholen. Wichtig ist es, darüber mit dem Betreffenden zu sprechen und ihm zu zeigen, wie er den Fehler beim nächsten Mal vermeiden kann. Das setzt als Führungsphilosophie voraus, seinen Mitarbeitern einen Vertrauensvorschuss zu geben und dann nachzuschauen, ob alles funktioniert. Wenn ja, wird der Vertrauensvorschuss noch größer, so dass die Mitarbeiter das Gefühl haben, frei schalten und walten zu können, und zwar eigenverantwortlich. Wenn ein Fehler passiert, muss man die Leine etwas straffer halten. Nach zwei Jahren haben die Mitarbeiter begriffen, wie der Weg läuft.
Frage: Es passieren auch Fehler im Bereich der operativ tätigen Mitarbeiter. Wie binden Sie die Leute in die Systeme des Prozessmanagements ein?
Ohlott: Bei Technikern hatten wir speziell das Problem, dass sie Gerätefehler beim Kunden nicht genau lokalisieren konnten. Dann fingen sie an, der Reihe nach ein Geräteteil nach dem anderen auszutauschen. Irgendwann hat dann das Gerät wieder funktioniert, aber es wurde viel zu teuer, für die Kunden wie auch für uns. Wir haben überlegt, wie man diese Situation ändern kann.

	Wir haben umfangreiche Schulungsmaßnahmen durchgeführt, die uns rund 1,5 Millionen Euro gekostet haben. Beispielsweise haben die Techniker gelernt, den Fehler zuerst einmal messtechnisch zu erfassen, zu lokalisieren und dann erst zu handeln. Die 1,5 Millionen Euro waren eine wirklich heftige Summe, aber die Ersterledigungsrate ist erheblich besser geworden. Dadurch stieg die Preisakzeptanz bei den Endkunden ebenso wie bei den Industriekunden.
Frage:	Können Sie den monetären Nutzen aus der hohen Schulungsinvestition benennen?
Ohlott:	Nur teilweise. Wenn die Ersterledigungsrate von 85 auf 87 Prozent steigt, so ist klar, dass der Techniker in zwei Prozent der Fälle kein zweites Mal zum Kunden zu fahren braucht. Dieser Effekt lässt sich berechnen. Ein anderer Effekt ist der, dass unsere Industriekunden ihre Verträge statt um zwei gleich um fünf Jahre verlängert haben – eine überaus positive Wirkung, die wir nicht in Zahlen ausdrücken können, die aber Ausdruck des gestiegenen Vertrauens in unsere Leistungen ist.
Frage:	Haben Sie festgestellt, dass man sich durch Prozessmanagement auf das Wesentliche zu konzentrieren beginnt, und zwar auch auf der Mitarbeiterebene?
Ohlott:	Ganz eindeutig. Die Mitarbeiter haben ihren Blick geschult. Sie haben gelernt, sich bei mehreren Schwachstellen in einem Prozess auf diejenigen zu konzentrieren, die den größten Einfluss auf das Geschäft haben.

12.2.5 Unternehmenssteuerung über Kennzahlen

Frage:	Sie haben am Anfang erwähnt, dass es bei Ihnen auch Adhoc-Lösungen, also unstrukturierte Lösungsversuche, gab. Konnten Sie im Zuge des Prozessmanagements Firefighting und Adhoc-Lösungen eliminieren?
Ohlott:	Adhoc-Lösungen gab es bald nicht mehr bei *Profectis*. Über das Controlling und die Kennzahlen kamen wir mehr und mehr in eine Routine hinein, durch die wir relativ schnell die Ursachen für mangelhafte Prozesse fanden und uns darum wilden Aktionismus und hektisches Drehen an beliebigen Stellschrauben schenken konnten. Die Prozesskennzahlen sprechen eine klare Sprache und lassen relativ schnell erkennen, aus welchem Grund und wo etwas nicht funktioniert.
	Beim Auftreten von Prozessmängeln brauchten wir am Anfang noch Management-Meetings, die fünf Stunden dauerten, dann waren es nur noch drei und schließlich zwei Stunden pro Woche. Wir konnten in dieser Zeit alles durchsprechen und Lösungen finden. Jeder Prozess hatte seine entsprechende Leistungskennzahl und war damit transparent. Wir hatten gewissermaßen „Messfühler" installiert.

Aufgabe der Führungskräfte war es, anhand der Messzahlen zu erkennen, ob es sich bei Veränderungen z. B. um einmalige „Ausreißer" oder um die natürliche Abweichung von einem vorgegebenen Sollwert handelt. Es ist eine Führungsaufgabe, mit solchen Kennzahlen umzugehen und bei möglichen Abweichungen korrigierende Maßnahmen einzuleiten, bei denen es sich gegebenenfalls um einzelne Prozessoptimierungsprojekte handelt.

Um diesen Kreislauf aufrecht zu erhalten, bedarf es im Unternehmen einer Struktur, die Führungskräften und Mitarbeitern entsprechendes Handeln ermöglicht. Dahinter steht eine Managementkultur, die es nicht nur in der Zentrale geben darf, sondern die auch in sämtlichen Zweigen des Unternehmens verankert sein und selbstverständlich werden muss.

Frage: Wie haben Sie das Prozessmanagement erlebt und organisiert, damit Sie Ihre strategischen Aufgaben bearbeiten konnten?

Ohlott: Wenn man ein Unternehmen strategisch führen will, bedarf es der Ruhe. Geht es drunter und drüber und stehen Firefighting und Adhoc-Lösungen im Vordergrund, so lässt sich keine Strategie entwickeln. Prozessmanagement und Prozesscontrolling sind der erste Schritt. Wenn das erledigt ist, lässt sich in aller Ruhe und auf der Basis der richtigen Zahlen über die strategische Ausrichtung des Unternehmens nachdenken. Nur so lassen sich Entscheidungen treffen. Stimmen die Prozesse nicht, dann sind auch die Zahlen unzuverlässig und die Strategie ist meiner Meinung nach auf Sand gebaut. Denn „man tut so, als ob" das Unternehmen gut funktionieren würde, aber das ist nicht der Fall. Die Basis für eine Strategie ist für mich ein funktionierendes operatives Geschäft. Vom umgekehrten Weg, aus einer Strategie die operativen Prozesse abzuleiten, halte ich nicht viel, das ist mir zu theoretisch.

12.2.6 Intelligentes Prozessmanagement und Turnaround

Frage: Ist Prozessmanagement für Sie eine einmalige Sache?

Ohlott: Nein, Prozessmanagement ist eine kontinuierliche Aufgabe, und zwar schon darum, weil sich die Einflüsse auf das Unternehmen ständig ändern. Es gibt neue Marktsituationen, neue Konkurrenten, neue Produkte. Beispiel Fernsehtechnik: Von der Röhre zum Flachbildschirm war es eine riesige Entwicklung, die den Service immer wieder vor große Herausforderungen stellte. So veränderte sich der After-Sales-Service, indem die Ausfallquote von 15 bis 20 Prozent auf 2 bis 3 Prozent sank. Die Ebene der Prozesse muss immer „scharf" bleiben, um die Marktentwicklungen und Technologien im Auge zu behalten.

Frage: Für viele Geschäftsführer und CEOs ist Prozessmanagement einfach kein Thema, für andere schon. Wie kommt es Ihrer Meinung nach zu dem Unterschied?

Ohlott: Es ist meiner Ansicht nach eine Frage des Werdegangs des betreffenden Managers. Wenn jemand über eine Unternehmensberatung in die Position aufsteigt, hat er einen anderen Zugang, als wenn jemand die Fachlaufbahn über verschiedene Bereiche bis nach oben durchläuft. Dementsprechend gibt es auch unterschiedliche Einstellungen zum Prozessmanagement. Ich bin jemand, der sehr bodenständig arbeitet und sich gerne und gut an Kennzahlen orientieren kann.

Frage: Hängt der Erfolg wirklich vom Prozessmanagement ab, wenn viele Unternehmen auch gut ohne auskommen können?

Ohlott: Man kann etwa 3 Jahre ohne Prozessmanagement überleben. Doch die wirklich erfolgreichen Führungskräfte beherrschen und beherzigen Prozessmanagement. Ich denke da z. B. an Wolfgang Reitzle, der zuerst bei *BMW* und dann bei *Linde* in leitender Position tätig war, obwohl beide Unternehmen verschiedenen Branchen angehören. In beiden Betrieben hat er Prozesse analysiert, aufbereitet und verändert.

Frage: Wenn Sie einem Unternehmenschef gegenüberstehen, der Prozessmanagement skeptisch gegenübersteht, mit welchen Argumenten würden sie ihn von diesem Weg überzeugen?

Ohlott: Ich kann nur von meinen eigenen Erfahrungen sprechen: Bevor wir Prozessmanagement eingeführt haben, machte *Profectis* extrem hohe Verluste – nachher sehr hohe Gewinne. Und dieser Turnaround geschah innerhalb von 3 Jahren. Das ist eigentlich sehr erstaunlich, und viele können es kaum glauben. Auf die Frage, wie man denn eine solche Entwicklung hinlegt, also eine so negative Tendenz ins absolut Positive kehrt, lautet meine Antwort: mit Prozessmanagement.

Und es funktioniert nicht nur bei *Profectis*, sondern in vielen Unternehmen. Dazu braucht man nicht mal an der Börse mit windigen Papieren zu spekulieren. Es ist ein ganz entscheidender Unterschied, ob man nur die durchschnittlichen 1,5 Prozent wächst, die die meisten Firmen aufzuweisen haben, oder ob man jedes Jahr zweistellig im EBIT wächst – und das vor allem aufgrund funktionierender Prozesse.

Frage: Wenn Sie nochmals in der Situation wären, ein intelligentes Prozessmanagement einzuführen, wie würden Sie vorgehen?

Ohlott: Ich habe das in meiner beruflichen Vergangenheit zweimal erfolgreich gemacht. Prozessmanagement ist ein Vehikel, um voranzukommen und auch um Mitarbeitern eine Orientierung zu geben. Ich würde bei jeder Neueinführung wieder genauso vorgehen: die Prozesse anschauen und überlegen, warum sie so sind, die Kunden befragen und dann anschließend schauen, wie man die Prozesse optimieren kann und was das Ziel für die nächsten drei

Jahre ist. Wichtig ist für mich, dass ich ein Managementteam habe, das hinter meiner Art des Denkens steht und mich als CEO beim intelligenten Prozessmanagement unterstützt. Dann kann man im Gleichschritt da durch gehen.

12.2.7 Das Managementteam

Frage: Welche Strukturen sind im Unternehmen erforderlich, damit dieser Gleichschritt im Managementteam möglich ist?

Ohlott: Es ist wichtig, dass man ganz unterschiedliche Persönlichkeiten im Boot hat. Man braucht Querdenker ebenso wie Linientreue, Prozessorientierte ebenso wie Strategen und Träumer. Man muss schauen, welche Position innerhalb des Prozessmanagements mit welchem Typ besetzt wird. Passen Leute nicht ins Team, muss man überlegen, ob sie sich formen lassen oder man sich besser von ihnen trennt. Letzteres war bei *Profectis* im Hinblick auf einige Führungskräfte der Fall.

Frage: Manche kritisieren, dass man beim Prozessmanagement quasi eine Parallelorganisation aufbaut. Was sagen Sie dazu?

Ohlott: Eine Parallelorganisation gilt es zu vermeiden. Denn Menschen sind einfach gestrickt. Vielen ist schon eine Matrixorganisation zu kompliziert. Prozessmanagement sollte in die Linie integriert werden.

Frage: Intelligentes Prozessmanagement betrifft jede Person im Unternehmen, denn jeder ist involviert. Ist es hilfreich, im operativen Bereich eine Methode zu haben bzw. diese vorzugeben – quasi als eine Art Angelhaken?

Ohlott: Ja, gerade wenn man alle Mitarbeiter erreichen möchte, sind Methoden sinnvoll. Wenn wirklich alle Mitarbeiter involviert sind, bekommt man auch die letzten 15 Prozent Leistung von ihnen, die sie sonst nicht geben würden. Aber es dauert eine Weile, bis man diesen Punkt erreicht hat, und es ist enorm wichtig, zielgruppengerechte Methoden zur Verfügung zu stellen.

12.2.8 Organizational Burnout

Frage: Es gibt das Phänomen des Organizational Burnout, wobei durch das Ausbrennen der Führungskräfte nach und nach das gesamte Unternehmen ausbrennt. Haben Sie das bei *Profectis* erlebt?

Ohlott: Diesen Fall habe ich nicht bei *Profectis*, aber bei einem anderen Unternehmen erlebt. Der Inhaber befindet sich in einer Abwärtsspirale, und zwar darum, weil es an Strukturen und Prozessen fehlt. Er ist innerlich ausgebrannt, weil er permanent an jeder Ecke im Unternehmen mittels Firefighting „Brände des Nicht-Funktionierens" löschen muss – ein hoher Stressfaktor ohnegleichen, der ihn daran hindert, das Tagesgeschäft konzentriert und mit ruhiger Hand zu führen.

Selbst für so einfache Dinge wie Kunden- und Forderungsmanagement sind keine Strukturen im Unternehmen etabliert. Firefighting und Adhocismus sind so sehr an der Tagesordnung, dass alle Mitarbeiter mehr und mehr ausbrennen und auch die regelmäßigen Management-Meetings davon beeinträchtigt sind. Die Abwärtsspirale zeigt sich, wenn die Mitarbeiter nicht mehr richtig schlafen können, den Fokus des Geschäfts nicht mehr sehen und vor lauter Feuerlöschaktionen keine Chance haben, sich und das Unternehmen zu organisieren. Der Aufbau eines Prozessmanagements ist in diesem Fall mühselig, aber unentbehrlich für das Überleben des Unternehmens.

Vielen Dank für dieses aufschlussreiche Gespräch.

Reifegradmodelle und ihre Bedeutung 13

13.1 Die Aufgabe von Reifegradmodellen

Mit Hilfe von Reifegradmodellen haben Führungskräfte und die Geschäftsleitung die Möglichkeit, den Entwicklungsstand bzw. die Ausprägung der Reife des Prozessmanagements in ihrem Unternehmen zu prüfen und weiterzuentwickeln. Der Status quo wird identifiziert, um daraus Handlungsfelder für die Zukunft abzuleiten. Ein wichtiger Grundgedanke ist es, bereits erzielte Erfolge durch regelmäßige Messungen zu verstetigen, indem man das noch vorhandene Optimierungspotenzial aufdeckt und ausschöpft. Grundsätzlich gibt es zwei Arten von Reifegradmodellen:

– *Prozess-Reifegradmodelle,* die sich auf einzelne Prozesse oder Prozesstypen beziehen, und
– *Prozessmanagement-Reifegradmodelle,* die sich auf das gesamte Geschäftsprozessmanagement beziehen, also einen den einzelnen Prozessen übergeordneten Charakter haben.

Die Grundidee aller Reifegradmodelle, unabhängig vom Anwendungsbereich, ist es, bewährte und erfolgreiche Verbesserungsmaßnahmen, sogenannte *Best Practices*, zu bündeln und Unternehmen zur Verfügung zu stellen, damit sie an den Erfahrungen teilhaben und ihre eigenen Geschäftsprozesse bzw. ihr Geschäftsprozessmanagement verbessern können.

Reifegradmodelle sind zu ganz unterschiedlichen Zeitpunkten des Prozessmanagements anwendbar:

– Am Anfang, vor Beginn einer Prozessmanagement-Implementierung, um den Standort zu bestimmen: Wo stehen wir? Wie reif sind unsere Prozesse?

- Während einer Prozessmanagement-Implementierung als laufende Fortschrittskontrolle: Was haben wir bisher erreicht? Und wie können wir uns weiter verbessern?
- Zur Überprüfung von Zwischen- und Endergebnissen: Wurde das angestrebte Ziel erreicht? Wo sind noch Lücken?
- Zur Sicherung von Kontinuität und Nachhaltigkeit: Sind wir nach den bisher durchgeführten Aktivitäten in der Lage, Prozessmanagement eigenständig weiterzuführen, oder gibt es noch Entwicklungsbedarf?

Prozess-Reifegradmodelle eignen sich für das operative und das strategische Prozessmanagement, Prozessmanagement-Reifegradmodelle für das strategische wie auch für das intelligente Prozessmanagement. Für die beiden letztgenannten ist es natürlich besonders empfehlenswert, mit Reifegradmodellen zu arbeiten, um die Fähigkeiten im Unternehmen weiterzuentwickeln und damit Unternehmensstrategien langfristig und kontinuierlich umzusetzen sowie das Erreichen der Ziele sicherzustellen. Die weiteren Vorteile wie der Aufbau von Alleinstellungsmerkmalen, die Einsparung von Kosten und die Erhöhung der Qualität wurden bereits mehrfach im Buch angesprochen (vgl. Abschn. 2.3, 3.6 und 6.5) und brauchen hier nicht wiederholt zu werden.

Üblicherweise werden die Reifegrade ähnlich wie Schulnoten mit einer Ziffer zwischen 1 und 5 beschrieben, wobei 5 die höchste und 1 die niedrigste Ausprägung ist.

▶ - **Stufe 1:** Ein Prozessmanagement existiert nicht im Unternehmen. Die Prozesse laufen ohne Planung und Steuerung ab. Das bedeutet: Die Kompetenz der Mitarbeiter in Sachen Prozessmanagement ist unterentwickelt.
- **Stufe 2:** Die Prozesse sind wenigstens teilweise definiert und stabil wiederholbar, werden aber innerhalb einzelner Abteilungen oder Bereiche isoliert gesteuert. Eine organisationsweite Sichtweise auf Prozesse existiert nicht.
- **Stufe 3:** Die Prozesse/das Prozessmanagement sind unternehmensweit definiert und standardisiert.
- **Stufe 4:** Vorhersagbare Prozessergebnisse/Prozessmanagement-Ergebnisse werden erreicht, indem die Prozesse geplant und über Kennzahlen gesteuert werden.
- **Stufe 5:** Das Unternehmen verbessert die Performance seiner Prozesse/ seines Prozessmanagements kontinuierlich und systematisch.

Empirische Untersuchungen zeigen, dass nur 5 Prozent der Unternehmen ihr Geschäftsprozessmanagement für weit entwickelt halten, während sich insgesamt 73 Prozent in Stufe 2 oder 3 sehen. 20 Prozent der Unternehmen halten ihr Geschäftsprozessmanagement für unterdurchschnittlich oder unzureichend (vgl. PwC 2011, S. 18).

Generell ist der Einsatz von Reifegradmodellen in den meisten Unternehmen unterentwickelt. Am meisten verbreitet sind immer noch prozessbezogene Reifegradmodelle, doch 53 Prozent der befragten Unternehmen setzen überhaupt keine Modelle ein, und 28 Prozent nutzen Eigenentwicklungen (vgl. BPM & Co 2011, S. 8 f.).

Der Einsatz von Eigenentwicklungen ist besonders erstaunlich, ist deren Erstellung doch einerseits mit hohen Kosten und hohem Aufwand verbunden. Andererseits stellt sich die Frage, wie ein Unternehmen, dessen Reifegrad noch nicht optimal ist, ein Modell entwickeln will, das ihm eine „objektive" Bewertung des eigenen Zustandes erlaubt. Immerhin ist einer der wesentlichen Ziele ja eine Art Benchmarking, ein Vergleich, mit *Best Practices* anderer Unternehmen.

In diesem Kapitel stelle ich Ihnen das von mir entwickelte Prozessmanagement-Reifegradmodell EFANEX® vor, das mit Sicherheit eine bessere Alternative zu Eigenentwicklungen ist und außerdem einige Vorteile gegenüber anderen Reifegradmodellen hat.

13.2 EFANEX® – mehr Effizienz und Exzellenz

EFANEX® steht für „EFficiency ANd EXcellence", beschreibt also schon im Namen das Ziel der Anwendung des Tools: Der Anwender kann die Effizienz erhöhen und somit seine (Prozessmanagement-)Exzellenz verbessern. EFANEX® ist vielfältig einsetzbar, und zwar

- unabhängig von der jeweiligen Branche des Unternehmens,
- unabhängig von der Größe des Unternehmens,
- unabhängig von der Erfahrung und Versiertheit des Unternehmens in Prozessmanagement,
- unabhängig davon, ob das gesamte Unternehmen oder einzelne Unternehmensbereiche gemessen werden sollen, und
- unabhängig davon, ob die statische Betrachtung eines Zeitpunktes oder die dynamische Betrachtung eines Zeitraums angestrebt wird.

Einzige Bedingung: Das Unternehmen sollte ein strategisches oder intelligentes Prozessmanagement anstreben oder bereits eingeführt haben, da einzelne Prozesse – und damit das operative Prozessmanagement – nicht Gegenstand der Untersuchung sind.

▶ Mit Hilfe des Prozessmanagement-Reifegradmodells EFANEX® können Unternehmen aller Branchen den derzeitigen Reifegrad des Prozessmanagements im gesamten Unternehmen oder in einzelnen Bereichen überprüfen mit dem Ziel, ein intelligentes Prozessmanagement einzuführen oder das bestehende Prozessmanagement zu verbessern.

Das von mir gemeinsam mit der Technischen Universität Wien entwickelte Tool schließt eine Lücke, die sich in der Praxis immer wieder gezeigt hat: Oft geäußerte

„gefühlsmäßige" Einschätzungen einzelner Mitarbeiter oder Führungskräfte zur Situation des Prozessmanagements – z. B. zu den Abläufen zwischen den Kunden oder zur systematischen kontinuierlichen Prozessoptimierung – konnten nicht objektiviert werden. Das ist mit EFANEX® möglich.

Grundsätzlich geht EFANEX® von dem Gedanken aus, dass man die einzelnen Bewertungen der Aussagen nicht objektivieren kann. Aber der Ablauf in der Anwendung ermöglicht eine gemeinsame Definition der Vorgaben für den Zweck der Anwendung. Durch den Aufbau von EFANEX® werden die Daten der angesprochenen Zielgruppen vergleichbar gemacht. Dadurch wird die weitere, durch die Anwendung von EFANEX® aufgezeigte Vorgehensweise nachvollziehbarer, transparenter und somit „objektiv". Die Bewertungsmethode bietet also eine sichere objektive Basis und ein strukturiertes Vorgehen für die rasche und nachhaltige Umsetzung notwendiger Maßnahmen. Außerdem wird sichergestellt, dass der Umsetzung auch eine erfolgreiche Weiterführung folgt.

13.2.1 Die Anwendung im Überblick

An vielen Reifegradmodellen wird kritisiert, dass es den mit ihnen verbundenen Auswertungen an „konkreten Handlungsempfehlungen" zur Erlangung der nächsthöheren Reifegradstufe fehlt (vgl. Kamprath 2011, S. 4). Sie geben zwar eine treffende „Diagnose", doch die anschließende „Therapie" bleibt aus. EFANEX® geht einen anderen Weg, indem die statistische Auswertung von umfangreichen Empfehlungen für den weiteren Weg zum intelligenten Prozessmanagement begleitet wird.

In fünf aufeinander abgestimmten Schritten wird systematisch vorgegangen, um effizient zu sichtbaren, konkreten und nachhaltigen Ergebnissen zu kommen, die konkrete, sofort anwendbare Handlungsalternativen aufzeigen:

1. In einem ausführlichen *persönlichen Gespräch* wird das Tool erklärt, werden Fragen beantwortet und die Grundlage für das weitere Vorgehen geschaffen. Ganz wichtig ist es zu klären, was das Unternehmen mit dem Einsatz von EFANEX® herausfinden möchte. Jedes Unternehmen hat auf seinem Weg zu einer herausragenden Performance eine andere Ausgangssituation, dem ein Tool Rechnung tragen muss. Nur wenn diese Individualität im Tool berücksichtigt wird, hat ein Unternehmen Chancen, „sein eigenes" intelligentes Prozessmanagement aufzubauen und dadurch seine individuellen Bedürfnisse in die Umsetzungsarbeit zur Sicherung der Marktposition einzubauen. Soll beispielsweise der Status quo ermittelt werden („Wo stehen wir heute?") oder soll der zukünftige Weg geklärt werden („Wie sollen wir den Weg in den nächsten sechs Monaten gehen?"). Es wird vereinbart, wer im Unternehmen dieses Tool anwendet, und ebenso, welche statistischen Kennzahlen für das Unternehmen sinnvoll sind und für die Erreichung der Zielvorgabe des Prozessmanagements den größten Nutzen bringen. Der Anwendungsbereich und dessen Ausprägungen werden

13.2 EFANEX® – mehr Effizienz und Exzellenz

also in Abstimmung mit dem EFANEX® anwendenden Unternehmen – wenn notwendig oder erwünscht – präzise eingegrenzt.

2. *Schriftliche Bewertung der im Tool vorgegebenen Aussagen* durch die festgelegten Mitarbeiter. Circa 100 Aussagen werden numerisch bewertet zwischen 1 („widerspreche ausdrücklich") und 5 („stimme ausdrücklich zu"). Jeder einzelne vorher festgelegte Mitarbeiter bringt seine persönliche Sichtweise bzw. Einschätzung ein.
3. Die *Ergebnisse werden quantitativ wie auch qualitativ ausgewertet* und in Form eines schriftlichen Berichtes dem Unternehmen übergeben. Der Bericht bildet den Zustand des Prozessmanagements im jeweiligen Unternehmen bzw. den derzeit gültigen Reifegrad des Unternehmens oder der ausgewählten Bereiche ab, wie im Vorgespräch vereinbart bzw. definiert. So macht er unter anderem die Umsetzungsgeschwindigkeit bei der Einführung des Prozessmanagements deutlich und gibt eine Übersicht mit unterschiedlichen Kennzahlen. Die Auswertung bietet eine solide Grundlage für das weitere Vorgehen.
4. Gemeinsam mit dem Unternehmen werden *ein Maßnahmenplan und ein Projektplan für die Umsetzung* erarbeitet. Der Plan wird durch persönliche Beratung eines Coach begleitet, um die verantwortlichen Führungskräfte zu unterstützen. In ausgewählten Anwendungsfällen kann es von Nutzen sein, wenn die Abarbeitung des Maßnahmenplans von zusätzlicher externer Fachkompetenz begleitet wird. Die externe Begleitung sollte ein ausgewiesener Experte im Bereich der Implementierung und Optimierung von intelligentem Prozessmanagement sein, also nicht nur das operative Prozessmanagement beherrschen.
5. Regelmäßige *Nachhaltigkeits-Checks* stellen sicher, dass die Umsetzung auf Dauer gelingt.

Bei der Umsetzung des Maßnahmenplans ist zu berücksichtigen, dass nicht für jedes Unternehmen der höchstmögliche Reifegrad notwendig oder ökonomisch sinnvoll ist, sofern der Aufwand, ihn zu erreichen, unverhältnismäßig hoch ist. Vielmehr sollte ein für das Unternehmen sinnvolles Zielbild entwickelt werden, wobei betriebsspezifische Randbedingungen wie Marktsituation, finanzielle Situation, strategisches Ziel des Prozessmanagements, Unternehmensgröße usw. eine Rolle spielen. EFANEX® berechnet den ökonomischen Reifegrad für das Unternehmen als einen Teil des intelligenten Prozessmanagements.

13.2.2 Die kritischen Zielerreichungsfaktoren

Die Transformation einer Organisation von einem niedrigen zu einem höheren Reifegrad stellt ein Optimierungspotenzial dar, das mit Hilfe von Verbesserungsmaßnahmen geschöpft werden kann. Die Maßnahmen schließen also eine Fähigkeitslücke. Man könnte auch sagen: Es werden kritische Zielerreichungsfaktoren (KZF) entwickelt, also jene

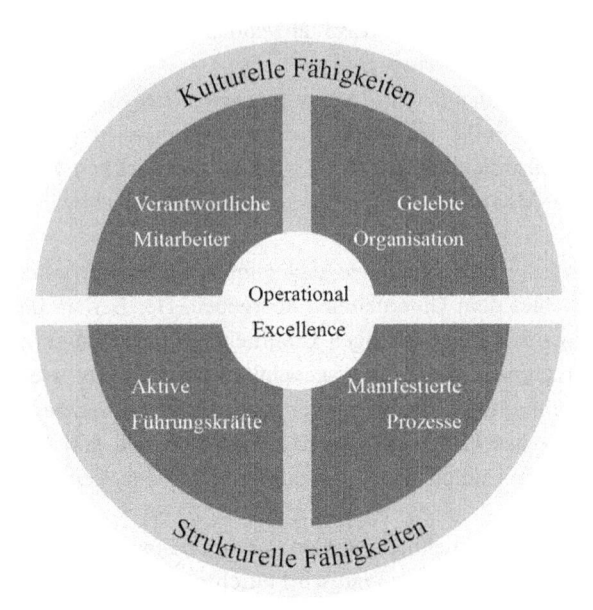

© Johannes P. Christ, Conelo GmbH

Abb. 13.1 EFANEX® – Modellgrundlage

Elemente innerhalb des Prozessmanagements, die maßgeblich für die Bestimmung des Reifegrads sind.

Grundsätzlich müssen alle KZF entwickelt werden, aber nicht alle sofort. Weniger ausgeprägte KZF, die für die nähere Zukunft von essenzieller Bedeutung sind, werden verstärkt ins Visier genommen, um ihre Entwicklung voranzutreiben. Das Tool geht von der Annahme aus, dass sich intelligentes Prozessmanagement nur dann nachhaltig umsetzen lässt, wenn alle KZF optimal entwickelt sind. EFANEX® zeigt auf, wie ausgeprägt die einzelnen KZF entwickelt sind, aber nicht, wie sie ausgestaltet sind.

Jedem der folgenden vier kritischen Zielerreichungsfaktoren werden in EFANEX® zu bewertende Aussagen zugeordnet (vgl. Abb. 13.1):

- *Aktive Führungskräfte:* Dieser Faktor zeigt auf, in welchem Ausmaß das Management die strategischen Elemente des Unternehmens in das Geschäftsprozessmanagement einfließen lässt, es merklich unterstützt, inwieweit das Prozessmanagement gemanagt wird und die Elemente für die Nachhaltigkeit des Prozessmanagements vorhanden sind.
- *Manifestierte Prozesse:* Dieser Faktor zeigt auf, inwieweit Prozesse umfassend beschrieben sind, die Stimme des Kunden aktiv miteingebunden ist, in welchem Ausmaß Prozessmodellierungen als Grundlage im Unternehmen etabliert sowie verankert sind und Werkzeuge für die unterschiedlichen Aufgaben des Prozessmanagements verwendet werden.

- *Gelebte Organisation:* Dieser Faktor zeigt auf, in welchem Ausmaß Prozessleistungskennzahlen berücksichtigt werden, die Organisation ins Prozessmanagement eingebunden ist, in welchem Ausmaß das Management innerhalb der Organisation kommuniziert und ob Change-Management auf der Agenda der Verantwortlichen steht.
- *Verantwortliche Mitarbeiter:* Dieser Faktor zeigt auf, in welchem Ausmaß Kompetenz und Verantwortung adressiert sind, in welchem Ausmaß Wissen über Prozessmanagement in der Organisation vorhanden ist, der Fokus auf einem methodischen Vorgehen liegt und strukturelle wie kulturelle Fähigkeiten vorhanden sind.

▶ EFANEX® unterscheidet sich von anderen Reifegradmodellen dadurch, dass es sich

1. individuell auf die jeweilige Situation des Unternehmens und seine Ziele im Prozessmanagement zuschneiden lässt und
2. nicht auf eine statistische Auswertung beschränkt, sondern diese mit persönlichen Handlungsalternativen bzw. -empfehlungen begleitet sowie ein Maßnahmen- und Projektplan für die weitere Umsetzung erarbeitet wird.

Literatur

BPM & Co, Hrsg. Thilo Knuppertz, Sven Schnägelberger et al. 2011. Umfrage Status quo Prozessmanagement 2010/11. Köln. www.bpmo.de.

Kamprath, Nora. 2011. Einsatz von Reifegradmodellen im Prozessmanagement – eine anwendungsorientierte Analyse. HMD – Praxis der Wirtschaftsinformatik 48 (2011) 282:93–102. www.fim-online.eu.

PwC (PricewaterhouseCoopers) Hrsg. 2011. Zukunftsthema Geschäftsprozessmanagement. Eine Studie zum Status quo des Geschäftsprozessmanagements in deutschen und österreichischen Unternehmen. www.pwc.de/de/prozessoptimierung.

Stichwortverzeichnis

A
Aktionismus, 25, 49, 55, 129
Alleinstellungsmerkmal, 64–65, 132
Aufbauorganisation, 41, 136, 139
Ausgabeindikator, 110
Ausgangsindikator, 94
Austauschbarkeit, 64
Automobilindustrie, 2, 7, 12, 34

B
Balanced Scorecard, 187
Bank-Beispiel, 23, 65, 90–91, 116
Bankenbranche, 13, 74
Berichtswesen, 78
Bestände, unnötige, 60
Big-Bang-Implementierung, 171
Black Belt, 85, 158, 187
Bottom-up-Vorgehen, 138–140
Burnout-Erkrankung, 23, 175
Business Process Reengineering, 31, 37

C
Change Management, 19, 168
Commitment, 165

D
Datenerhebung, 13, 94, 104
Deployment-Plan, 151, 153
Deployment-Team, 145–146, 151, 154, 170
Design for Six Sigma (DfSS), 115–116, 119
Disziplinarische Maßnahmen, 7

DMAIC, 86, 118
  Analyze-Phase, 99
  Control-Phase, 109
  Define-Phase, 86
  Improve-Phase, 103
  Measure-Phase, 92
Durchlaufzeiten, 62, 73, 175

E
EFANEX®, 197–199
  Anwendung, 198
Effizienzsteigerung, 9, 31, 58, 64, 67
Einfachheit, 56
Eingabeindikator, 94, 110

F
Faktoren
  harte, 165–167
  weiche, 165–181
Fehler, 61, 70
Fehlerkultur, 178, 189–190
Fehlerrate, 74
Firefighting, 20–21, 55, 66, 129, 137
FMEA, 93, 95, 105
Führungskräfte, 22, 86, 138–139, 147, 173–176, 186–188, 191

G
Geschäftsmodell, 131–132
Geschäftsprozess, 41–42
Gesundheitswesen, 14–17

Green Belt, 85, 158, 187
Großunternehmen, 12, 60
Grundhaltung, innere, 29

H
Helios Kliniken Gruppe, 14

I
Implementierung, 107, 179
Implementierungsteam, 107
Incentivierung, 176–177
Individualisierung, 65
Informationen
    redundante, 59
    überflüssige, 59
    unvollständige, 59
    veraltete, 59
Initiationsphase, 149–154, 163
Inklusionsphase, 155–160, 163
Inkorporationsphase, 144–149, 163
Integrationsphase, 160–163
4 i-Phasenmodell, 143–163
Ishikawa-Diagramm, 101
ISO 9000er-Familie, 36–38

K
KANO-Modell, 125–127
Kernkompetenzen, 63, 66, 132, 135
Kernprozess, 63, 66–68
Kommunikation, 85, 148, 188–189
Kommunikationsplan, 179
Kommunikationspolitik, 179
Kommunikationswege, 180–181
Komplexität, 53, 67
    Verzicht auf, 56
    Zunahme, 55
Kontinuierlicher Verbesserungsprozess
    (KVP), 136
Korrelationsanalyse, 101
Kosteneinsparung, 9, 134, 185
Kostensenkung, 1, 33, 35, 89
Kundenanforderung, 84, 89
Kundenzufriedenheit, 25, 75, 126

L
Lean Management, 32, 105, 110
Lean Six Sigma, 33
Lernende Organisation, 156
Liegezeiten, 59
Lösung
    Implementierung, 106–108
    innovative, 105

M
Makigami, 117, 119
Managementprozess, 63
Master Black Belt, 85, 158
Meilenstein-Präsentation, 85
Messgrößen, kritische, 93
Messplan, 95
Methoden-Übersicht, 118–119
Mitarbeiter
    Motivation, 15, 22
    Zufriedenheit, 175
Mittelstand, 11–12
Mode-Philosophien, 29

O
Operational Excellence, 10–11, 42, 47–49, 129
    Organisationseinheit, 87, 150, 156
Organizational Burnout, 23, 193–194
Outsourcing, 61–62

P
PDCA-Zyklus, 117, 119
Pilotversuch, 105–106
Produktinnovation, 116
Profectis, 183–194
Programmsponsor, 145, 170
Projektauswahl, strategische, 134–135
Projekt-Charta, 88–89
Projekt-Governance, 87
Projektleiter, 85, 87, 92–93, 100–101, 103, 110,
    111, 184
Propeller, 47–49
Prozess
    Ausgabegröße, 41

Bypässe, 60–61
Controlling, 43
Eingangsgröße, 41
Elemente, 40–41
Gestaltung, 42–43
Größe, 41
Implementierung, 43
Ist-Zustand, 42, 91
Kunden, 44–45, 69
Merkmale, 40
Rollen, 43–44
Sollmodellierung, 42
Ursachenanalyse, 100
Prozess-Controlling-Plan, 110
Prozesseigner, 111
Prozessfähigkeitsanalyse, 96–97
Prozessindikator, 94, 110
Prozesskennzahlen, 77–79, 175, 188, 190
Prozesskette, 41
Prozesskosten, 75–77
Prozessleistung
　Messung, 69–79
　Tetraeder, 72–73
Prozessmanagement
　Ausbildung, 156–157
　datenorientiertes, 78
　finanzieller Nutzen, 76–77
　intelligentes, 135–137, 141, 143–144, 165–166, 191–193
　isoliertes, 124, 141
　Methoden, 115–119, 158–160
　Nutzen, 2, 175
　operatives, 125–129, 141
　Prozesse, 155
　Software, 45
　strategisches, 129–135, 141
Prozessmängel, 68, 190
　Checkliste, 62–63
　operative, 58–63
Prozessmodell, 132–133, 135, 150–151
Prozessqualität, 69–70, 175
Prozessstabilität, 96
Prozessstrukturen, 22
Prozessvision, 133–134

Q
Qualitätssteigerung, 9
Quick-and-dirty-Verfahren, 82

R
Reengineering, 32; *siehe auch* Business Process Reengineering
Regressionsanalyse, 101
Reifegradmodelle, 195–201
Reklamationen, 60
Relationsmodell, evolutionäres, 147
Reparaturdienstverhalten, 12, 20, 129
Replikation, 111
Restrukturierung, 1, 30–31, 37
Rollen-Quadrat, 44

S
Säge schärfen, 21–23
Schnittstellenproblem, 61
Sigma-Wert, 70, 93
Six Sigma, 33, 69–70, 74, 83–86, 158
Software-Evaluierung, 45, 161
Softwareprogramme, 65
Stakeholder, 111, 146, 172–173
Stakeholder-Management, 172–173
Standardisierung, 9, 15, 64–65, 111
Stapelbildung, 59
Steuerungsausschuss, 85–86, 92, 99, 102–103, 109, 112–113, 145, 180
Stimme des Kunden, 44, 77, 200; *siehe auch* Voice of Customer

T
Telekommunikationsindustrie, 17, 165
Testphase, 105
Tetraeder der Prozessleistung, 72–73
Top-down-Verfahren, 139
Topmanagement, Bedeutung, 9, 81–82, 124, 138, 166, 169–171, 181
Top-Talente, 152, 154
Total Quality Management, 36
Transformationsmanagement, 167–171, 178
Transparenzangst, 75, 107, 174
Turnaround, 191–193

U
Überzeugungen, 48
Umsetzungsgeschwindigkeit, 153–154
Unternehmenskultur, 49, 83, 165–181

Unternehmensstrategie, 9, 20, 48, 133, 151, 166, 175
Unternehmenswachstum, 66–67
Unterstützungsprozess, 63
Ursachen-Wirkungs-Matrix, 96

V
Verschwendung, 58
Vertrauenskultur, 178
Voice of Customer, 44, 89–91

W
Wartezeiten, 59
Werte, 49

Wertschöpfung, 41, 73, 127
Wettbewerbsvorteile, 56–57, 64, 129, 144, 161, 175
Widerstände, 174
Wissensmanagement, 160–161

Y
Yellow Belt, 85, 158

Z
Zielerreichungsfaktoren, kritische, 200

Printed by Printforce, the Netherlands